新文科·特色创新课程系列教材

华东政法大学
教材建设和管理委员会

主　　任	郭为禄	叶　青	
副 主 任	罗培新	洪冬英	
部门委员	虞潇浩	杨忠孝	陆宇峰
专家委员	王　迁	孙万怀	钱玉林
	任　勇	余素青	杜素娟

本书受上海市高水平地方高校（学科）建设项目资助

高科技犯罪影视案例剖析

《神探伽利略》系列

陈海燕 著

北京大学出版社

图书在版编目(CIP)数据

高科技犯罪影视案例剖析：《神探伽利略》系列 / 陈海燕著. -- 北京：北京大学出版社，2025.5.
ISBN 978-7-301-31043-4

Ⅰ. D914.05

中国国家版本馆 CIP 数据核字第 20253QP624 号

书　　　名	高科技犯罪影视案例剖析：《神探伽利略》系列 GAOKEJI FANZUI YINGSHI ANLI POUXI:《SHENTAN JIALILÜE》XILIE
著作责任者	陈海燕　著
责 任 编 辑	李小舟
标 准 书 号	ISBN 978-7-301-31043-4
出 版 发 行	北京大学出版社
地　　　址	北京市海淀区成府路 205 号　100871
网　　　址	http://www.pup.cn　　新浪微博：@北京大学出版社
电 子 邮 箱	zpup@pup.cn
电　　　话	邮购部 010-62752015　发行部 010-62750672　编辑部 021-62071998
印 刷 者	北京溢漾印刷有限公司
经 销 者	新华书店
	730 毫米×980 毫米　16 开本　15.75 印张　250 千字 2025 年 5 月第 1 版　2025 年 5 月第 1 次印刷
定　　　价	62.00 元

未经许可，不得以任何方式复制或抄袭本书之部分或全部内容。
版权所有，侵权必究
举报电话：010-62752024　电子邮箱：fd@pup.cn
图书如有印装质量问题，请与出版部联系，电话：010-62756370

序

《神探伽利略》是一部改编自日本著名悬疑推理小说家东野圭吾作品的系列影视剧,剧中的主角为帝都大学物理系副教授汤川学,几乎每一集(部)都以技术悬疑为主线推动剧情发展,紧扣观众心弦,引人入胜,最后再以技术验证的方式结束,证明法律上的各种各样的问题,例如是故意杀人还是过失杀人、是自杀还是他杀,以及不在场证明、犯罪现场伪造等,技术与法律的辩证关系在这系列影视作品中演绎得淋漓尽致。

本书正是围绕技术和法律两方面而展开。技术和法律就像社会的孪生两面,相互促进,共同发展。

技术的发展需要法律来规制和约束。就像《神探伽利略》当中田上为实验超声波武器而进行的杀人、木岛教授秘密制造"红色水星"武器而引发的犯罪案件、古芝伸吾为了仇恨而制造电磁轨道炮进行杀人活动等等,无不体现出这样一个道理:科学家或者说科技研究者,研究的目的是人们生活得更美好,科学工作者应该具有高度的社会责任感,而不是追求个人利益的最大化。而这些仅仅靠道德约束是不够的,需要法律来规制。任何科学技术的研究都应该在法律允许的框架之下进行。现实生活当中,类似的例子比比皆是,譬如 2013 年王欣快播涉黄案件,面对建立在 p2p 这种新技术基础上的快播播放器传播淫秽色情相关问题,法院最终裁决王欣等人年数不等的有期徒刑,为 p2p 技术使用设立了法律禁区。2018 年南方科技大学副教授贺建奎在未经相关主管部门批准的情况下,私自对两名胎儿进行基因编辑并出生,最终被判有期徒刑 3 年。这些事告诉我们,科学研究应该在法律框架下进行,不然就会造成社会灾难。

同时,法律需要技术来保障。譬如《神探伽利略》当中汤川学通过一次次的技术试验,重现了犯罪过程,为法律的判决打下坚实的证据基础。在"燃烧"一案当中,若没有汤川学 42 次的实验失败,就无法佐证嫌疑人为了杀害喧闹男孩也至少进行了如此多的失败谋杀活动,从而将嫌疑人的罪名由过失杀人定性为故意杀人,保护了法律的公平正义。"出窍"一案中汤川学通过实验还栗田信彦清白、"幻惑"一案中汤川学通过实验挖出了杀害教徒的主谋连崎教主的妻子、"绞杀"一案中汤川学通过实验成功证明了这是一起自杀骗保而不是密室杀人的案件等,无不体现了技术对法律的巨大贡献。现实生活当中,类似的例子也是举不胜举,经过近30年的追凶,甘肃白银系列杀人案最终通过"Y-DNA染色体检验"技术得以告破;同样在2013年,美国通过"Y-DNA染色体检验"技术破获了一桩50年前的强奸杀人案,而当时凶手已经去世40年;2022年2月24日,芝加哥警方为了配合打击本市的帮派分子的"四月法案",将一起枪击案定性为了本市的头号大案,并通过激光,建立了弹道,最后找到了街道上枪手射击的位置。这些无不体现出要维护法律的公平正义,科技的作用无可替代。

  时代在进步,科学技术也在发展,譬如基因技术、量子技术、人工智能等等,法律也要相应地发展,新的立法应该要紧跟科技前沿,不然就会出现制裁危害行为无法可依的窘境。通过法律把技术的进步约束到有利于全人类的发展的方向上来,希望本书能为此做点贡献。

目　　录

第一章　《神探伽利略》第一季 …………………………………（1）
  1　"自燃" ……………………………………………………（1）
  2　"出窍" ……………………………………………………（12）
  3　"灵动" ……………………………………………………（24）
  4　"坏死" ……………………………………………………（33）
  5　"绞杀" ……………………………………………………（44）
  6　"梦见" ……………………………………………………（51）
  7　"预见" ……………………………………………………（63）
  8　"显灵" ……………………………………………………（73）
  9　"爆炸" ……………………………………………………（78）

第二章　《神探伽利略》第二季 …………………………………（89）
  1　"幻惑" ……………………………………………………（89）
  2　"指标" ……………………………………………………（100）
  3　"听心" ……………………………………………………（107）
  4　"曲球" ……………………………………………………（115）
  5　"念波" ……………………………………………………（124）
  6　"密室" ……………………………………………………（133）
  7　"伪装" ……………………………………………………（141）
  8　"演技" ……………………………………………………（149）
  9　"扰乱" ……………………………………………………（156）
  10　"圣女的救赎" ……………………………………………（166）

第三章 《神探伽利略》特别篇 ··· (174)
  1 "操纵" ·· (174)
  2 "嫌疑人X的献身" ·· (185)
  3 "食人鼠事件" ·· (195)
  4 "盛夏的方程式" ·· (203)
  5 "内海薰的最后案件" ·· (213)
  6 "禁忌的魔术" ·· (223)

后记·思考 ·· (232)

第一章 《神探伽利略》第一季

1 "自燃"

1.1 剧情介绍

一位男子正沉浸在安静祥和的录音工作中,却被街道上一群喧哗的年轻人打断。这群人显然在狂欢,肆无忌惮,丝毫不顾及邻居的感受,显得非常嚣张。正当他们热烈交谈时,一名穿红衣的男子头部突然诡异地燃烧起来,火势迅速蔓延。接到报案后,草薙俊平和内海薰等辖区警官赶到现场展开调查。除了一个小女孩提供了一些细节(后文解释),警方没有发现特别的线索。目击者们描述案情时神情惊恐,显然受到极大冲击,让人不禁对案件的离奇感到不可思议。内海薰虽然觉得此事匪夷所思,但她的警察直觉告诉她,这绝不是一起简单的意外,而是一起案件。

本案由草薙俊平负责,内海薰作为助手,早就听说他是"案件猎手",破获了许多离奇案件。然而,草薙俊平却谦虚地表示,他之所以能够破案,多亏了大学同学汤川学的帮助。在他的引荐下,内海薰来到帝都大学物理学科第13实验室,找到即将成为教授的汤川学。

到达实验室后,内海薰发现无人回应她的敲门,于是小心翼翼地推门而入。实验室里昏暗无光,只有机器的运转声。她无意间碰到了一个按钮,灯光突然亮起,惊动了实验人员。内海薰连忙自我介绍,并表明希望汤川学协助破案的来意。实验室的助手显得不耐烦,要求她离开。但当内海薰提到"人体自燃"案件时,激起了汤川学的兴趣。作为物理天才,他对这种"超自然"现象不可避免地产生了好奇。

汤川学与内海薰一同前往案发现场,寻找可能的线索。细心的汤川发现,案发地附近的广告牌、雕塑和电线杆上都有烧焦的痕迹。身为物理学家,他深知这些是由高能量点燃的迹象,但仅凭这些,依然无法解释人体自燃的原因。两人无功而返。

　　内海薰随后走访了案发现场附近的居民,了解到死者一行人经常在夜间喧闹,影响了街区的安宁。她开始怀疑,这起案件是否与街区的其他居民有关。无奈之下,她再次找到汤川学,两人重新来到案发现场。这时,一个小女孩引起了他们的注意。在汤川学的催促下,内海薰上前询问小女孩在干什么,小女孩说自己在寻找一条红线。内海薰回想起,这个小女孩在案发时也曾提到过这条红线,甚至说自己三个月前的七夕节时也见到过。一个大胆的猜想浮现在汤川学的脑海中。

　　随后,一个金属加工厂吸引了汤川学的注意。在厂房顶部的支架上,他发现了一些小洞口。经过观察,他的猜测逐渐成形。他知道,凶手就在工厂内。离开前,汤川学对工厂工作人员放话说:"如果案发地再次着火,说明是等离子所致。"殊不知,这其实是引诱凶手再次行动的陷阱。

　　离开加工厂后,在内海薰的追问下,汤川学透露了自己的推测:凶手事先布置好反射激光的镜子,利用氦氖激光瞄准受害者,再启动二氧化碳激光快速点燃受害者头部。他在工厂里之所以提到等离子,只是为了引诱凶手第二次出手。内海薰恍然大悟。

　　警方随后在夜间蹲守,准备抓捕凶手。等待中,一堆突然燃烧的垃圾引起了他们的警觉。循着线索,内海薰通过金属镜找到了凶手——金森陇南。在审讯中,金森坦白作案动机是因为不良少年的喧闹影响了他为失明人士录音。他本来仅想恐吓他们,没料到会酿成死亡。警方为此感到惋惜。

　　临近结案时,内海薰来到汤川学的实验室表示感谢。然而,汤川学正沉浸在实验中。由于二氧化碳激光受到温度的影响,实验一直不能成功。终于,在第43次实验中,人体模型的头部被点燃了。汤川学解释道,这种作案手法需要极其精确,只有连温度都必须非常适当,凶手才能击中目标。也就是说,凶手可能已经失败过42次。这意味着凶手是蓄谋已久,绝非一时冲动。

　　内海薰返回警署,揭穿了凶手的真面目。因为如果是误杀了一个年轻的生命而陷于深深的懊悔之中的话,那么在他提供给警方案发后录制的录音带中,不可能是那么平静的声音。各种证据压力之下,凶手坦白了一切犯罪事实。

1.2 技术分析

本案中,凶手利用二氧化碳激光通过镜子反射聚焦到被害人头部,使被害人头部温度逐渐升高,达到头发燃烧的最低温度(即着火点),头发自燃,最终导致被害人死亡。这种现象属于因受热而引起的自燃。

激光产生的基本原理是:原子中的电子在吸收能量后从低能级跃迁到高能级,再从高能级回落到低能级时,所释放的能量以光子的形式发出。激光本质上是物质的微观粒子在吸收或辐射光子的过程中,同时改变自身运动状态的结果。

根据量子力学,原子外围的电子在特定的轨道上围绕原子核运转。这些轨道是离散的,电子只能存在于这些离散轨道上,不能处于两个轨道之间。每一个轨道对应一个特定的能量值,轨道离原子核越近,能量越低,反之则越高。

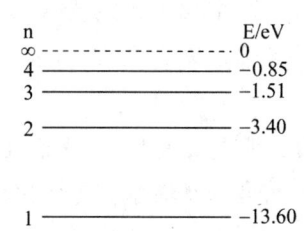

n	E/eV
∞	0
4	-0.85
3	-1.51
2	-3.40
1	-13.60

图 1 原子的电子能级图

原子在光照作用下,从高(低)能态跃迁到低(高)能态,并发射(吸收)光子的过程,就是典型的量子跃迁。即使不受光的照射,处于激发态的原子也会在真空零点能场的起伏作用下跃迁到较低能态并发射光子,这一现象称为自发辐射。除辐射过程外,其他过程如散射、衰变等也都属于量子跃迁。例如,从能级 E_2 跃迁到能级 E_1 时会释放出一个光子,其能量为 E_2-E_1。当电子从低能级跃迁到高能级时,需要吸收一个光子,该光子的能量必须与两个能级的差值相等,否则无法被吸收。

一个激发态原子的电子在能级 E_2 的轨道上运行时,突然受到一个能量为 E_2-E_1 的光子的照射。电子在光子的作用下产生"共振",虽然能量不足以跃迁至更高的 E_3 能级,但仍会从 E_2 能级跃迁到 E_1 能级。在这一过程中,不仅会释放出原有的光子,电子还会因跃迁而再辐射出一个能量为 E2-E1 的光子。因此,这个过程总共会发射出两个能量完全相同的光子。

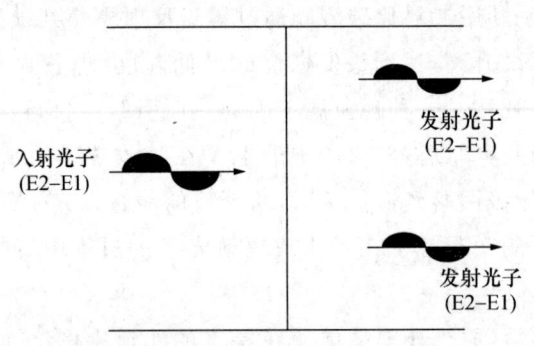

图 2　E2-E1 跃迁光子变化示意图

如果一个空间内有很多像刚才那样的原子,其电子在 E2 能级上运行,突然来了一个能量为 E2-E1 的光子照在某个原子上,原子受到激发辐射了两个完全一样的光子,那么这两个辐射出的光子又会照射到另外两个原子上,辐射出四个完全一样的光子。以此类推,就会辐射出大量的光子,并且这些光子的能量完全相同。

在工程实际中,要想激光器能够发光,首先需要一种可以被激发的活性材料,通常称为增益介质。如果不对增益介质发出的光进行限制,光就会从增益介质中逸出,激光的强度也不会很高。为了增强激光的强度并控制光的传播方向,需要一个谐振腔。最简单的谐振腔只包含两片镜子,它们不断地将光束反射回增益介质,使发出的光继续参与级联激发,从而产生更强的光。总之,谐振腔决定了激光的传播方向,并确保受激辐射的光得到足够的放大。

为了使激光器持续发光,必须将受激辐射后发出光子的原子重新激发,使其恢复到激发态。这一对增益介质的重新激发过程称为泵浦。每个激光源都需要一个泵浦源,它使用光能、电能或化学能来激发增益介质。此外,增益介质会被不断激发到比上一级能级更高的能级,之后原子通过一系列复杂的过程回到基态。在激光系统中,部分能量会转化为热能。为了防止增益介质和谐振腔因过度加热而受损,还需要一个冷却装置来及时带走热量。最基本的激光器构成如图 3 所示。

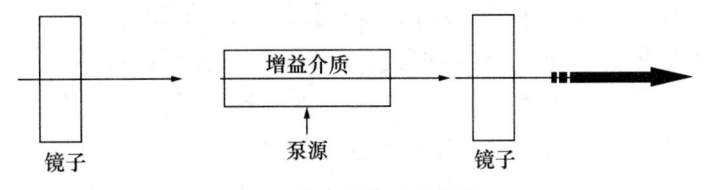

图3　激光器构成示意图

本案中，凶手使用了两种关键激光：氦氖激光和二氧化碳激光。氦氖激光用于定位，二氧化碳激光用于产生高温。下面我们简单分析这两种激光的原理，并评估该技术逻辑的可行性。

由于物质不同，受激辐射出的能量也有所差异。氦氖激光的能量较小，而二氧化碳激光的能量极大。二氧化碳气体是二氧化碳激光器的主要工作物质，此外还有氮气、氦气、氙气和氢气等辅助气体。每个分子有三种基本运动形式：一是分子内电子的运动；二是分子内原子的振动，即原子围绕其平衡位置的周期性振动；三是分子的转动。二氧化碳激光器正是利用二氧化碳分子振动和转动能级之间的跃迁来产生激光，其能量极大，且效率较高，商业模型的转换效率可达10%，输出功率可达45千瓦。

在氦氖激光中，氖原子负责产生激光，而氦原子仅起到能量转移的媒介作用。当氦氖气体处于放电管中时，电子碰撞使氦原子从基态跃迁到亚稳态能级。处于亚稳态的氦原子与氖原子碰撞时，会将能量传递给氖原子，使其跃迁至更高的能级，从而产生氦氖激光。氦氖激光的能量相对较小，输出功率一般为几毫瓦到几百毫瓦，基本无害。

本案使用的反射镜应为镀金反射镜。金属反射镜在大范围光谱内反射率较高，且与入射角和偏振态无关。镀金反射镜的反射率可达95%以上，有时甚至接近99%，适用于600 nm或更长的波长。在700—2000 nm的波长范围内，使用保护层的金反射镜可以获得97%的平均反射率。无保护层的金反射镜也常被使用，以避免保护层带来的色散，同时金不易氧化。《用激光光声光谱法研究CO2激光器的锗窗材料及镀金反射镜的光学特性》一文中也提到，镀金反射镜对CO2激光具有高反射率。此外，二氧化碳激光器谐振腔的一端通常使用镀金的全反射镜。因此，笔者推测，主角在实验时使用的也是镀金反射镜，通过多次反射聚集能量，最终能够轻易点燃头发。

需要注意的是,氦氖激光无法精确模拟二氧化碳激光。首先,光在均匀介质中沿直线传播,而必须是同种介质才能保证直线传播。在两种均匀介质的界面上,光会发生折射,从而不再沿直线传播。其次,空气中的微粒会对光产生吸收、反射或折射,导致光的衰减。衰减程度因光的波长不同而异,例如普通玻璃对紫外线的衰减较大。激光同样会受到空气中悬浮微粒的影响,微粒越多或尺寸越大,对激光的衰减越显著。二氧化碳激光与氦氖激光波长不同,在空气中传播时会受到空气分子和悬浮颗粒的影响,导致传播路径存在差异。因此,汤川学在实验中经历了 42 次失败是符合逻辑的。

综上所述,本案在技术逻辑上基本合理,没有明显违背物理原理的情况。

1.3 法律分析

【争议焦点一】

金森陇南是构成故意杀人罪还是过失致人死亡罪?

1. 日本法视角下的分析

A. 关联法条

《日本刑法典》

第 38 条:没有实施犯罪的意思的行为,不处罚,但法律有特别规定的,不在此限。

如果一个人犯下了本应构成严重罪行的行为,但在行为发生时并不知道该行为将构成严重罪行的事实,则不能因该严重罪行而受到惩罚。

即使一个人不懂法律,也不能据此认定其没有犯罪的意图。但是,根据具体情况,可以对其进行减刑。

第 199 条:杀人的,处死刑、无期或者五年以上有期徒刑。

第 205 条:伤害他人身体,其结果致人死亡的,处三年以上有期徒刑。

B. 具体分析

依据《日本刑法典》的相关规定,杀人罪和过失杀人罪的区分点是行为人的主观方面,即谋杀罪要求行为人主观上为故意,过失杀人罪要求行为人主观上为过失。而依据《日本刑法典》第 38 条第 1 款之规定,故意是指具有实施犯罪的意思。行为人具有实施犯罪的意思,实质等同于行为人对自我的违法性事实存在认识。认定行为人对自我的违法性事实是否存在认知,需要结合故意的认识对象。日本著名刑法学者西田典之教授对故意的认识对象作出解释:"故意是对犯罪事实的认识,犯罪事实包括客观的违法构成要件该当事实以及客观的责任要件该当事实。"①其中,客观的违法构成要件该当事实包括行为、行为对象、结果等要素,客观的责任要件该当事实即指存在期待可能性(即能够期待行为人不实施该犯罪行为而实施其他合法行为)。

《日本刑法典》并未明文直接规定过失的内涵,依据第 38 条第 2 款,仅在法律有特别规定的情形下,才处罚过失犯罪。依据日本最高裁判所的裁判观点,过失是指违反了对于危害结果发生的预见义务,以及根据此预见采取相应措施以避免结果发生的避免义务。②也就是说,日本最高裁判所认为,在过失的情形下,行为人对于危害结果的发生具有注意义务,其应当有所预见并在预见后及时采取有效措施避免。可见,日本将过失分为两类:违反预见危害结果发生义务的过失和违反避免危害结果发生义务的过失。对于预见危害结果发生义务和避免危害结果发生义务的具体解释,日本刑法学界演变出两个流派,即旧过失论和新过失论。依据旧过失论,过失的本质在于预见可能性,即过失犯仅能预见危害结果发生的可能性,因此在具有预见危害结果发生可能性的情形下,行为人未预见,就属于过失;依据新过失论,过失的本质在于结果避免可能性,即过失犯是对社会中一般要求的结果避免行为即基准行为的懈怠。③

在本案中,行为人金森陇南主观上为故意,因为:(1)金森陇南能够认识到杀人罪的客观的违法构成要件该当事实。首先,金森陇南在设计自燃装置前经过多次实验,且对自燃装置的危害性应有所认知,即对行为的危险性有所认知;其次,金森陇南设计的自燃装置具有精准的目标点,其对杀人行为针对的对象应有所认知;最后,金森陇南设计的自燃装置针对的是被害

---

① 〔日〕西田典之:《日本刑法总论(第 2 版)》,王昭武、刘明祥译,法律出版社 2013 年版,第 183 页。
② 参见最决昭和 42·5·25 刑集 21 卷 4 号 584 页(弥彦神社案)。
③ 参见〔日〕西田典之:《日本刑法总论(第 2 版)》,王昭武、刘明祥译,法律出版社 2013 年版,第 228—229 页。

人头部,头部属于人体重要部位,其对被害人死亡的结果应有所认知。(2)金森陇南能够认识到杀人罪的客观的责任要件该当事实。据金森陇南向警方的交代,其设计自燃装置仅是为了教训不良青年。然而,针对本案中被害人扰乱社区治安的行为,金森陇南完全可以采取其他合法措施进行打击,如报警等。金森陇南在具有合法性替代措施的情形下实施犯罪行为,理应受到刑事处罚。

金森陇南主观上不属于过失,因为:(1)本案被害人死亡的结果是金森陇南主动创设的,其积极追求被害人死亡的结果,说明其能够认识、预见被害人的死亡结果,且这种认识预见并非可能性。因此,金森陇南并未违反预见危害结果发生的义务。(2)金森陇南对结果避免行为并非出于懈怠,相反在被害人燃烧时其是主观上不想对被害人进行救助。因此,本案中金森陇南未采取相关措施避免危害结果的发生不属于违反避免危害结果发生义务的过失。

综上所述,金森陇南在主观上具有杀人的故意。同时,由于金森陇南具有杀人的实行行为且发生了被害人死亡的结果,因此其行为符合故意杀人罪的构成要件。

2. 中国法视角下的分析

A. 关联法条

《中华人民共和国刑法》

第14条:明知自己的行为会发生危害社会的结果,并且希望或者放任这种结果发生,因而构成犯罪的,是故意犯罪。

故意犯罪,应当负刑事责任。

第15条:应当预见自己的行为可能发生危害社会的结果,因为疏忽大意而没有预见,或者已经预见而轻信能够避免,以致发生这种结果的,是过失犯罪。

过失犯罪,法律有规定的才负刑事责任。

第232条:故意杀人的,处死刑、无期徒刑或者十年以上有期徒刑;情节较轻的,处三年以上十年以下有期徒刑。

第233条:过失致人死亡的,处三年以上七年以下有期徒刑;情节较轻的,处三年以下有期徒刑。本法另有规定的,依照规定。

B. 理论分析

依据《中华人民共和国刑法》第232、233条的规定,过失致人死亡罪与故意杀人罪的关键界限在于行为人的主观方面不同,即故意杀人罪要求行为人主观上具有杀人的故意,而过失致人死亡罪要求行为人主观上对死亡结果持过失态度。因此,确定本案行为人金森陇南是构成故意杀人罪还是过失致人死亡罪,关键是判断其主观上是故意还是过失。

依据《中华人民共和国刑法》第14、15条的规定,故意犯罪中的故意分为直接故意和间接故意,过失犯罪中的过失分为疏忽大意的过失和过于自信的过失。其中,直接故意是指行为人明知自己的行为会发生危害社会的结果而希望这种结果发生,间接故意是指行为人明知自己的行为会发生危害社会的结果而放任这种结果发生;过于自信的过失是指行为人已经预见危害结果可能发生但轻信能够避免,疏忽大意的过失是指行为人本应当预见行为所造成的危害社会的后果,但由于疏忽大意没有预见。

区分故意和过失的判断要素包括认识因素和意志因素。从认识因素来看,在直接故意的情况下,行为人能认识到危害结果发生的可能性或者必然性,而在间接故意的情况下,行为人仅能认识到危害结果发生的可能性;在过于自信的过失的情况下,行为人同样能认识到危害结果发生的可能性,而在疏忽大意的过失的情况下,行为人事实上没有认识到危害结果发生的可能性。从意志因素来看,在直接故意的情况下,行为人希望结果发生或在明知道结果必然发生的情况下放任结果发生,而在间接故意的情况下,行为人对危害结果的发生持放任态度,即听之任之、满不在乎、容忍、同意危害结果的发生;在过失的情况下,不管是疏忽大意的过失还是过于自信的过失,行为人均对危害结果的发生持反对态度,即主观上不希望危害结果的发生。

在刑事案件中,判断行为人主观上的认识因素和意志因素应结合行为人的供述及客观证据。从认识因素来看,金森陇南能够认识到被害人死亡结果发生的可能性,因为:(1)依据汤川学的实验结果,金森陇南使被害人自燃的手段非常精巧,须对时间、温度、角度等因素把握得非常精准。由此可见,金森陇南在案发前需对自燃装置进行多次模拟实验,在现实设计自燃装置时其对自燃装置的成功运作已具有确定的认知。(2)金森陇南所设计的光线折射点指向被害人头部,基于社会一般人的认知,头部持续燃烧会对生命造成威胁。结合上述两点,可认定金森陇南能够认识到其设计的自燃装置会造成被害人死亡的后果。从意志因素看,金森陇南主观上希望发生被害人死亡的结果,因为:(1)金森陇南主动设计、测验并实地安装了自燃装置,而该自燃装置本身的设计和安装需要花费大量时间和精力,说明金森陇南对被害人头部自燃的结果持积极追求的态度;(2)在自燃装置启动后,被害人头部燃烧且火势越来越大时,金森陇南并没有积极主动地采取相关措施抑制危害结果的发生,进一步印证其并不反对被害人死亡结果的发生。同时,可推定金森陇南向警察说明的"其作案动机是为了恐吓不良少年,并无心致人死亡"的说法属于虚假供述。

基于以上认识因素和意志因素,应认定金森陇南主观上具有杀人的直接故意。另外,由于金森陇南所设计的自燃装置具有使人自燃且死亡的危害性,属于故意杀人罪的实行行为,且本案中发生了被害人死亡的危害结果,属于故意杀人罪的构成要件结果,因此可认定金森陇南的行为满足故意杀人罪的构成要件,其应构成故意杀人罪而非过失致人死亡罪。

【争议焦点二】

金森陇南是否构成故意伤害致死?

1. 日本法视角下的分析

A. 关联法条

《日本刑法典》

第205条:伤害他人身体,其结果致人死亡的,处三年以上有期徒刑。

B. 具体分析

伤害致死罪与伤害罪之间是结果加重犯的关系。依据西田典之教授的观点,伤害致死罪中的加重结果与伤害行为之间必须具有相当的因果关系,并且行为人应当必须对加重结果具有预见可能性,即能成立过失。① 但依据日本最高裁判所的观点,行为人对加重结果不必具有预见可能性,即不要求行为人具有过失。② 根据上述观点,伤害致死罪与故意杀人罪的区别在

---

① 参见〔日〕西田典之:《日本刑法各论(第三版)》,刘明祥、王昭武译,中国人民大学出版社2007年版,第41页。

② 参见最判昭和·46·6·17刑集25卷4号567页。

于故意杀人罪中行为人对死亡结果应具有故意,即能认识预见到死亡结果的发生,而伤害致死罪中行为人仅对伤害结果具有故意,对死亡结果不具有故意(不管是否要求成立过失)。

本案中金森陇南不构成伤害致死罪,因为:(1) 如上所述,金森陇南在设计自燃装置前经过多次实验,能够认识预见到被害人的死亡结果,对于死亡结果具有故意而非过失;(2) 金森陇南设计的自燃装置针对的燃烧点是被害人头部,为被害人身体中的重要部分,对人体重要部位的打击难以解释为仅具有伤害的故意。

2. 中国法视角下的分析

A. 关联法条

《中华人民共和国刑法》

第234条:故意伤害他人身体的,处三年以下有期徒刑、拘役或者管制。

犯前款罪,致人重伤的,处三年以上十年以下有期徒刑;致人死亡或者以特别残忍手段致人重伤造成严重残疾的,处十年以上有期徒刑、无期徒刑或者死刑。本法另有规定的,依照规定。

B. 具体分析

故意伤害罪是指故意非法伤害他人身体的行为。本罪行为针对的对象仅能是他人的身体健康。我国实务中区分故意伤害致死和故意杀人罪关键是看客观行为和犯罪故意的内容。故意伤害罪只有伤害他人身体健康的行为和故意,故意伤害罪中的客观行为不具有剥夺他人生命的性质,他人死亡是由于过失所致;而故意杀人罪的行为和故意则具有剥夺他人生命的性质,仅造成他人伤害而没有造成他人死亡的,是由于行为人意志以外的原因所致。从本质上看,在区分故意伤害致死和故意伤人罪时我国刑法和日本刑法在判断要素上具有统一性。

本案中金森陇南不属于伤害致死罪,而应构成故意杀人罪,因为:(1) 金森陇南所设计的自燃装置具有致命性,其针对被害人安装此自燃装置的行为(实行行为)具有剥夺他人生命的性质;(2) 金森陇南主观上对自己设计的自燃装置的致命性具有认识,而具备这种认识下金森陇南仍安装自燃装置,说明其主观上具有剥夺被害人生命的故意。

2 "出窍"

2.1 剧情介绍

某日，贝冢北警署辖区内发生了一起离奇事件。男孩小忠声称自己灵魂出窍，并画了一幅图，图中正是某案件犯罪现场。故事一开始，上村在空调坏掉、儿子小忠发烧的情况下不得不继续赶稿。因为太热，上村到小忠房间蹭空调。小忠告诉上村，说竹田阿姨会来看望他，当上村以为小忠在开玩笑时，下一秒竹田阿姨就出现了，她看到了小忠画的一辆红色轿车。当上村觉得小忠画得不好时，小忠却告诉他刚才自己"飘"了起来，看到了河对面停着一辆红色轿车，而此时窗帘是拉上的。上村和竹田阿姨都感到非常诧异，并不相信小忠的话。

几个星期后，内海薰因案情中出现了不合理之处而再次找上汤川学。在找到打壁球的汤川学后，内海薰提出，小忠"灵魂出窍"所看到的红色轿车可能是犯罪嫌疑人的不在场证明，但灵魂出窍的说法难以令人信服。案件的死者是28岁的长冢多惠子小姐，四周前在家中被掐死，她是一位多次获得柔道冠军的人。在她家中发现了栗田信彦的名片。栗田声称，他案发前一天曾去过死者家中，但案发当时他因宿醉将车停在岸边睡觉，无法提供不在场证明。在审问期间，小忠的画被寄到了警局。经过初步调查后，汤川学不相信灵魂出窍的说法。实验室讨论后发现，由于车的位置太低，即使工厂的门是开的也不可能看到轿车，并且厂长否认门曾打开过。

此时，小忠父子出现在电视台上讲述"灵魂出窍"事件，并称之前多次发生过类似情况，指责警方不相信他们的证言。因为这个节目，内海薰被记者"围攻"，大家纷纷询问案件详情。内海薰好不容易躲开记者，来到汤川学的办公室。汤川学正在思考小忠是如何看到汽车的，早在节目中他就察觉到男孩和父亲的异常。汤川学决定再去见见小忠父子，他对小忠动之以情，分享自己小时候相信意念能扳动勺子的故事，并告诉他这种欺骗会让全国小孩失望。汤川学看着小忠说："不可思议的事情是好的，因为它包含着梦想，但如果夹杂着谎言就是罪过。"即便如此，小忠仍坚持看到了红色轿车。

后来，汤川学在垃圾桶中找到了被冻碎的鞋子，而内海薰则根据杀人方法——骑在死者身上掐脖子，排除了栗田的嫌疑。随后，汤川学进行实验，发现光线在上浓度低、下浓度高的水中会弯曲，这就是海市蜃楼的原理。通过此原理，红色轿车的倒影在空中被小忠看见。在汤川学的一再询问下，厂长承认当天工厂发生了事故，因气罐破裂，冷却机械用的液化氮发生了泄漏。液化氮低于零下200度，泄漏后会使地面冻结，靴子也因此冻碎。为了通风，厂长打开了工厂两侧大门，外面的30度高温空气迅速流入工厂，形成了上热下冷的气体层，满足了海市蜃楼的条件。小忠起身开窗看到倒映在空中的红色轿车，并画了下来，这也是画反的原因。上村看到小忠的画后，想到利用"灵魂出窍"赚钱，而小忠为了让父亲开心，配合圆了这个谎。事情澄清后，内海薰调查发现，原来被害人是被情人所杀。案件真相大白，内海薰和汤川学再次成功破解了一个离奇案件。

2.2 技术分析

- "海市蜃楼"现象成因分析

本集中涉及的技术现象是由于光的折射而形成的"海市蜃楼"现象。根据光的直线传播原理，小忠在正常情况下应无法看见隔着一个化工厂的河对岸，但他却画出了河对岸的红色小汽车。这个现象实际上可以用物理原理来解释，但也包含一定的偶然因素。

光线在浓度（或密度）不同的介质中会发生折射。折射是指光从一种介质斜射入另一种介质时，传播方向发生改变，导致光线在不同介质的交界处产生偏折。在不均匀或不同种类的介质中，光线不再沿直线传播，而是发生折射。光在不同密度介质中的折射角度不同，光线偏转的程度也不相同。通常，密度差越大，折射率越高。折射率是光在真空中的传播速度与在该介质中的传播速度之比，是介质对光的一种特征。材料的折射率越高，光的折射程度越大。因此，当光线经过不均匀介质时，会显著发生扭曲，这就是海市蜃楼现象的基础。

海市蜃楼是一种因远处物体被折射而形成的幻象，是由于不同空气层的密度差异造成的。光在密度不同的空气层中有不同的折射率。例如，海面上的冷空气与高空中的暖空气密度不同，光在这些分层大气中的折射角度各异。太阳加热地面后,会形成气温梯度,使空气密度逐渐变化。密度不同的空气层之间会产生折射现象。我们的视觉系统通常假设光线沿直线传播,但当光线通过下方低温、高密度的大气时,会向下折射,从而使远处物体在大脑中的成像位置显得比实际位置更高。根据这一物理原理,海市蜃楼使得一些本不在视野范围内的物体能够被看到,就像悬浮在空中一样。

这一现象的偶然因素是化工厂发生了液氮泄漏,导致大气密度不均匀。液氮是通过氮气液化形成的低温液体,其沸点为$-320.5\,℉(-195.8\,℃)$。当液氮泄漏后,工人需要打开工厂大门以保持空气流通,为光的传播提供通路。由于液氮的沸点低,在蒸发过程中会吸收大量热量,因此会使化工厂内部空气温度急剧下降,产生低温氮气。大门打开后,外界的热空气不断进入厂房,形成了下方冷气、上方热气的局面,从而在化工厂内形成密度差极大的气体层。这种分层气体导致光线在通过化工厂时发生折射,产生类似于海市蜃楼的现象,从而使平时住在对面看不见的事物在这一特定情景下进入视野。

- 有关液氮的一些知识

本案中,工厂里的套鞋接触到液氮桶泄漏出的液氮后,被工人踩了一脚便碎裂了。这一现象涉及热胀冷缩和分子间作用力的变化。热胀冷缩是指物体受热时会膨胀,遇冷时会收缩的特性。物体内的粒子(原子)运动随温度改变而变化。当温度上升时,粒子的振动幅度加大,使物体膨胀;而温度下降时,粒子的振动幅度减小,物体随之收缩。分子间作用力(范德华力)的变化是指,随着温度降低,分子间的相互作用力减小,分子间的吸引力和斥力也会随之变弱,不同物质的引力和斥力变化情况有所不同。对于多数液态和气态物质,吸引力的减少小于斥力的减少,而固体通常是引力减少得更多。因此,当温度升高时,分子间的吸引力和斥力都会增大。每种物质的分子间范德华力和分子斥力形成了一个平衡体系,使物质处于最低能量状态,从而达到稳定。

因此,在液氮带来的极低温度下,套鞋作为固体,其分子间的吸引力减少程度大于斥力减少程度,分子间的稳定结构被破坏。这使得套鞋变脆,从而被工人踩踏后碎裂。

本案中,工人们之所以短时间接触液氮却未出现冻伤,是因为莱顿弗罗斯特现象在起作用。1756年,莱顿弗罗斯特观察到,在烧得通红的铁勺上滴一滴水,水珠会悬浮并持续约30秒。其中原因在于,水珠接触炙热铁勺后,底部迅速形成一层水蒸气,将水珠与铁勺隔开,形成绝缘层,阻止水珠吸收更多的热量,从而减缓气化速度,使悬浮现象得以维持,这就是莱顿弗罗斯特效应。该现象表明,当高含水量的液体遇到极高温度时,会形成一层气态绝缘层,起到保护作用。莱顿弗罗斯特现象的发生需要满足特定条件,我们可以根据饱和温度公式来计算其是否可以发生。

$$\frac{q}{A_{\min}} = Ch_{fg}\rho_v \left[\frac{\sigma g(\rho_L - \rho_v)}{(\rho_L + \rho_v)^2}\right]^{1/4}$$

根据饱和温度的公式及大多数液体的常见参数 C 值(约为0.09),可以得出:液体与表面之间的温差必须大于液体沸点的93℃,才能产生莱顿弗罗斯特现象。已知液氮的沸点为-196.56℃,人体表面温度约为25℃,二者温差约为221.56℃,大于93℃,因此满足产生莱顿弗罗斯特现象的条件。

本案中,人体短时间接触液氮时,液氮倾泻在人体上类似于水倒入热锅中。人体表面相当于一个"小炉灶",产生莱顿弗罗斯特现象。在液氮表面迅速形成的蒸气层将液氮与皮肤隔开,对人体起到短暂的隔热保护作用。因此,工人们在短时间接触液氮时没有受到冻伤或其他伤害。

综上分析,本案技术上的逻辑基本成立,没有明显不符合物理原理的情况。

2.3 法律分析

【争议焦点一】

小忠的画作及言辞是否能够成为犯罪嫌疑人不在场的证据?

1. 日本法视角下的分析

A. 关联法条

《日本刑事诉讼法》

第317条:认定事实,应当依据证据。

第318条:证据的证明力,由法官自由判断。

第 320 条：除第三百二十一条至第三百二十八条规定的以外，不得以书面材料作为证据代替公审期日的供述，或者将以公审期日外其他人的供述为内容所作的供述作为证据。

对已经作出第二百九十一条之二的裁定的案件的证据，不适用前款的规定。但检察官、被告人或者辩护人对作为证据已经表明异议时，不在此限。

第 321 条：被告人以外的人书写的供述书或者记录该人的供述而由供述人签名或盖章的书面材料，以下列情形为限，可以作为证据：

一、关于记录在法官面前所作供述的书面材料，由于供述人死亡、精神或身体的障碍、所在不明或现在国外而不能在公审准备或公审期日供述时，或者供述人在公审准备或公审期日作出与以前的供述不同的供述时；

二、关于记录在检察官面前所作供述的书面材料，由于供述人死亡、精神或身体的障碍、所在不明或现在国外而不能在公审准备或公审期日供述时，或者在公审准备或公审期日作出与以前的供述相反或实质上不同的供述时。但以存在以前的供述比公审准备或公审期日的供述更可信赖的特别情况时为限；

三、关于前二项所列书面材料以外的书面材料，由于供述人死亡、精神或身体的障碍、所在不明或现在国外而不能在公审准备或公审期日供述，并且其供述为证明犯罪事实的存在与否所不可缺少时。但以其供述是在特别可以信赖的情况下作出时为限。

记录被告人以外的人在公审准备或公审期日所作供述的书面材料，或者记载法院或法官的勘验结果的书面材料，可以不受前款规定的限制而作为证据。

记载检察官、检察事务官或者司法警察职员的勘验结果的书面材料，当供述人在公审期日作为证人受到询问，已经供述该书面材料的写成为真实时，可以不受第 1 款规定的限制而作为证据。

关于鉴定人所书写的记载鉴定的过程及结果的书面材料，亦与前款同。

第 323 条：前二条所列书面材料以外的书面材料，以下列情形为限，可以作为证据：

一、户籍副本、公证证书副本及其他公务员（包括外国的公务员）就其

职务上可以证明的事实所书写的书面材料;

二、商业账簿、航海日志以及其他在通常的业务过程中写成的书面材料;

三、除前二项所列的情形以外,其他在特别可以信赖的情形下写成的书面材料。

第325条:法院,对于即使是依照前四条的规定可以作为证据的书面材料或者供述,如果预先未经对该书面材料记载的供述或者对构成公审准备或公审期日供述的内容的他人供述是否出于自由意志加以调查,仍不得以此作为证据。

B. 具体分析

判断本案小忠的画作及言辞是否能够成为犯罪嫌疑人的不在场证据,实质就是判断其画作及言辞是否具有证据能力及证明力。证据能力是指法庭上为证明案件事实而得以作为证据使用的资格。日本刑事诉讼法未明文规定证据能力的判断,但其列举了证据排除的数种情形,以及对证据能力的限制。根据日本刑事诉讼法的相关规定,不具有证据能力的资料有:(1)非法证据,即通过违法行为或者不正当程序获取的证据,例如刑讯逼供、非法搜查、扣押等。(2)传闻证据,即庭外陈述的证据。由于无法对陈述者进行交叉询问,法官无法判断证据的证明力,因此在日本刑事诉讼中,传闻证据不具备证据能力,但仍存在传闻证据具备证据能力的例外情形(即第321条所规定的情形)。(3)非任意性自白,即被告人并非出于自由意志而作出的供述。(4)侵犯人权证据。如果证据涉及侵犯人权的行为,例如侵犯被告人的人格尊严、隐私权等,一般不会将其作为证据使用。证明力是指证据在认定事实中所能发挥作用的实质价值,证据的证明力是由法官自由心证。判断证据的证明力所考虑的因素一般包括证据的关联性和真实性。笔者认为,本案中小忠的画作及言辞能成为证明犯罪嫌疑人不在场的证据,理由如下:

首先,本案中小忠的画作及言辞具有证据能力。理由如下:(1)小忠的画作及言辞不属于非法证据、非任意性自白以及侵犯人权的证据;(2)小忠的画作及言辞不属于传闻证据。日本学说对于传闻证据之定义方法不一,通说认为传闻证据是指未经直接体验者本人于公判庭陈述,而系以其他方式提出于公判庭之证据。① 由此可见,传闻证据的关键特征是对于案件事实的知晓或体验是直接还是间接。本案中小忠的画作及言辞不属于传闻证据,因为小忠画作所承载的内容及其言辞来自小忠本人对相关事实的直接体验,而非来自其他第三人的见闻。尽管小忠并非事实上看到红色轿车停在河岸边这一景象,但是根据汤川学的实验,小忠亲眼见到的空中悬浮的红色轿车实为海市蜃楼现象,是河岸边红色轿车的镜像。依据海市蜃楼的相关原理,其对原情景的折射是完全真实的,即原情景和海市蜃楼情景相同,只不过是在角度上有所区别而已。因此,海市蜃楼现象不能否定小忠所见的场景并非来自其直接体验。

其次,本案中小忠的画作及言辞具有证明力。理由如下:(1)小忠的画作及言辞具有真实性。第一,海市蜃楼现象是一种科学现象,小忠的所见所言是对真实景象的反映;第二,小忠虽然是未成年人,且在看见空中悬浮的汽车时处于发烧状态,但是未成年、发烧等因素不能说明他在看到空中悬浮的汽车时已丧失意识。因此,小忠的言辞及画作是对相关事实的真实反映。(2)小忠的画作及言辞与案件具有关联性。所谓关联性,是指证据所证明的事实与待证事实具有关联。小忠的画作及言辞所能证明的事实是本案犯罪嫌疑人的车停在岸边,而本案待证事实就是犯罪嫌疑人在案发当天醉酒且在停在岸边的车里睡觉,"犯罪嫌疑人的车停在岸边"这一事实属于"犯罪嫌疑人在案发当天醉酒且在停在岸边的车里睡觉"的一部分,因而小忠的画作及言辞与案件具有关联性。

综上所述,本案中小忠的画作及言辞具有证据能力和证明力,能成为证明犯罪嫌疑人不在场的证据。

2. 中国法视角下的分析

A. 关联法条

《中华人民共和国刑事诉讼法》

第50条:可以用于证明案件事实的材料,都是证据。

证据包括:

---

① 参见《日本刑事证据法则及交互诘问制度之研究:传闻法则》,https://mp.weixin.qq.com/s/Dt6BD7mLoWGrjO6OyxS8sg,2024年11月1日访问。

（一）物证；

（二）书证；

（三）证人证言；

（四）被害人陈述；

（五）犯罪嫌疑人、被告人供述和辩解；

（六）鉴定意见；

（七）勘验、检查、辨认、侦查实验等笔录；

（八）视听资料、电子数据。

证据必须经过查证属实，才能作为定案的根据。

第52条：审判人员、检察人员、侦查人员必须依照法定程序，收集能够证实犯罪嫌疑人、被告人有罪或者无罪、犯罪情节轻重的各种证据。严禁刑讯逼供和以威胁、引诱、欺骗以及其他非法方法收集证据，不得强迫任何人证实自己有罪。必须保证一切与案件有关或者了解案情的公民，有客观地充分地提供证据的条件，除特殊情况外，可以吸收他们协助调查。

第56条：采用刑讯逼供等非法方法收集的犯罪嫌疑人、被告人供述和采用暴力、威胁等非法方法收集的证人证言、被害人陈述，应当予以排除。收集物证、书证不符合法定程序，可能严重影响司法公正的，应当予以补正或者作出合理解释；不能补正或者作出合理解释的，对该证据应当予以排除。

在侦查、审查起诉、审判时发现有应当排除的证据的，应当依法予以排除，不得作为起诉意见、起诉决定和判决的依据。

《最高人民法院关于适用〈中华人民共和国刑事诉讼法〉的解释》（2021年修订）

第69条：认定案件事实，必须以证据为根据。

第86条第1款：在勘验、检查、搜查过程中提取、扣押的物证、书证，未附笔录或者清单，不能证明物证、书证来源的，不得作为定案的根据。

第88条：处于明显醉酒、中毒或者麻醉等状态，不能正常感知或者正确表达的证人所提供的证言，不得作为证据使用。

证人的猜测性、评论性、推断性的证言，不得作为证据使用，但根据一般生活经验判断符合事实的除外。

B. 具体分析

与日本刑事诉讼法相比，我国刑事诉讼法明文规定了证据的种类，并在司法解释中针对具体的证据种类明文规定了审查和认定的细则。因此，在中国法视角下分析小忠的画作及言辞能否成为证明犯罪嫌疑人不在场的证据，首先需明确其画作及言辞的证据属性和范畴。

我国法定的证据分为八类，将小忠的言辞认定为证人证言无可厚非。至于其所作的画作，笔者认为应纳入书证范畴。因为书证系为"以文字、符号、图画等所表达的思想内容来证明案件真实情况的书面文件或其他物品"，本案中小忠的画作内容（红色轿车停靠在湖边）与犯罪嫌疑人的辩解相吻合，其内容直接反映了案件的有关情况，符合"书证"特征。在明确了画作的证据类型之后，判断其是否具有证据证明能力应参照我国刑诉法司法解释的相关规定。

根据我国刑事诉讼法司法解释的相关规定，不具有证据证明能力的书证仅限于不能证明来源的书证，不具有证据证明能力的证人证言包括两种：（1）处于明显醉酒、中毒或者麻醉等状态，不能正常感知或者正确表达的证人所提供的证言；（2）猜测性、评论性、推断性的证言（根据一般生活经验判断符合事实的除外）。本案中小忠的画作及言辞具有证据证明能力，因为：（1）就小忠的画作而言，其作为书证，来源明确；（2）就小忠的言辞而言，尽管小忠在见证相关事实时发烧，但正常情形下发烧并不会使人丧失感知能力或者意识，因此他所说的"看见了空中悬浮的红色汽车"这一内容并非是在不能正常感知的情形下所看见的，该言辞是对其所见事实的反映，并不附带任何猜测、评论和推断，能够成为证据。同时，我国刑事诉讼法与日本类似，亦规定了非法证据排除规则。但如上所述，小忠的画作及言辞并非通过非法手段取得，因此无须排除。综上所述，小忠的画作及言辞具有证据证明能力。

就证明力而言，我国对证明力的判断与日本类似（即考虑证据的关联性、真实性），笔者在此不再赘述。因此，在中国法下，小忠的画作及言辞能够成为证明本案犯罪嫌疑人不在场的证据。

至于法官能否依据小忠的画作及言辞认定犯罪嫌疑人并不在案发现场这一事实，关乎证明标准问题，需要结合其他在案证据进行综合判断，笔者在此不予展开。

【争议焦点二】

忠广以及父亲上村是否构成犯罪？

1. 日本法视角下的分析

A. 关联法条

《日本刑法典》

第 41 条：不满十四岁的人的行为，不处罚。

第 60 条：二人以上共同实行犯罪的，都是正犯。

第 246 条：欺骗他人使之交付财物的，处十年以下有期徒刑。

以前项方法，取得财产上的不法利益，或者使第三者取得的，与前项同。

B. 具体分析

根据日本的共犯理论，共犯包括片面的共犯、不作为的共犯以及承继性共犯等多种类型。其中，承继性共犯是指先行行为者已着手实行犯罪但尚未终了，后行行为者基于与先行行为者的意思联络而参与该犯罪。①

根据《日本刑法典》的相关规定，诈骗罪是指欺骗他人使之产生认识错误，并基于这一错误产生的有瑕疵的意思而交付财物或财产性利益。成立本罪必须经过欺骗行为（诈骗行为）——错误——处分（交付）行为——诈取这一因果过程，从而取得财产或财产性利益。② 判断诈骗罪成立与否的关键是诈骗行为和处分行为。诈骗行为的判断需要遵循以下几点：首先是必须指向人的行为，其次是指向财物或财产性利益，最后是如果交易的对方知道真实情况便不会实施该财产处分行为，却捏造这种重要事实。处分行为的成立必须存在基于被诈骗者的瑕疵意思表示，财物的占有发生了终局性的转移。

本案中小忠父亲上村的行为构成诈骗罪。理由如下：首先，上村将小忠依靠海市蜃楼所作的画作向他人吹嘘成是小忠在灵魂出窍下所作的画作，

---

① 参见〔日〕西田典之：《日本刑法总论（第 2 版）》，王昭武、刘明祥译，法律出版社 2013 年版，第 303 页。

② 参见〔日〕西田典之：《日本刑法各论（第三版）》，刘明祥、王昭武译，中国人民大学出版社 2007 年版，第 146 页。

具有欺骗行为;其次,上村向他人欺骗小忠因灵魂出窍而作画,使得他人在不能认清事实真相的情况下给了上村钱财,具有处分行为;最后,上村的欺骗行为与他人的财物处分行为具有因果关系,且处分行为是基于欺骗行为所产生的瑕疵意思。因此,小忠父亲上村的行为符合诈骗罪的构成要件,应认定成立诈骗罪。

本案中小忠的行为不构成诈骗罪。理由如下:一方面,在构成要件符合性层面,小忠明知父亲利用灵魂出窍的说法骗取他人钱财,仍然撒谎帮助父亲上村,表明其具有参与上村诈骗行为的参与意思,属于事中参与到正犯的实行行为,应认定为承继性共犯。尽管小忠称自己帮助父亲撒谎是为了让父亲赚钱,为了让父亲开心,但其对于父亲撒谎骗取钱财的目的有所认知,并持漠视、放任的态度,以此可以认定其具有欺诈的间接故意。另一方面,在责任层面,小忠属于未成年人,未达刑事责任年龄,不具有承担刑事责任的能力。因此,在责任层面,小忠不具有有责性。综上,本案中小忠的行为不构成诈骗罪。

2. 中国法视角下的分析

A. 关联法条

《中华人民共和国刑法》

第 17 条:已满十六周岁的人犯罪,应当负刑事责任。

已满十四周岁不满十六周岁的人,犯故意杀人、故意伤害致人重伤或者死亡、强奸、抢劫、贩卖毒品、放火、爆炸、投放危险物质罪的,应当负刑事责任。

已满十二周岁不满十四周岁的人,犯故意杀人、故意伤害罪,致人死亡或者以特别残忍手段致人重伤造成严重残疾,情节恶劣,经最高人民检察院核准追诉的,应当负刑事责任。

对依照前三款规定追究刑事责任的不满十八周岁的人,应当从轻或者减轻处罚。

因不满十六周岁不予刑事处罚的,责令其父母或者其他监护人加以管教;在必要的时候,依法进行专门矫治教育。

第 25 条:共同犯罪是指二人以上共同故意犯罪。

二人以上共同过失犯罪,不以共同犯罪论处;应当负刑事责任的,按照他们所犯的罪分别处罚。

第 266 条：诈骗公私财物，数额较大的，处三年以下有期徒刑、拘役或者管制，并处或者单处罚金；数额巨大或者有其他严重情节的，处三年以上十年以下有期徒刑，并处罚金；数额特别巨大或者有其他特别严重情节的，处十年以上有期徒刑或者无期徒刑，并处罚金或者没收财产。本法另有规定的，依照规定。

B. 具体分析

我国刑法关于诈骗罪的规定类似于日本刑法典的相关规定。根据我国通说，认定诈骗罪的路径如下：行为人实施了欺骗行为——受害人基于欺骗行为产生意思认识错误——受害人基于意思认识错误交付财物——受害人遭受损失。因此，针对本案上村的行为，从中国法视角下也应认定其构成诈骗罪。

就共犯的认定而言，依据我国刑法典的相关规定，共同犯罪仅限于二人以上共同故意犯罪，并不包括共同过失犯罪，即共犯的成立要求犯罪人之间具有共同的犯罪故意。同时，在我国也存在承继共犯的分类，关于承继共犯的行为性质认定（即当行为人实施了 A 犯罪的一部分实行行为之后，后行为人故意参与 A 犯罪时，能否就 A 犯罪成立共同犯罪？），我国存在肯定说、否定说和中间说。其中，关于中间说有不同的观点，主要是列举了排除成立共同犯罪的例外情形。① 笔者支持中间说的观点，即原则上后行为人参与的行为性质与前行为人的行为性质相同时，后行为人就参与的犯罪与前行为人成立共同犯罪，但仍存在否定共同犯罪的情形。因为后行为人毕竟对犯罪的成立具有帮助作用，如不对其进行处罚，有违社会公众的一般理解。但在某些例外情形下，如果要求后行为人承担前行为人的行为所引发的罪责，不符合罪责刑相适应原则。在本案中，小忠的参与行为为欺骗行为，父亲的前行为也为欺骗行为，二者性质相同。因此，小忠和上村理应成立诈骗罪的共同犯罪。但是，由于小忠未达我国刑事责任年龄，因此最终认定其行为不构成诈骗罪。

---

① 参见张明楷：《刑法学（第六版）》（上），法律出版社 2021 年版，第 586—587 页。

3 "灵动"

3.1 剧情介绍

有一天,内海薰下班之后收到了汤川学的一封短信,内容是让内海薰直接去实验室找他,说是有要事相商。带着疑惑和不解,内海薰来到了汤川学的实验室。到了之后才发现,原来真正需要寻求帮助的是汤川学一位学生的姐姐弥生。据了解,弥生的丈夫直树最近一段时间离奇失踪了,她前去报案,警方却觉得没有案件性质不予立案。然而,弥生始终认为丈夫一定是卷入了什么案件之中。听罢,内海薰也觉得十分为难,这样大海捞针式地找人肯定不是办法。弥生对内海薰也十分嫌弃,并不相信其作为刑警的能力。虽然内海薰心里很是气愤,但还是硬着头皮揽下了该活。

内海薰再次听起弥生讲述其丈夫失踪的事。弥生说她丈夫直树前些日子出去上班后就再也没回来,电话也打不通。直树失踪那天去了一家养老院,但是问了那里的员工并没有得到什么有用信息。养老院附近住着一户老太太,姓日出,以往直树只要去养老院,就会顺道拜访她。为了了解情况,弥生去了老太太家,但老太太的外甥高野告诉她,老太太在直树失踪的同一天因为心肌梗死去世了。弥生通过调查发现,高野家一些人的行踪非常奇怪。在弥生监视他们的六天里,他们一行四人一直是每晚八点出门,九点回来。有一天,弥生趁着没人,偷偷潜入了高野家院子,却发现屋中有摇晃震动的声响。弥生觉得丈夫可能被他们给监禁起来了。内海薰听罢表示,没有搜查令是不可以随便进入民宅的。弥生随即掩面哭泣起来。

内海薰没办法,只能又去寻求汤川学的建议。内海薰表示,光凭声响是根本无法断定监禁的,她无权私自搜查。此外,内海薰还质问汤川学,一向自我的人,为何又突然关心起他人的事情。汤川学却表示,这会带来一系列的连锁反应,并打出了感情牌,说内海薰不能见死不救。

无奈之下,内海薰又去找了法医闺蜜城之内。城之内表示,老太太的死亡诊断书没有什么可疑之处。城之内又说失踪案是很难调查的,因为主观原因离开者比比皆是。于是内海薰又拉上了同事弓削一起前去调查,但其计谋很快又被高野戳穿。

对于这样的调查结果，弥生再次对内海薰表示失望。两人吵了起来，冷静之后，内海薰通过弥生家中的一些细节发现了直树确实是一个心地善良的男人，而且弥生此时也已经怀孕四个月。综上，内海薰决定继续帮助弥生调查。

晚上八点，高野一行人果然神色慌张地从家中走出，内海薰趁机和弥生一起潜入了高野家。进入屋内她们发现到处都贴着各种各样的符咒，一副阴森恐怖的诡异氛围。可调查到一半，那房子竟然发生了地震，剧烈的摇晃使得老太太的遗像也掉落于地，二人不知所措，逃离了高野家。逃出屋子后，她们发现震动的只是那栋房子而已，这就令她们既疑惑又害怕，直呼"闹鬼"。

事后内海薰十分害怕，连忙找到汤川学诉说所见所闻。汤川学又一次对这个现象产生了兴趣，他跟内海薰一起来到高野家。随后他又找了很多古老的地图，仔细调查房子所处的地形。从一沓古老的地图里，汤川学发现了奇妙之处，房子之所以出现震动情况，只是因为地形而已，而高野家的人不愿说明此事，肯定是因为心中有鬼。

内海薰随即根据汤川学的指示，对高野的过往展开了调查。据调查，高野在外面欠了很大一笔债，而且被高利贷的催债人追得很紧，全指望着有钱的姨妈帮忙还钱。内海薰通过数据库查到了催债人。

此后，汤川学再次跟内海薰来到高野家展开调查。汤川学发现高野家的房屋构造确实与自己的猜想一致，内海薰则发现了被丢弃在垃圾桶中的水泥袋子。汤川学看着手表，告知大家房屋马上就要地震了。果然话音刚落，房屋立马发生了震动。震动过后，汤川学揭开了房屋的地板，在客厅的地板下方正是直树的尸体。高野被抓进了警局，并坦白了一切。高野向作为姨妈的老太太借钱，可老太太没有答应。而因催债人上门暴力催债，导致老太太因心肌梗死去世了。直树此时正巧前来拜访老太太，受牵连被催债人所杀。

内海薰把这个消息告诉了弥生，尽管伤心，但弥生还是表示了感谢。内海薰告诉弥生，老太太生前珍贵的财产均存放在保险柜中，而保险柜的钥匙放在直树的身上。同时，根据保险柜中的遗书，老太太将全部的遗产留给了直树。遗书未曾开封,表明直树生前是不知道遗书内容的,可见直树真的是一个心地十分善良的人。弥生再次对内海薰表示了感谢,并说早有预料,丈夫再也回不来了,当时房间的震动或许就是直树在告诉她自己在下面吧……

3.2 技术分析

- 共振

本案主要涉及的物理知识是共振。

共振是物理学中的专业术语,指一个物理系统在特定的频率和波长下,以比其他频率和波长更大的振幅振动的现象。特定的频率和波长称为共振频率和共振波长。通常而言,一个系统(无论是力学、热学还是电子系统)都有多个共振频率,在这些频率下振动较容易发生,而在其他频率下振动则较难发生。如果振动频率较复杂(如受冲击或宽频振动),系统会"选择"共振频率进行振动,实际上会过滤掉其他频率。在共振频率和共振波长下,即使是微小的周期性振动也可能产生较大的振动,因为系统在此条件下能储存动能。当阻力较小时,共振频率和共振波长大致等于系统的自然频率和自然波长(即固有频率和固有波长),这些是系统自由振荡时的频率和波长。

共振的条件:当系统在周期性外力(强迫力)作用下发生受迫振动时,如果外力的频率与系统的固有振动频率相同或接近,受迫振动将达到极大值,这种现象称为共振。

共振的原因:当周期性驱动力与振动"合拍"时,每次驱动力都与物体的速度方向一致,驱动力做的是正功,因此振幅和能量都会不断增加。

作为本案主要场景的"日出家"位于一个特殊的地理位置。汤川学通过比对旧地图和新地图,发现日出家的房屋建在一个洞口之上。这个洞口连接着一条下水管道,而该管道又与附近的一家零件生产工厂相通。每晚8至9点,工厂会向下水道排放热水,热水流经管道产生的震动可能导致洞口发生共振,从而加剧振动,导致房屋剧烈摇晃。然而,老太太生前并未经历这种情况,因此唯一的可能是房子周围进行了挖坑或其他改动,改变了洞口周围的环境,使洞口的振动频率与房间的频率一致,产生了所谓的"幽灵"现象。凭借这一线索,案件得以成功破获。

虽然共振现象在此案中成为破案的重要线索,但在一般情况下,共振是有害的,会引起机械和结构的剧烈变形和动态应力,甚至导致破坏性事故。工程史上有许多这样的实例。例如,19世纪初,一队法国士兵在指挥官的命令下,齐步走过法国昂热市的一座桥。当他们走到桥中央时,桥梁突然剧烈颤动并最终断裂坍塌,导致许多士兵和市民落水丧生。经调查发现,事故原因正是共振。士兵齐步前进时产生的频率恰好与大桥的固有频率一致,增强了桥梁的振动。当振幅达到最大限度,超过桥梁的承载力时,桥梁便发生断裂。类似事件也发生在俄罗斯和美国等地。

- "玻璃棒"导电

传统意义上的玻璃是指以石英、纯碱和长石为主要原料,熔融后凝固形成的混合物。由于各组分的熔点不同,玻璃没有固定的熔点。玻璃通常在600—800 ℃开始变软,进一步加热会发红,普通玻璃在约1000 ℃时完全融化。常温下,这种混合物的主要成分是电子结构较稳定的共价化合物,另外一些成分则为不含有自由移动电荷的离子化合物。

物体导电的前提是体系内有可自由移动的电荷,如自由电子或自由离子。玻璃中的共价化合物基本不含这两类自由电荷,因此难以导电;而离子化合物只有在液态时离子键才会打开,分解出独立的阴、阳离子从而导电。尽管从微观结构来看,玻璃的态属液态特征(即长程无序、局部中近程有序状态),但其能量状态较低,黏滞系数很高,熔化前阴阳离子无法自由迁移,因此玻璃棒在固态下是不能导电的。

玻璃棒在熔融后能导电的原理较为复杂。一方面,玻璃中部分低熔点成分已经熔化,在熔融状态下,化合物中的阴阳离子电离,形成导电的通路。玻璃棒中含有硅酸盐,加热后也会发生电离。此外,加热后原子最外层的电子不再稳定,容易发生移动,因而可以导电。另一方面,温度影响电介质的电阻率,从而进一步影响物体的导电性能。

综上分析,本案在技术逻辑上基本合理,没有明显违背物理原理之处,但房屋共振条件的成立具有较大的偶然性。

3.3 法律分析

【争议焦点一】

追债人是否需要对老太太的死承担刑事责任？

1. 日本法视角下的分析

A. 关联法条

《日本刑法典》

第 199 条：杀人的，处死刑、无期或者五年以上有期徒刑。

第 205 条：伤害他人身体，其结果致人死亡的，处三年以上有期徒刑。

B. 具体分析

判断本案中追债人是否需要对老太太的死承担刑事责任，关键是判断老太太的死与追债人的行为是否具有因果关系。刑法中的因果关系是指实行行为和危害结果之间的关联，即唯有可以客观性地归责于某种行为的某种结果才是违法判断、责任判断的对象。按照日本的通说与判例的一般观点，因果关系的判断可分为以下两个阶段：第一个阶段是判断是否存在条件关系，第二个阶段是在此基础上再判断是否存在相当因果关系。条件关系是指行为与结果之间是否存在事实上的关联；相当因果关系则是以存在条件关系为基础，进一步就客观归责的范围作出规范性限定。针对条件关系的判断，日本通说采取必要条件说，即"如果没有这种行为，便不会发生那种结果"。针对相当因果关系的判断，日本相当因果关系说将其解释为行为与结果之间的关系必须在经验法则上具有相当性。同时，根据判断材料的不同，相当性说可以区分为主观说、客观说以及折中说。主观说以行为人所认识到的或者可能预见到的情况作为判断的基础；客观说以行为时已经存在的所有情况作为判断基础，同时将行为后一般人可能预见的情况作为介入的判断材料；折中说以行为时一般人预见可能的情况与行为人特别知道的情况作为判断基础，同时将行为后一般人可能预见的情况作为介入的判断材料。① 主观说由于无法区分故意和过失,已逐渐被淘汰。客观说和折中说逐渐成为有力观点。然而,不管是客观说还是折中说,一般人的预见可能性这一标准并不明确,不足以指导实践。因此,笔者认为,相当因果关系的判断应坚持以下路径:无论是行为之时的危险,还是行为之后的危险,只要属于经验法则上罕见的情况、通常不可能出现的情况,均不得成为因果关系判断的素材。也就是,如果行为时的罕见危险实现于结果,或者行为时的危险经过罕见的因果过程而实现于结果,均不具有相当性,应否定因果关系的成立。

具体至本案,笔者认为老太太的死与追债人并无因果关系。理由如下:首先,老太太的死与追债人的行为存在条件关系。如上所述,条件关系的成立要求行为与结果之间是"无 A 则无 B"的关系。本案中老太太的直接死因是心肌梗死,而心肌梗死是由追债人的追债行为导致的情绪激动所引发的,即若没有追债人的追债行为,就不会出现老太太因情绪激动而导致心肌梗死的结果。因此,老太太的死与追债人的行为存在条件关系。其次,老太太的死与追债人的行为不存在相当因果关系。本案中老太太的死是出于心肌梗死,而债权人的追债行为引发老太太心肌梗死属于一种罕见的情况,因为通常情况下本案追债人的行为甚至不具有致伤的可能性。因此,老太太的死亡结果是基于罕见的危险,排除结果与追债行为之间的因果关系。

由于老太太的死与追债人的行为之间不存在刑法上的因果关系,因此追债人不构成故意杀人罪或者过失致人死亡罪的构成要件,无须对老太太的死承担刑事责任。

2. 中国法视角下的分析

A. 关联法条

《中华人民共和国刑法》

第232条:故意杀人的,处死刑、无期徒刑或者十年以上有期徒刑;情节较轻的,处三年以上十年以下有期徒刑。

第233条:过失致人死亡的,处三年以上七年以下有期徒刑;情节较轻

---

① 参见〔日〕西田典之:《日本刑法总论(第2版)》,王昭武、刘明祥译,法律出版社2013年版,第78—87页。

的,处三年以下有期徒刑。本法另有规定的,依照规定。

B. 具体分析

我国传统刑法理论所讨论的因果关系是指危害行为与危害结果之间的一种引起与被引起的关系。其中的"引起"者是原因(危害行为),"被引起"者是结果(危害结果),而因果"关系"本身不包括原因与结果,只包含二者之间的引起与被引起的关系。由于因果关系是事物之间的一种引起与被引起的关系,这种关系本身是客观的,不依任何人的意志为转移,因此因果关系的有无,只能根据事物之间的客观联系进行判断,是一种事实的判断。正因如此,我国传统刑法理论将哲学上的因果关系理论运用到刑法中来,形成了必然因果关系说与偶然因果关系说的争论。必然因果关系说认为,当危害行为中包含着危害结果产生的根据,并合乎规律地产生了危害结果时,危害行为与危害结果之间就是必然因果关系。只有这种必然因果关系,才是刑法上的因果关系。偶然因果关系说的基本观点是,当危害行为本身并不包含产生危害结果的根据,但在其发展过程中偶然介入其他因素,由介入因素合乎规律地引起危害结果时,危害行为与危害结果之间就是偶然因果关系,介入因素与危害结果之间是必然因果关系。必然因果关系与偶然因果关系都是刑法上的因果关系。[1]

由于必然—偶然因果关系理论采取哲学式的话语体系和理论范式,缺少法律层面的价值考量,没有创设出较为明晰的判断规则,在面对复杂的因果关系情形时适用乏力,因此日渐式微。日本通说相当因果关系说逐渐在我国成为主流学说。[2] 可见,我国司法实务中对于因果关系的判断所依据的理论学说是继受于日本,故在中国法视角下本案追债人的行为与老太太的死亡结果亦无因果关系。因为依据客观规律和经验法则,追债人的行为对人体的伤害较小,故在通常情况下,追债人的行为难以造成他人死亡的结果。本案中老太太死亡的结果不是追债人行为"通常会发生的结果",不具有相当性,排除因果关系的成立。

因果关系为故意杀人罪和过失致人死亡罪的构成要件之一,而本案中

---

[1] 参见张明楷:《刑法学(第六版)》(上),法律出版社2021年版,第223—224页。
[2] 参见张开骏:《刑法中相当因果关系说的判断方法》,载《人民法院报》2015年5月30日第2版。

追债人的行为与老太太的死亡结果之间不具有因果关系,故本案中追债人的行为不成立故意杀人罪和过失致人死亡罪。

【争议焦点二】

高野昌明的行为是否构成窝藏罪?

1. 日本法视角下的分析

A. 关联法条

《日本刑法典》

第103条:对于已犯应当判处罚金以上刑罚之罪的人或者罚金以上刑罚之罪的被告人、嫌疑人,予以藏匿或者使其隐避的,处三年以下有期徒刑或者三十万日元以下罚金。

第105条之二:对于被认为具有调查或审判自己或他人刑事案件所需知识的人或其亲属,在没有正当理由的情况下,强行要求见面或进行强谈威迫行为的人,处以二年以下有期徒刑或三十万日元以下的罚款。

B. 具体分析

《日本刑法典》第103条规定了藏匿犯人罪。所谓藏匿犯人罪,是指妨碍发现犯人、拘束犯人的犯罪,其客体为已犯应处罚金以上刑罚之罪的人或者在羁押过程中脱逃的人。而关于"已犯应处罚金以上刑罚之罪的人"的理解,日本刑法学界产生三种学说:(1)认为必须是真正的犯罪人的学说;(2)认为只要是作为犯罪嫌疑人而成为搜查对象即可的学说;(3)认为必须是客观上具有浓厚的犯罪嫌疑的学说。日本判例通常采取第二种观点,即要求只要是藏匿可作为搜查对象的犯罪嫌疑人,便可成立藏匿犯人罪。本罪的行为为藏匿犯人、使犯人隐避。藏匿具体是指提供场所使其躲避,使其隐蔽是指除藏匿行为之外的其他一切使其免于被官方发现、拘捕的行为。日本判例中,大致认定了以下几种隐避行为:劝说犯人逃亡且明确指明了逃亡地、资助逃亡资金、告知家里的情况以及搜集情况、让第三者做其替身。同时,日本判例认为,针对警方已认识到为现行犯,却故意装作未看见,这种不作为也属于隐避行为。只要没有特别规定,一般人不告发犯罪的行为不构成窝藏犯人罪。①

具体至本案,笔者认为高野昌明的行为不构成窝藏犯人罪,因为:一方面,窝藏犯人罪针对的客体是可作为搜查对象的犯罪嫌疑人。本案中,虽然追债人的行为与老太太的死并无因果关系,其对老太太的死无须承担刑事责任,但其仍是可成为搜查对象的犯罪嫌疑人,符合本罪针对的客体特征。另一方面,由于判例已承认只要没有特别规定,一般人不告发犯罪的行为不构成窝藏罪,因此作为一般公众的高野昌明即使在内海薰上门询问时没有及时说明真相,也不应认定为窝藏犯人罪。

2. 中国法视角下的分析

A. 关联法条

《中华人民共和国刑法》

第 310 条:明知是犯罪的人而为其提供隐藏处所、财物,帮助其逃匿或者作假证明包庇的,处三年以下有期徒刑、拘役或者管制;情节严重的,处三年以上十年以下有期徒刑。

犯前款罪,事前通谋的,以共同犯罪论处。

B. 具体分析

类似于日本刑法典,《中华人民共和国刑法》第 310 条也规定了窝藏包庇罪。所谓窝藏包庇罪,是指明知是犯罪的人而为其提供隐藏处所、财物,帮助其逃匿或者作假证明包庇的行为,其行为对象是犯罪的人。关于犯罪的人之具体内涵,我国刑法学界同样存在多种观点。目前主流观点认为,"犯罪的人"是指作为犯罪嫌疑人被列为立案侦查对象的人。可见,对于窝藏包庇罪中"犯罪的人"的理解,我国与日本的基本立场一致。窝藏包庇罪的行为内容为窝藏、包庇犯罪的人,窝藏包庇行为主要表现为为犯罪的人提供隐藏处所、财物,帮助其逃匿。窝藏包庇行为的本质是帮助犯罪的人逃匿,只不过提供隐藏处所、财物是最典型的列举。窝藏包庇行为的特点是妨害公安、司法机关发现犯罪的人,或者说使公安、司法机关不能或者难以发现犯罪的人。②

---

① 参见〔日〕西田典之:《日本刑法各论(第三版)》,刘明祥、王昭武译,中国人民大学出版社 2007 年版,第 354—356 页。

② 参见张明楷:《刑法学(第六版)》(下),法律出版社 2021 年版,第 1440—1441 页。

具体至本案，笔者认为高野昌明不构成窝藏包庇罪，理由如下：一方面，由于我国对于"犯罪的人"的理解和日本的立场保持一致，因此如上所述，在此立场下，追债人能成为窝藏罪的行为对象。另一方面，窝藏包庇行为的本质是帮助犯罪的人逃匿，从而妨碍公安、司法机关发现犯罪的人，但是在本案中，高野昌明并未对追债人提供任何逃匿的帮助行为，其仅仅是未举报追债人。未举报的行为并不等同于窝藏包庇行为，因此本案中高野昌明并不构成窝藏包庇罪。

4 "坏死"

4.1 剧情介绍

一栋豪宅内的游泳池边出现了一个年轻女性尸体，其身体外部没有明显伤痕。唯一值得注意的是，死者左胸部有紫色淤青。警方初步判断死者是因溺水窒息身亡，但后经过法医鉴定，死者的死因为心脏麻痹，左胸处淤青部分的皮肤已经坏死。在诸多警察中，唯有内海薰重点关注了死者胸前的淤青部位，认为一定与案情有关。于是内海薰找到汤川学，想知道淤青与死亡之间的联系。但汤川学认为，皮肤的淤青坏死不属于物理学范畴，而是生物学和医学的领域，让她另择高人。内海薰吃了闭门羹，无奈之下只好独自一人调查。

某天，汤川学在大学结束一次物理学讲座后，碰见一个叫田上的学生，两人都是物理学界有所成就的天才，有惺惺相惜之意。内海薰再次来到学校求助汤川学，并告知死者系该校学生，然而汤川学再次以非物理学领域为由拒绝了内海薰。正巧，内海薰在校内看到一块写着研究皮肤疾患高端研究室的牌子，拜访时发现田上正好是该研究室的研究员。当内海薰将死者与淤青的案情告知田上后，虽然田上满脸不在意地告诉她，皮肤坏死很可能是放射线的辐射导致，与心脏麻痹无关，但他同时对内海薰献上殷勤，并表示对案件很感兴趣。后来，田上拜访汤川学并与其闲聊。起初，二人对于物理学的话题谈得津津有味，但当谈及前途和名利时，田上说出自己希望能制造大规模杀伤性的战争武器，以此获取名利，在日本的物理学界大放异彩。

汤川学对此虽不认同,但也没有多说什么。

案情依旧没有进展,警署准备着手结案。此时,汤川学突然打电话给内海薰,表示对此案有所兴趣,并让她调查半年内因心脏麻痹而死的人。汤川学来到法医处,通过观察发现,死者虽死于心脏麻痹,身体却无明显伤痕,很可能是触电身亡。可死者身处游泳池,触电本身很难,让心脏直接触电更是需要围绕躯干缠绕电线,但这样一来电流的入口和出口处会同时出现伤痕。聪明如汤川学,此时也陷入了沉思。

内海薰找到田上,告知了案情的最新进展并询问心脏麻痹的原因,没想到上次殷勤的田上这次竟反常地下了逐客令。支走内海薰后,田上与汤川学碰面,说他从内海薰那里得知了其介入,并一本正经地认为是超能力犯罪,甚至想以此说服汤川学。唯物主义论的汤川学对田上更加失望,二人不欢而散。

汤川学的学生们找到了一些线索,在国外的一个网站上,有人发帖说发明了一种杀人于无形的跨时代武器,并且经过了活人实验,可行性很高。此时,汤川学已经猜到凶手是田上。同时,内海薰也查到了半年内的另外三起相似案件,都是胸口淤青,死在泳池边,死因为心脏麻痹。内海薰再次找到田上,请求其对此进行分析,可田上坚持这仅是一场意外,但内海薰坚定地表示要把案件调查清楚。

在学生的偶然提醒下,汤川学想到了田上的杀人方法——超声波杀人。他打电话给田上,含沙射影地表示他就是凶手。没想到,田上竟想杀掉打算查案到底的内海薰。眼看内海薰要被杀害,关键时刻警察赶到,却发现凶手不是田上而是田上雇佣的杀手。当田上自以为大功告成准备离开酒店时,正巧碰到守候在此的汤川学。汤川学冷冷地斥责田上令人不齿的行为,田上起初还以汤川学没有追求和梦想还击。但当汤川学给出了更完美、不留淤青的超声波杀人公式,从而否定了田上的天才之名时,田上震惊不已,随后苦笑着承认了自己的罪行。

4.2 技术分析

- 压电效应(Piezoelectric Effect)

压电效应包括正压电效应和逆压电效应。其中,某些电介质在受到沿特定方向的外力作用而发生形变时,其内部会产生极化现象,并在两个相对表面上出现正负相反的电荷。当外力撤去后,电介质又恢复为不带电的状态,这种现象称为正压电效应。如果外力方向改变,电荷的极性也会随之改变。

相反,当在电介质的极化方向上施加电场时,电介质也会发生形变,而当电场去掉后,电介质的形变会随之消失。这种现象称为逆压电效应,也称为电致伸缩现象,即指电介质在电场中发生弹性形变的现象。

这种现象可以解释如下:当电介质置于电场中时,其分子会发生极化。在电场方向上,一个分子的正极会与另一个分子的负极相互连接。由于正负电荷的相互吸引,电介质在电场方向上会发生收缩,直到内部的弹性力与电引力达到平衡为止。

如果在电介质两端施加交变电压,且交变电压的频率与电介质的固有频率相同,电介质将会发生机械共振。

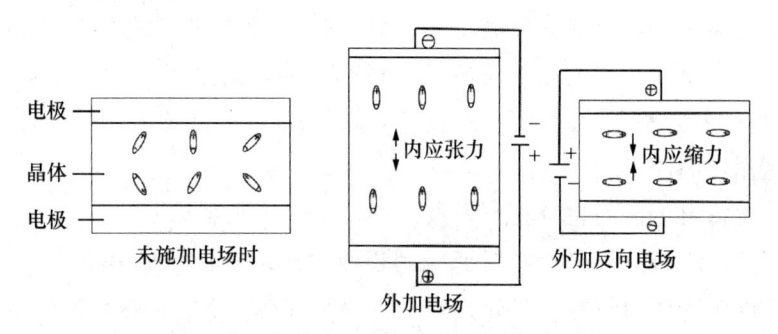

图 4 逆压电效应—外加电场使晶体产生形变

电致伸缩在工程技术上有很多应用,如利用压电石英制成石英钟、产生超声波等。1927 年,伍德(R. W. Wood)与鲁密斯(A. L. Loomis)首先使用高功率超声波,使用蓝杰文型的石英换能器配合高功率真空管,在液体中产生高能量,使液体引起所谓的空腔(cavitation)现象。

• 空腔现象

早在 1753 年,欧拉(Euler)就注意到,水管中某处的压强若降至蒸汽压甚至到负值时,水即自管壁分离,并在该处形成一个真空空间,这是历史上空化现象第一次提出。1906 年,英国第一艘驱逐舰下水实验时,发现螺旋桨推进器在水中引起强烈振动现象。桑尼克罗夫特(Thornycroft)等人通过研究发现,这是由于螺旋桨旋转产生了大量气泡,这些气泡在水的压力作用下随机收缩内爆而产生。这是历史上首次对空化现象物理本质的描述。气泡不断地破裂,在液体中形成激波或是高速微射流。金属材料受到这种攻击后,结构会被破坏。实际上,在多种水力机械及泄水建筑物中,都会不可避免地发生空化和空蚀现象,使其正常的工作能力和工作环境遭到破坏。而要探析空腔效应杀人原理,就需首先明晰超声波的原理。

- 超声波原理

在弹性介质中,当波源激发的频率在 20 Hz 到 20000 Hz 之间时,人类的听觉能够感知到这些声音。在这一频率范围内的振动被称为声振动,而由声振动引起的纵波则称为声波。超声波是以人耳能够听到的声波频率为基准,其频率高于 20 kHz,这种不可闻的声波被称为超声波。[①]

超声波在介质中主要以两种形式的机械振荡存在,即横向振荡(横波)和纵向振荡(纵波)。横波仅能在固体中传播,而纵波可以在固体、液体和气体中传播。由于超声波频率较高、波长较短,其传播过程表现出许多特性。例如,超声波具有良好的定向性、较高的能量、强大的穿透力、衰减性以及引起空化作用的能力。

在液体中传播的超声波与声波一样,都是一种疏密的振动波。在传播过程中,液体时而受到拉伸,时而受到逐级的压缩。液体能够承受压力,但对拉力的耐受能力较差。当超声波的波强度足够大时,液体因无法承受拉力而发生断裂,尤其是在存在杂质和气泡的区域,从而产生接近真空或含有少量气体的空穴。在声波的压缩阶段,这些空穴会被压缩直至崩溃。在崩溃的过程中,空穴内部可达到几千摄氏度的高温和数千个标准大气压的高压。此外,在小空穴形成过程中,由于摩擦作用产生正、负电荷,因此在空穴崩溃时,还会出现放电和发光现象。

- 超声波的空化作用

1. 空化原理概述

超声空化是指存在于液体中的微气核(空化核)在超声波声场的作用下振动、生长和崩溃闭合的过程。

[①] 参见梁励芬、蒋平编著:《大学物理简明教程》,复旦大学出版社 2002 年版。

超声波在介质中的传播过程中存在着一个正负压强的交变周期。在正压相位时,超声波对介质分子挤压,改变了介质原有的密度,使其增大;而在负压相位时,超声波使介质分子稀疏并进一步离散,介质的密度降低。

当用足够大的振幅超声波来作用于液体介质时,在负压区内介质分子间的平均距离会超过使液体介质保持不变的临界分子距离,液体介质就会发生断裂,形成微泡,这一类微泡被称为无气泡中心空化核。微泡进一步长大成为空化气泡。一方面,这些气泡可以重新溶解于液体介质中,也可能上浮并消失。另一方面,这些气泡可以随着声场的变化而继续长大,直到负压达到最大值,在紧接着的压缩过程中,这些空化泡被压缩,其体积缩小,有的甚至完全消失。当脱出超声波的共振相位时,空化气泡内压强已不再稳定,即空化气泡内的压强已不能支撑其自身的大小,开始溃陷。

综上所述,空化气泡在超声波的作用下,膨胀、收缩、再膨胀、再收缩,多次周期性振荡直至崩裂,把声场能量集中起来,然后伴随空化泡崩溃而在极小空间内将其释放出来,使之在正常温度与压力的液体环境中产生异乎寻常的高温(高达 4000K)和高压,从而引发许多物理、化学效应,如破坏生物组织、加快化学反应速度、产生光辐射等。因此,超声场下空化气泡的形成及运动的研究具有十分重要的理论基础和实际应用意义[①]。

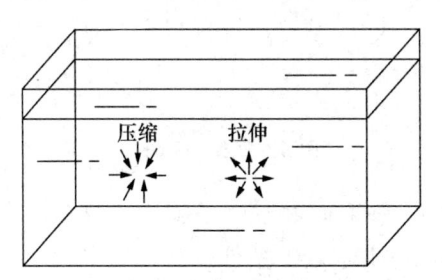

图 5　超声波空化作用原理示意图

图 5 为盛满液体的容器。当通入超声波后,由于液体振动而产生数以万计的微小气泡,即空化泡。这些气泡在超声波纵向传播形成的负压区生长,而在正压区迅速闭合,从而在交替正负压强下受到压缩和拉伸。在气泡

---

① 参见于凤文、计建炳、刘化章:《超声波在催化过程中的应用》,载《应用声学》2002 年第 2 期。

被压缩直至崩溃的一瞬间,会产生巨大的瞬时压力,一般可高达几十兆帕至上百兆帕。这种巨大的瞬时压力,可以使悬浮在液体中的固体表面受到急剧的破坏。

2. 空化的过程

(1) 空化初生

如前所述,空化是流体系统中的局部低压使液体汽化而引起的微气泡(或称为气核)爆发性生长现象。液体通常都不是纯液体,里面含有许多微粒杂质,如微粒体、微生物和微气泡。这种微气泡的半径一般在 20 μm 以下,称为气核或空化核[1]。假定一个球状气核悬浮于液体中,所受内、外压强如图 6 所示,其静力平衡方程为:

$$P = P_v + P_g - \frac{2\sigma}{R}$$

其中,P 为气核周围液体压力;P_v 为气核内饱和蒸气压;P_g 为气核内气体的分压;R 为平衡态下气核半径;σ 为液体表面张力系数。

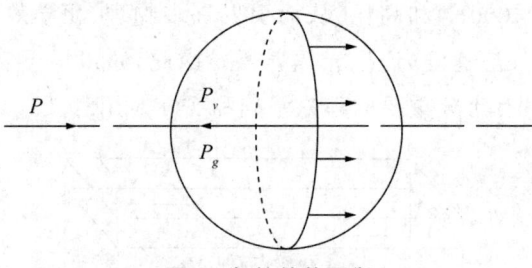

图 6 气核的静平衡

当气核内、外力不平衡时,将使气核膨胀或收缩。显然,要使气核发育、膨胀,进而发生空化,应满足以下条件:

$$P < P_v + P_g - \frac{2\sigma}{R}$$

在水力空化中,气核发育的动力是气核周围液体压强 P 的降低。若气核与液体一起运动,则气核所在处的液体压强 P 降低时,气核体积将随之膨胀,气核半径增大,气核生长,气核内气体压力降低,形成空化初生条件。

---

[1] 参见倪汉根:《气核—空化—空蚀》,成都科技大学出版社 1993 年版。

气核生长过程一开始是非爆发性的,但当液体压强 P 比核内总压强($P_v +P_g$)小到一定程度时,气核的生长速度会突然加快,形成"爆发性"生长,即气核的惯性失稳,此时的气核就转化成空化泡。若流场的某一位置每秒钟有一定数量的气核发展成为空化泡,则认为该系统出现空化现象。由此可知,空化现象的本质是气核的惯性失稳。

(2) 空化的发展

空化的发展过程可以分为以下几个阶段[①]:

① 初始空化:随着水流中正压强的降低,当某低压区的压强降低到产生空化的临界压强时,水流中开始出现不连续的阵发性的气泡。

② 附体空化:当水流低压区的压强继续降低时,低压区范围扩大,空泡便持续存在,成为发展的空化,但这时空化的范围仍不大,贴附在绕流体上,故称为附体空化。

③ 超空化:随着水流中低压区的压强进一步降低,低压区的范围不断扩大,空化区范围也不断发展,最后空泡长度超过了绕流体的范围,形成了稳定的尾流,这时称为超空化。

(3) 空化泡的溃灭

当爆发性生长的气核——空化泡在随水流进入高压区($P - P_g > O$)时,即发生收缩、溃灭。溃灭速度随驱动压力($P_d = P - P_v$)的上升速率增大而加快,P_d 上升速率高,则气泡周围液体在泡内外作用下迅猛地压缩空化泡,泡内压强可以达到极高的数值,然后向四周辐射。若溃灭的空化泡在边壁附近,则边壁上的辐射压强可达很高值,从而可能使边壁破坏。

空化过程中空穴的初生、膨胀、收缩、溃灭、再生多次交替发生。可以认为,空化流场中产生的气泡,在遇到了强大的阻碍其正常运动的力时,会发生不同方式的溃灭(分裂),从而形成更小的气泡,在此过程中释放能量。[②]

3. 空化引发的效应

空化泡溃灭时产生的局部高温、高压等极端条件,可以给流体带来以下一系列的影响:

---

① 参见李根生等:《空化空蚀机理及其影响因素》,载《石油大学学报(自然科学版)》1997年第1期。

② 参见武君:《水力空化对过程强化的实验研究》,大连理工大学2004年硕士学位论文。

① 机械效应:空化发生时,空泡溃灭产生微射流和冲击波。通过计算和实测得出,游移型空泡溃灭时,近壁处微射流速度可达 70～180 m/s(有人认为可高达 600 m/s),在物体表面产生的冲击压力可高达 691 MPa。微射流直径约为 2～3 μm,表面受到微射流冲击次数约为 100～1000 次。脉冲作用时间每次只有几微秒,这样高的冲击将直接作用在流体上,对流体本身来说是种巨大的能量。

② 热效应:如果溃灭的空泡中含有相当数量的气体,则在空泡溃灭终了时气体的温度必然很高。因为溃灭过程进行得很快,以致在短时间内热交换不足以使空泡内的气体被周围水体冷却,在水的冲击作用下,这些热的气体温度很高,形成局部的热点。

③ 光效应:空化气泡溃灭时发出可被观测的光称为声致发光(sonoluminescence),在单空泡空化声致发光时,对应每个原子区域的能量为 1.08×10^{10} eV,声致发光包含了大约 10^{11} 量级的放大或聚焦过程,而同位素裂变释放的能量放大也仅为 0.8×10^{10} eV,可见空化光效应的能量之大。

④ 活化效应:当上述效应作用在液体上时,会使流体内部产生局部高浓度的强氧化性的自由基。这些自由基可以和液体内的一系列物质发生氧化反应,从而起到氧化有机物的作用。

• 超声波空化作用在生物医学中的应用

液体流经的局部地区,压强若低于某临界值,液体就会发生空化。在低压区空化的液体挟带着大量的空泡形成了"两相流"运动,破坏了液体宏观上的连续性,而液流挟带着的空泡在流经下游压强较高的区域时,空泡将发生溃灭。因此,空化现象包括空泡的发生、发育、溃灭,它是一个非恒定过程。空泡在溃灭时会产生很大的瞬时压强,水流中不断溃灭的空泡所产生的压强的反复作用,可破坏固体表面,这种现象称为"空蚀(Cavitation Damage)"。

有专家指出,稳态空化作用形成的空化泡可使其周围的酶或细胞颗粒受到微声流作用下的切应力作用,而这可能导致细胞的破坏。[①]

[①] 参见时兰春等:《低强度超声波在生物技术中应用的研究进展》,载《重庆大学学报(自然科学版)》2002 年第 10 期。

空化泡溃灭时产生的高速水射流和巨大的冲击力,使性质不同的流体介质产生位移效应(机械效应)和热效应,使分子发生震动,当湍动能达到一定程度后,就可以产生足够大的能量使细胞或微生物直接破裂。因此,机械效应是细胞破碎、杀菌等物理强化效应的根本原因。[1]

综上所述,可以看出,这种导致细胞破坏的效果也是本案中田上作案时的纰漏所在,即被害人胸口处总会存在因超声波空化作用导致的"空蚀"所留下的细胞坏死的现象。

- 关于超声波"不留痕迹"的设想与思考

本案中,汤川学最后给出了不留痕迹的原理设想。结合超声波传递遵守几何光学特性的原理,笔者认为,想要跳过皮肤外的液体介质直接损伤体内器官,较为可行的方式就是利用特殊仪器,直接将分散的超声波"射线"汇聚于打击对象的焦点(类似于放大镜聚焦光线),从而尽可能地减少对传播途中非目标区域的破坏。在查阅相关资料后,高强度聚焦超声(High Intensity Focused Ultrasound)技术为笔者的设想提供了依据。该技术在现实生活中已经有所运用,只不过不是杀人于无形的恐怖兵器,而是救死扶伤的医疗器材,其主要代表就是"海扶刀"。

作为一项无创性治疗恶性肿瘤的热门技术,海扶刀给全球范围内的肿瘤治疗提供了全新路径。作为利用高强度聚焦超声无创性治疗肿瘤的大型超声医疗设备,海扶刀的主要原理就是利用焦点区域的高能量超声产生高热效应与空化效应,使靶组织全部出现凝固性坏死与不可逆变性,保障了肿瘤治疗的有效性。此外,海扶刀还具备着近似于手术刀的功能,这使得医护人员能按照外科手术的原则从体外实现对肿瘤的一次性无创切除,在代替恶性实体肿瘤有创性治疗中发挥着重要作用。海扶刀术后不留瘢痕的特性也最大程度上减少了对人体非治疗区域的破坏,深受广大患者的认可。

根据海扶刀的工作原理,汤川学提出的"不留痕迹"的设想在科学上是完全可能的。

综上分析,本案技术上的逻辑基本成立,没有明显不符合物理原理的情况。

---

[1] 参见孙汝继:《超声波及其应用》,载《中专物理教学》1994年第1期。

4.3 法律分析

【争议焦点】

本案中田上的刑事责任如何处理？

1. 日本法视角下的分析

A. 关联法条

《日本刑法典》

第 43 条：已经着手实行犯罪而未遂的，可以减轻其刑罚。但是，根据自己的意思中止犯罪的，减轻或者免除其刑罚。

第 45 条：没有受到确定判决的数个犯罪为并合犯。如果对某个犯罪已经作出自由刑以上刑罚的确定判决，则只是该罪与判决确定前所犯之罪是并合犯。

第 199 条：杀人的，处死刑、无期或者五年以上有期徒刑。

B. 具体分析

本案中田上客观上具有教唆他人杀人并提供致命性杀伤武器的行为，主观上具有杀人的故意，因此认定其构成故意杀人罪并无争议。本案值得讨论的是田上故意杀人罪的刑事责任如何处理。

日本刑法理论上将尚未接受确定判决的数个犯罪称为并合罪，有关处于并合罪关系的数罪，由于存在同时进行审判的可能性，应基于整体考虑而决定处断刑。对并合罪进行整体考虑的原则包括：针对有期徒刑、有期自由刑、罚金，采取加重主义；但若对某一犯罪判处死刑或者无期徒刑，则采取吸收主义，不再科处其他刑罚。[①]

本案中田上在一年之内利用致命性杀人武器杀死了四个人，属于连环杀人。由于每一起杀人案件在时间上有所间隔，田上实际上实施了四个独立的致命性杀人行为，并且侵犯了四个人的生命权，因此田上应构成四个独立的故意杀人罪。同时，由于田上最后一次杀害内海薫的行为被警方及时

---

① 参见〔日〕西田典之：《日本刑法总论（第 2 版）》，王昭武、刘明祥译，法律出版社 2013 年版，第 362 页。

制止而中止,属于因行为人意志外的原因导致犯罪未完成,应认定为故意杀人未遂。因此,田上事实上构成四个独立的故意杀人罪和一个故意杀人未遂。但是,由于田上所犯的罪行均未接受判决,因此以上独立的犯罪行为可称为并合罪。根据日本刑法典的相关规定,故意杀人罪的法定刑包括死刑或者无期徒刑或者五年以上有期徒刑。结合本案中田上的行为,其利用致命性手段杀人,手段恶劣,可能判处无期徒刑甚至死刑。因此,对于田上其他杀人行为,应采取吸收主义,最终判处行为人无期徒刑甚至死刑。

2. 中国法视角下的分析

A. 关联法条

《中华人民共和国刑法》

第 23 条:已经着手实行犯罪,由于犯罪分子意志以外的原因而未得逞的,是犯罪未遂。

对于未遂犯,可以比照既遂犯从轻或者减轻处罚。

第 232 条:故意杀人的,处死刑、无期徒刑或者十年以上有期徒刑;情节较轻的,处三年以上十年以下有期徒刑。

B. 具体分析

在我国的犯罪论中,数罪分为同种数罪和异种数罪。同种数罪是指性质相同的数罪。例如,一个行为人在甲地盗窃后,又在乙地实行了盗窃活动,两个犯罪行为触犯了同一个罪名,即构成了同种数罪。异种数罪是指行为人出于数个不同的犯意,实施数个行为,符合数个性质不同的基本犯罪构成,触犯数个不同罪名的数罪。异种数罪均属于并罚的数罪,而针对同种数罪应否实行并罚,学界存在不同观点。一罚说主张,对同种犯罪一概不并罚,作为一罪的从重情节或法定刑升格的情节处罚即可;并罚说主张,对同种数罪一概实行并罚;折中说主张,以一罚作为基本处罚方法,以并罚作为补充方法。[①] 目前学界的主流观点是对同种犯罪原则上实行并罚,例外时不并罚。例如,针对法定最高刑为无期徒刑或者死刑的同种数罪,原则上不需要并罚,但是若刑法分则条文并不是因为多次、数额增加以及情节(特别)严重,而是因为罪质严重规定了无期徒刑或者死刑时,就必须对行为人的行

---

① 参见高铭暄主编:《刑法专论》(上编),高等教育出版社 2002 年版,第 630 页。

为分开评价,进行并罚,否则将会作出不利于行为人的判决。①

具体至本案,笔者认为,针对田上数次故意杀人行为以及一次故意杀人未遂行为,在中国法视角下不应实行并罚。理由如下:首先,田上数次犯罪行为均是性质相同的行为,属于同种数罪;其次,根据《中华人民共和国刑法》第 232 条,故意杀人罪的法定刑具有两个以上量刑幅度,每一量刑幅度的增长具体考察的因素是罪质。从实务中看,故意杀人罪中认定为罪质严重的情形一般包括:(1)出于图财、奸淫、对正义行为进行报复、毁灭罪证、嫁祸他人、暴力干涉婚姻自由等卑劣动机而杀人;(2)利用烈火焚烧、长期冻饿、逐渐肢解等极端残酷的手段杀人;(3)杀害特定对象如与之朝夕相处的亲人,知名人士等,造成社会强烈震动、影响恶劣的杀人;(4)产生诸如多人死亡,导致被害人亲人精神失常等严重后果的杀人;等等。可见,本案中田上单次的杀人行为均可评价为罪质严重的杀人行为,同时对其多次杀人行为进行综合评价也可将其评价为罪质严重的杀人行为,因此可以将其多次杀人行为评价为一个罪质严重的故意杀人行为,处以死刑或者无期徒刑,不进行并罚。

5 "绞杀"

5.1 剧情介绍

本案中,"被害人"矢岛在一家酒店内离奇地被绞杀身亡。这是一桩密室犯罪,案发时,矢岛所居住的酒店房间门窗都处于封闭状态,屋内也没有可以隐藏人的场所。但是,房间内没有任何指纹残留,显然有被清理过,并且屋内有两杯被饮用过的咖啡,其中一杯含有安眠药。矢岛躺在酒店床上,脖颈处有十分明显的绳子留下的痕迹。法医推测矢岛的死亡时间为进入酒店房间后约一小时,且经过鉴定,其脖子上的伤痕疑似摩擦伤而非勒伤。

矢岛在死前一年内突然购买大量保险,且保险的受益人均为妻子贵子。因此,贵子成为最大的犯罪嫌疑人,但她在案发时又有完美的不在场证明。

---

① 参见张明楷:《论同种数罪的并罚》,载《法学》2011 年第 1 期。

汤川学和内海薰前去矢岛家了解情况,发现实际上贵子和丈夫的感情非常好。之前,为了更好地治疗女儿秋穗的哮喘,一家人搬到了新的房子里,但这使家庭经济情况变得恶劣,秋穗感觉自己成了家庭的累赘,和父亲也产生了矛盾。

案发时,证人证实,有两次"火球"出现,且出现的前后间隔大概为五分钟。而同样的"火球",秋穗也曾在父亲的工作室里见过。出于对父亲的担心,她将"火球"的事情告诉了妈妈,可是妈妈却不以为意。汤川学和助手栗林做出了各种各样的"火球",可秋穗说这些都和她在父亲工作室见过的不一样。此时,案发前和案发时都出现的离奇"火球"成了本案最大的谜团。

射箭场门口的"一射入魂"的标志,让内海薰联想到她在矢岛的工作室中也同样看见过,这说明矢岛对弓箭十分了解。其实,矢岛有过当弓箭手的经历。汤川学顿时恍然大悟,他回到实验室为大家演示了案发过程。原来,矢岛正是利用弓箭实现了"自杀"。弓弦的材质为高密度聚乙烯,坚韧而不耐热,矢岛利用绑在弓上的长、短两根弓弦,再利用电烙铁和定时器,使得短弦、长弦先后熔断。在短弦熔断并弹出后,绕过矢岛脖子的长弦自然绷紧并将其勒住,一段时间后长弦也熔断并弹出。案发时的两次"火球",正是电烙铁两次烧断并弹射而出的两根弓弦。弓的弹力使得弓弦产生很强的牵引力,造成尸体脖子上的摩擦伤,弓弦尖部的火焰也在地毯上留下了焦痕。

矢岛自杀之后,贵子按照丈夫之前的指示来到旅馆找他,但她未曾预料的是,她见到的是丈夫的尸体。贵子悲痛欲绝,通过丈夫留下的信,她才知道丈夫为了家庭不惜以自己的生命换取保险金。她按照丈夫信中的要求清理了自杀现场,带走了相关的工具。然而,贵子没有忍心按照丈夫的要求处理掉所有证据,她不想丈夫的遗物就此消失,留下了遗书和用于自杀的工具。警方找到了贵子保留的遗书、弓箭等证据,一切推理都被证实。

5.2 技术分析

射箭运动是通过持弓臂与拉弦臂的协调作用,使弓产生变形并产生弹力。在这一过程中,射手通过拉弓弦来储存能量。弓弦的拉力使得弓杆发生变形,而这种变形产生的弹性势能会在箭离开弓弦的瞬间转化为箭的动能。根据胡克定律,弓的弹性力与形变成正比,这意味着拉得越远,储存的能量就越多。

当射手在射箭时松手,弓的形变迅速恢复,箭的速度随之增加。这一过程中,弓所储存的弹性势能转化为箭的动能,推动箭迅速飞向目标。箭离开弦后能够在空中飞行,归因于其惯性,这意味着箭在没有外力作用的情况下,会保持原来的运动状态,继续沿着初始的轨迹前进。

箭的顶部装有一个称为稳定器的装置,主要用于增强箭在飞行过程中的稳定性。稳定器的设计使得箭在飞行时不易受到风的影响,从而减少偏差。然而,即使有稳定器,箭在飞行过程中仍可能出现蜿蜒的轨迹。当右手瞬间将箭射出时,弓弦会从右手的手指间缓慢打开,这一过程会导致箭在发射初期产生左右摇摆。这种摇摆会使箭受到不可预测的外力,称为发射阻力,同时在空气中运动时,箭因与空气的摩擦而受到阻力,这种空气阻力会减缓箭的速度并影响飞行的精准性。

弓上有两根弦,短的一根用于将弓拉至最大张力,长的一根则处于松弛状态,通常拴在射手的脖子上。如果短弦断裂,长弦会受到强大的拉力。焊接烙铁在制作和修理彩色玻璃时使用,而弓弦的材料通常为高密度聚乙烯,因其耐用性和较轻的特点而被选用。然而,高密度聚乙烯对热的耐受性较差,这一点在射箭中变得至关重要。

矢岛利用计时电源控制电流通过焊接烙铁的时间。通电后,焊接烙铁产生的高温会瞬间烧断短弦,导致长弦的拉力急剧增大。如果调节计时电源的时间,使其更短,长弦也会被烧断,进而勒住脖子,造成窒息,从而导致死亡。这一系列操作充分展示了物理原理在实际应用中的重要性。

第一次火球的产生是由于短弦瞬间燃烧引起的,第二次火球则是长弦燃烧的结果。弓的弹力使得弓弦产生强大的牵引力,导致尸体脖子上出现擦伤,尖端的火焰也在地毯上留下了焦痕。这些细节不仅强调了射箭的力量与精度,还揭示了材料的特性和物理现象在具体操作中的影响。

综上分析,本案在技术逻辑上基本成立,未发现明显违反物理原理的地方。

5.3 法律分析

【争议焦点一】

本案中矢岛和贵子是否构成（保险）诈骗罪？

1. 日本法视角下的分析

A. 关联法条

《日本刑法典》

第 60 条：二人以上共同实行犯罪的，都是正犯。

第 61 条：教唆他人实行犯罪的，以正犯处罚。

教唆教唆犯的，与前项同。

第 246 条：欺骗他人使之交付财物的，处十年以下有期徒刑。

以前项方法，取得财产上的不法利益，或者使第三者取得的，与前项同。

B. 具体分析

根据《日本刑法典》的相关规定，诈骗罪是指欺骗他人使之产生认识错误，并基于这一错误产生的有瑕疵的意思而交付财物或财产性利益。成立本罪必须经过欺骗行为（诈骗行为）——意思认识错误——处分（交付）行为——诈取这一因果过程，从而取得财产或财产性利益。[①]

笔者认为，矢岛和贵子构成诈骗罪，为共同犯罪。矢岛将自杀伪装成他杀，构成欺骗行为，当然这一行为是在同犯贵子的帮助下协助完成。共同犯罪中，矢岛为教唆犯。矢岛生前为贵子留下了一封书信，书信中教唆贵子隐瞒自己自杀的事实向保险公司骗取保险赔偿金。矢岛写此封书信的行为即为教唆行为。在矢岛的教唆下，贵子的确向保险公司提出了理赔。贵子向保险公司申请理赔的行为应认定为诈骗罪的欺骗行为。这是因为，矢岛死亡属于自杀而非他杀，贵子在明知矢岛属于自杀的情形下仍隐瞒真相，编造虚假的事实向保险公司申请理赔。尽管由于警方的调查使得矢岛死亡的真相水落石出，最终保险公司未进行理赔（未交付赔偿金），但贵子的行为仍构

---

① 参见〔日〕西田典之：《日本刑法各论（第三版）》，刘明祥、王昭武译，中国人民大学出版社 2007 年版，第 146 页。

成诈骗未遂。在认定贵子的行为构成诈骗未遂的情况下,依据《日本刑法典》第61条的规定,由于矢岛为贵子诈骗行为的教唆犯,因此也应认定为诈骗未遂。

综上,在日本法视角下,矢岛和贵子构成诈骗未遂,其中贵子为实行犯,矢岛为教唆犯。

2. 中国法视角下的分析

A. 关联法条

《中华人民共和国刑法》

第29条:教唆他人犯罪的,应当按照他在共同犯罪中所起的作用处罚。教唆不满十八周岁的人犯罪的,应当从重处罚。

如果被教唆的人没有犯被教唆的罪,对于教唆犯,可以从轻或者减轻处罚。

第198条:有下列情形之一,进行保险诈骗活动,数额较大的,处五年以下有期徒刑或者拘役,并处一万元以上十万元以下罚金;数额巨大或者有其他严重情节的,处五年以上十年以下有期徒刑,并处二万元以上二十万元以下罚金;数额特别巨大或者有其他特别严重情节的,处十年以上有期徒刑,并处二万元以上二十万元以下罚金或者没收财产:

(一)投保人故意虚构保险标的,骗取保险金的;

(二)投保人、被保险人或者受益人对发生的保险事故编造虚假的原因或者夸大损失的程度,骗取保险金的;

(三)投保人、被保险人或者受益人编造未曾发生的保险事故,骗取保险金的;

(四)投保人、被保险人故意造成财产损失的保险事故,骗取保险金的;

(五)投保人、受益人故意造成被保险人死亡、伤残或者疾病,骗取保险金的。

有前款第四项、第五项所列行为,同时构成其他犯罪的,依照数罪并罚的规定处罚。

单位犯第一款罪的,对单位判处罚金,并对其直接负责的主管人员和其他直接责任人员,处五年以下有期徒刑或者拘役;数额巨大或者有其他严重情节的,处五年以上十年以下有期徒刑;数额特别巨大或者有其他特别严重情节的,处十年以上有期徒刑。

保险事故的鉴定人、证明人、财产评估人故意提供虚假的证明文件,为他人诈骗提供条件的,以保险诈骗的共犯论处。

B. 具体分析

相较于日本,我国刑法分则专门规定了保险诈骗罪以规制保险诈骗行为。依据《中华人民共和国刑法》第198条之规定,受益人对发生的保险事故编造虚假的原因,故意骗取保险金的,构成保险诈骗罪。本案中贵子作为受益人,在明知被保险人矢岛的死因为自杀的情形下,仍故意向保险公司申请理赔,骗取保险金,构成保险诈骗罪(保险诈骗罪未遂)。

同时,类似于日本刑法典,我国刑法典也规定了教唆犯。依据《中华人民共和国刑法》第29条之规定,教唆他人犯罪的,应与实行犯构成共同犯罪。针对教唆犯的处罚,应以其在共同犯罪中所起的作用为依据。如上所述,本案中矢岛写下一封书信的行为应认定为教唆行为,加上已明确贵子构成保险诈骗罪未遂,因此可认定矢岛与贵子构成保险诈骗罪未遂,其中矢岛为教唆犯,贵子为实行犯。

【争议焦点二】

本案中贵子是否构成隐灭证据罪?

1. 日本法视角下的分析

A. 关联法条

《日本刑法典》

第104条:就他人的刑事案件,隐灭、伪造或者变造证据,或者使用伪造或者变造的证据的,处三年以下有期徒刑或者三十万日元以下罚金。

第105条之二:对于被认为具有调查或审判自己或要求他人刑事案件所需知识的人或其亲属,在没有正当理由的情况下,强行要求见面或进行强谈威迫行为的人,处以二年以下有期徒刑或三十万日元以下的罚款。

B. 具体分析

根据《日本刑法典》第104条之规定,隐灭证据罪的行为客体是他人刑事案件的证据,排除有关行为人自己的刑事案件证据,因为缺乏期待可能性。关于本罪行为客体所引发的争议问题是共犯之间的隐灭、伪造证据问题。就共犯之间互相隐灭伪造证据,能否认定为本罪,日本刑法学界存在不同观点。其中,肯定说认为可以成立本罪,否定说认为不应成立本罪,折中说认为在完全是为了共犯者的利益而隐灭之时,则构成本罪。[①] 日本判例以往采取肯定说,然而现在的判例多采取折中说,故接下来对于共犯之间隐灭、伪造证据之行为定性,采取折中说。

笔者认为,本案中贵子清理自杀现场的行为不构成隐灭证据罪。这是因为:(1) 如上所述,贵子和矢岛构成诈骗罪的共同犯罪,且为诈骗未遂,因此本案中贵子隐灭、伪造证据的行为涉及共犯之间的隐灭、伪造证据问题。(2) 而依据折中说的立场,要认定贵子清理自杀现场的行为构成隐灭证据罪,必须要求其主观上是为了共犯者的利益。但依据本案事实,贵子清理自杀现场其实是为了隐瞒矢岛的自杀事实,从而便于向保险公司骗取保险金,难以认定贵子清理现场完全是为了共犯者(矢岛)的利益,因此贵子清理现场的行为实质上是为后续诈骗行为做准备,并不构成隐灭证据罪。

2. 中国法视角下的分析

A. 关联法条

《中华人民共和国刑法》

第307条:以暴力、威胁、贿买等方法阻止证人作证或者指使他人作伪证的,处三年以下有期徒刑或者拘役;情节严重的,处三年以上七年以下有期徒刑。

帮助当事人毁灭、伪造证据,情节严重的,处三年以下有期徒刑或者拘役。

司法工作人员犯前两款罪的,从重处罚。

B. 具体分析

类似于日本,我国刑法分则也规定了帮助毁灭、伪造证据罪。同样与日本类似,我国帮助毁灭、伪造证据罪所毁灭、伪造的证据是指他人作为当事人的案件的证据,即行为人所毁灭伪造的必须是有关他人的诉讼案件的证据。毁灭、伪造自己是当事人的案件的证据的,因为缺乏期待可能性不视为

---

① 参见〔日〕西田典之:《日本刑法各论(第三版)》,刘明祥、王昭武译,中国人民大学出版社2007年版,第358页。

犯罪。对于行为人自己作为被告的刑事案件的证据,同时也是共犯人作为被告的刑事案件的证据时,行为人实施毁灭、伪造行为的,是否成立本罪之问题,我国主流观点与日本判例所采纳的立场类似。也就是,如果专门为了其他共犯人而毁灭证据,就属于毁灭他人的刑事案件的证据,因而成立本罪;反之,如果专门为了本人或者既为本人也为其他共犯人毁灭证据,则不成立本罪。①

具体到本案,笔者认为,贵子清理自杀现场的行为不构成帮助毁灭、伪造证据罪。因为如上所述,依据本案事实,难以认定贵子是专门为了共犯人矢岛而毁灭证据;恰恰相反,更易推定出贵子是专门为了便于后续进行欺骗行为而清理自杀现场。

6 "梦见"

6.1 剧情介绍

本案中,一位名叫坂木八郎的占卜师开了一间命名为礼美的占卜屋,原因是他在17年前梦见了自己的守护女神——森崎礼美。没想到,17年后八郎真的遇到了她——一个名叫森崎礼美的高中生。巧的是,女警官内海薰也去到了那家名为礼美的占卜屋,惊讶地发现占卜师八郎居然是自己儿时的玩伴,两人小时候关系很好,但现在八郎似乎已经不记得自己了。第二天,内海薰接到前辈的电话,说八郎昨晚非法闯入了那位名叫森崎礼美的高中生的房间,意图施暴,幸好那家男主人是打猎爱好者,家中常备猎枪,于是礼美妈妈用枪把八郎打跑了。内海薰大吃一惊觉得难以置信,去给礼美一家做口供时,才了解到,原来森崎礼美是个17岁的高中生,一个月前得知有一间占卜屋的名字与自己同名,便出于好奇过去看看,没想到此后就一直被八郎跟踪,八郎甚至还时不时寄信骚扰她。但内海薰不相信八郎是这样的人,何况他五年前就开了那间名为森崎礼美的占卜屋,而那时他还没遇到高中生礼美。晚上,八郎居然给内海薰打了电话,并告诉她,自己有一缸占卜

---

① 参见张明楷:《刑法学(第六版)》(下),法律出版社2021年版,第1426—1427页。

用的奇迹之水,而在几天前他看见水面上浮起了"来和我见面——森崎礼美"几个字,以为是森崎礼美给自己的留言,便去赴约了。

内海薰没有办法,便去找汤川学帮忙,说她回去翻看小学纪念册的时候发现,八郎在小学时就梦到森崎礼美了,而那时候高中生礼美还没出生呢。汤川学却认为这是一种巧合,只是名字重复了而已。内海薰却继续说,八郎还在小学纪念册的"梦见"板块上画下了高中生礼美家的窗户,难道这也是巧合吗?汤川学终于有了兴趣,同意帮忙调查。而他明显对"水面显字"更感兴趣,一直在提取占卜屋和礼美家周围环境中的水的样本来化验。在八郎家调查时,他们偶然看到了墙上的几幅小学生画。八郎妈妈解释,这是八郎小时候画的,从小他就喜欢跑去隔壁画家家里玩,不知不觉就学会了画画。内海薰也想起来,自己小时候也很喜欢去那位画家家里玩,他家里还有一位怀孕的太太,她在画家那里还学会了一首"屋顶尖又尖,棕榈一棵棵,两个怪兽把门"的画画歌。但后来她就转学了,后面听说那名画家因意外去世了。

汤川学回到实验室后就一直在寻找"水中显字"的秘密,这时八郎给内海薰打电话求助,内海薰便想约他出来谈谈,并承诺一定会自己一个人赴约。旁边的汤川学听了,便理性地建议内海薰还是把消息告诉警方。内海薰却觉得,"作为刑警,我会做好自己的义务,但作为朋友,也想尽可能地帮他"。汤川学认为这很矛盾,但内海薰说,"这是当然的,人的感情不可能都像物理定律那样有道理的"。汤川学依旧表示不理解,于是内海薰怨恨般地下了结论,"科学家与其面对他人的心,还是面对数字记号这种东西比较重要吧"。汤川学罕见地沉默了,没有回应。之后,内海薰如约到了和八郎相约的地点——一艘废弃航船的船舱里,结果发现汤川学已经到了。八郎在外看到内海薰不是自己一个人来的,非常失望,便把船舱的扶梯抽走困住了两人。然后就是经典的手机没有信号,无法向外人求救。汤川学让内海薰编辑求救短信,同时解释道,船舱没有信号是因为周围都是金属板,屏蔽了手机信号,只要把手机扔出天窗外就有信号了。但他们试了好多次都没成功,内海薰渐渐有点绝望了,这时汤川开始回应之前她的结论,"科学家也是人,是人就会有感情,只是他们的生活都很无聊,但他们却能在周而复始的'无聊'的实验中,感受到另一个世界,科学家绝不会没有人情味"。这时短信也突然发送成功了,两人成功被解救。

之后汤川学又去到了高中生礼美家,下车后他看到礼美家的全貌,突然间恍然大悟。真相是:八郎口中的礼美不是梦到的,而是17年前真实存在的,那个人就是现在的内海薰。谜题的关键在于那首"屋顶尖又尖,棕榈一棵棵,两个怪兽把门"的歌,这首歌的描述与礼美家的外观一一对应,而八郎应该是小时候在画家家里见过那幅画着礼美家的画,并且把他与内海薰的美好童年回忆串联了起来。八郎之所以误以为内海薰名字叫礼美,原因是高中生礼美妈妈当时出轨了那位画家,而且不小心怀了他的孩子,离开画家后她独自把孩子生了下来,并告诉画家孩子取名为礼美。而画家日日想念自己的孩子,于是把经常来他家画画的内海薰当成了自己的女儿,导致八郎也误以为内海薰的名字是礼美。而礼美妈妈应该是看到了八郎给礼美写的信,认出了他就是当年那位小男孩,而她害怕自己当年出轨的事暴露,于是假装成礼美在水里留言,并特意开好窗户等八郎晚上来赴约。而汤川学之前化验过那盆水,发现里面含有碳水化合物,明白礼美妈妈是利用了淀粉遇水会变溶胶的原理:在米纸上用油性笔写字,淀粉纸遇水会慢慢变成透明的溶胶,而不可溶于水的油性笔迹就飘浮了在水上。但内海薰仍保留着一点疑问,为什么礼美妈妈会仅仅因为八郎是当年的小男孩就动了杀心呢?汤川学提示道,当年画家真的是意外身亡吗?

6.2 技术分析

- 消失的字揭秘

在解答原理之前,我们需要了解一些基本名词。首先是溶胶。溶胶是指直径在 1—100 纳米(也有人主张为 1—1000 纳米)的胶体颗粒,这些颗粒均匀分布在分散介质中。溶胶是一种多相分散体系,通常在介质中不溶,且具有明显的相界面,属于疏液胶体。一般而言,溶胶多指液溶胶,即通过水解和聚合作用形成的有机或无机纳米或者微米级颗粒。这些颗粒通常带有电荷,由于电荷的作用,它们吸附了一层溶剂分子,形成被溶剂包覆的纳米或微米粒子,这些粒子称为胶体粒子。由于带有电荷,胶体粒子之间相互排斥,因此可以悬浮在溶剂中,形成溶胶。然而,当胶体粒子失去电荷,或者包覆在外层的溶剂层被破坏时,胶体粒子会发生聚合,导致溶胶转变为凝胶。

接下来介绍淀粉。淀粉是一种高分子碳水化合物,由单一类型的糖单元组成的多糖。淀粉的基本构成单位为 α-D-吡喃葡萄糖,葡萄糖在脱去水分子后通过糖苷键相互连接,形成共价聚合物,即淀粉分子。淀粉属于多聚葡萄糖,游离葡萄糖的分子式为 $C_6H_{12}O_6$,而脱水后的葡萄糖单位则为 $C_6H_{10}O_5$。因此,淀粉分子可表示为 $(C_6H_{10}O_5)_n$,其中 n 为不定数。组成淀粉分子的结构单体(脱水葡萄糖单位)的数量称为聚合度,以 DP 表示。淀粉的溶解度是指在特定温度下,将淀粉样品加热 30 分钟后,在水中溶解的质量分数。淀粉颗粒不溶于冷水,但受损或经过化学改性的淀粉可溶于冷水。然而,溶解后的润胀淀粉不可逆。随着温度的升高,淀粉的膨胀度增加,溶解度也随之增大。

对于相溶,我们需要了解相似相溶原理。溶液中溶质微粒与溶剂微粒的相互作用导致溶解。若溶质和溶剂均为非极性分子(如 I_2 与 CCl_4,白磷与 CS_2),其相互作用以色散力为主;若一种为极性分子而另一种为非极性分子(如 I_2 与 C_2H_5OH),则相互作用为诱导力,在强极性分子间,主要以取向力为主;若溶剂微粒为离子,则在水中形成水合离子,在液氨中形成氨合离子,在其他溶剂中则为溶剂合离子。

那么,为什么油和水不相溶呢?这是因为,油水混合的过程是吸热的,破坏了氢键的构象,而非极性基因与水的相互作用力小于氢键之间的作用力,因此无法融合。此外,从电磁力的角度来看,水分子是极性分子,彼此之间存在较强的电磁引力;而油分子偏向非极性,电磁性低,难以扩散到水中。就像没有磁性的物体很难被磁石吸附一样,油和水的混合也难以实现。

了解了这些原理后,我们可以更好地理解本案。礼美妈妈一开始使用油性笔在米纸上写字,然后将米纸放入水中。米纸由米制作而成,含有大量的淀粉,遇水后,淀粉逐渐溶解或形成近乎透明的溶胶,肉眼难以察觉。由油性笔书写的文字则因与水不相溶而留在水面上,形成了明显的对比。

• 水中能够显示指引坂木八郎的油性笔迹

1. 布朗运动

布朗运动是指悬浮在液体或气体中的微粒所做的永不停息的无规则运动。这一现象因英国植物学家罗伯特·布朗于 1827 年首次观察到而得名。参与布朗运动的微粒直径一般在 10^{-5} 到 10^{-3} 厘米之间。当这些微粒处于液体或气体中时,受到液体分子的热运动影响,微粒会遭遇来自各个方向的分子碰撞。由于这些碰撞的不均匀性,微粒的运动方向不断改变,表现出随机且不规则的运动特征。布朗运动的剧烈程度随着流体温度的升高而增加,这是因为温度升高导致液体分子的运动速度加快,从而增加了对微粒的撞击频率和能量。

2. 水的表面张力

所有物质的分子间都存在吸引力,同一种类物质分子之间的吸引力称为内聚力,而不同物质分子之间的吸引力称为附着力。在流体力学中,水分子持续进行布朗运动,且相互之间存在吸引力。水分子间的距离越小,内聚力越强,这种内聚力在水表面上起到了关键作用,导致水表面收缩,形成一种现象称为水的表面张力。表面张力是由水分子间的内聚力所导致,其厚度约为水分子直径的数量级。

与此相对的是浮漂(固体)周围表面与水(流体)接触之间的吸引力,这种力是两种不同物质间的附着力。附着力和水的表面张力是各自独立存在的力,具有本质上的区别。

3. 油性笔在水面上的表现

表面张力仅存在于液体自由表面或两种不相混合液体之间的界面处,通常用表面张力系数 σ 来衡量其大小。σ 表示单位长度上所受的拉力,单位为 N/m。一般来说,无机液体的表面张力系数通常比有机液体要大,这意味着表面张力主要与液体的性质和温度有关。在一般情况下,温度升高会导致表面张力减小。此外,杂质也会显著改变液体的表面张力。例如,洁净的水具有较大的表面张力,而沾有肥皂液的水表面张力则显著降低。这说明洁净水表面更倾向于收缩。

因此,油并不会破坏水的表面张力,因为水的表面张力主要由温度和其自身性质决定。油性笔使用的油墨是油性的,不溶于水,并且不易褪色和扩散。这种油性笔可以在吸收面和非吸收面上书写,且不易被擦去。本案中,礼美妈妈使用油性笔在淀粉纸上书写,使八郎能够看到,正是利用了油性笔不溶于水的特性,加上油的密度比水小,能够浮在水面上,从而实现了这一效果。

- 电磁屏蔽

本案中,汤川学和内海薰被困在一艘船上,无法与外界取得联系,原因在于电磁屏蔽的原理。金属材料之所以能够屏蔽手机信号,是因为金属板会对电磁场产生屏蔽效应,即电磁屏蔽现象。电磁屏蔽是利用屏蔽体对电磁波进行衰减的作用。由于手机信号是一种电磁波,因此其传播也会受到屏蔽的影响。

目前,手机信号的频率一般在 800 MHz 到 2600 MHz 之间。当这种频率的电磁波入射到金属表面(例如铁皮)时,由于阻抗的不匹配,大部分入射的电磁波会被反射。此时,入射到导体内部的电磁场会变得相当微弱。具体来说,在铁盒等导体上,电磁波在表面产生趋肤效应。趋肤效应是指电流趋向于在导体表面分布,导致电流在导体内部的深度减小。频率越高,导体的电导率越大,趋肤深度就越小。以铁为例,在 1 kHz 时,趋肤深度为 0.125 mm,而在 800 MHz 时,趋肤深度仅为微米级别。这意味着,只要船舱的铁皮厚度超过几纳米,手机信号就无法逃出船舱,基站信号也无法进入,从而导致信号被完全屏蔽。

电磁屏蔽效能的大小用屏蔽效能来度量。屏蔽效能是指使用屏蔽体包围元件、电路、组合件、电缆或整个系统,以防止干扰电磁场向外扩散。它还可以保护接收电路、设备或系统免受外界电磁场的影响。例如,在收音机中,使用空芯铝壳罩在线圈外面,可以避免外界变电磁场的干扰,从而减少杂音。此外,音频馈线使用的屏蔽线也是基于相同原理,示波管则用铁皮包裹,以防止杂散电磁场对电子束扫描的影响。在金属屏蔽壳内部产生的高频电磁波也会被金属壳阻挡,从而避免对外部设备的影响。

需要注意的是,同一个屏蔽体对不同性质的电磁波,其屏蔽性能是不同的。因此,在考虑电磁屏蔽性能时,必须对电磁波的种类有基本认识。电磁波可以通过多种方式进行分类,但在设计屏蔽时,通常将其根据波阻抗分为电场波、磁场波和平面波。当辐射源靠近时,波阻抗取决于辐射源的特性。如果辐射源是大电流、低电压(辐射源阻抗较低),则产生的电磁波波阻抗小于 377 欧姆,这称为磁场波;如果辐射源是高电压、小电流(辐射源阻抗较高),则产生的电磁波波阻抗大于 377 欧姆,这称为电场波。电场波的波阻抗随着传播距离的增加而降低,而磁场波的波阻抗则随着传播距离的增加而升高。

本案中,内海薰和汤川学所在的废弃船舱就构成了一个有效的屏蔽体。除了低频磁场外,大多数金属材料可以提供超过 100 dB 的屏蔽效能。屏蔽体的屏蔽效能不仅依赖于其结构,还需满足电磁屏蔽的基本原则。电磁屏蔽的基本原则有两个:

A. 屏蔽体的导电连续性。这指的是整个屏蔽体必须是一个完整的、连续的导电体,以确保电磁波不会通过任何缝隙或断层逃逸。

B. 没有直接穿过屏蔽体的导体。即使屏蔽效能再高的屏蔽机箱,一旦有导线直接穿过屏蔽机箱,其屏蔽效能会损失 99.9%(约 60 dB)以上。本案中的废弃船舱早已没有任何导线的存在,从而进一步增强了屏蔽效果。

综上所述,从技术逻辑上看,本案在技术上是合理的,没有明显违反物理原理的地方。

6.3 法律分析

【争议焦点一】

本案中坂木八郎闯入礼美房间的行为是否构成侵入住宅罪?

1. 日本法视角下的分析

A. 关联法条

《日本刑法典》

第 130 条:无正当理由,侵入他人住宅、他人看守的建筑物或者其有围墙的附属地、他人看守的船舶或者航空器的,或者经要求退出但仍不从这些场所退出的,处三年以下有期徒刑、十万日元以下罚金或者拘留。

第 132 条:第一百三十条之罪的未遂犯,应当处罚。

B. 具体分析

针对侵入住宅罪所侵犯的内容,日本刑法学界存在不同观点,主要是居住权说和平稳说的对立。居住权说认为侵入住宅罪侵犯的内容是对居住的事实上的支配与管理权,平稳说则认为侵入住宅罪侵犯的内容是居住的事实上的平稳。日本判例持居住权说。①笔者亦持居住权说。依据居住权说，本罪中的"侵入"是指违反居住权人的意思进入住宅。因此，只要是有居住权人的同意，即便是进入的形式侵害居住安稳，也不成立侵入。本罪中的无正当理由是指无阻却违法的事由，有正当理由的，即便违反居住权人的意思，也不构成本罪。正当理由包括根据刑事诉讼法为搜查、扣押检查而进入，还有正当争议行为等。那么，在居住人是复数的场合，如何认定存在居住权人的同意？依据居住权说，居住权是指事实上的支配和管理，各居住者原则上都有平等的居住权，因此在居住人为复数的场合，应要求征得所有居住者的同意，但是若共同居住者并不现实地居住在住宅内，此时仅以现实在住宅的人的意思为基准。同时，本罪中居住的范围也有必要考虑具体化，即共同居住者中每个人对自己居住的房间有独立的居住权。例如，女儿不顾父母亲的反对将恋人带入自己的房间，也不构成本罪。同时，本罪的成立要求行为人必须有侵入他人住宅的故意。

具体至本案，笔者认为，本案中坂木八郎闯入礼美房间的行为不构成侵入住宅罪。这是因为，根据本案事实，坂木八郎进入礼美房间是得到住宅居住人（即礼美妈妈）的邀请，同时礼美妈妈将礼美房间的窗户打开，表明其同意坂木八郎进入礼美房间。但是由于礼美妈妈同意坂木八郎进入的是礼美房间，而进入礼美房间的许可权仅限礼美所有，因为仅礼美对其房间享有居住权，因此礼美妈妈同意的范围超出了其拥有居住权的范围，其同意不产生效力。在客观上，坂木八郎进入礼美房间仍未得到居住权人同意，因此其行为应认定为侵入。然而，由于礼美妈妈在同意坂木八郎进入礼美房间时是以礼美的名义，因此坂木八郎进入礼美房间时以为自己已征得礼美的同意，因此，应认定坂木八郎主观上并未认识到其行为属于侵入礼美房间，故排除其侵入他人住宅的故意。由于坂木八郎主观上不具有侵入他人住宅的故意，即使其客观行为属于侵入行为，仍不能认定其构成侵入住宅罪。

---

① 参见〔日〕西田典之：《日本刑法总论（第2版）》，王昭武、刘明祥译，法律出版社2013年版，第78页。

2. 中国法视角下的分析

A. 关联法条

《中华人民共和国刑法》

第 245 条：非法搜查他人身体、住宅，或者非法侵入他人住宅的，处三年以下有期徒刑或者拘役。

司法工作人员滥用职权，犯前款罪的，从重处罚。

B. 具体分析

关于非法侵入住宅罪，我国刑法理论没有展开深入研究，但事实上存在新住宅权说与安宁说的争论。新住宅说认为，本罪的法益是他人的住宅权，住宅权不是家长的许诺权，而是管理住宅的一种权利以及是否许可他人进入的自由权利（许诺权）。安宁说认为，本罪的法益是个人利益中的居住平稳或者安宁。[①] 主流观点采取安宁说。本罪的行为内容是"侵入住宅"，判断行为是否构成侵入，与保护法益具有直接联系。根据安宁说，侵入不仅违反住宅成员的意志，而且是以侵害他人住宅安宁的形式进入或者进入住宅后侵害住宅安宁。至于行为是否侵害了他人住宅的安宁，应当综合判断。例如，将尸体抬入他人住宅内甚至埋藏在他人住宅内的，侵入住宅导致他人不能或者难以在住宅内生活的，非法闯入他人卧室的，以撬门扭锁、破坏门窗等方式进入他人住宅的，携带凶器进入他人住宅的，以聚众哄闹方式进入他人住宅的，深夜进入他人住宅的，多次进入他人住宅的，侵入住宅后长时间不退去的，均应认定为侵害了他人住宅的平稳。同时，侵入行为必须具有非法性，法令行为、紧急避免行为阻却违法性。另外，在主观上，本罪的成立要求行为人为故意，即行为人必须明知自己侵入的是"他人"的"住宅"。一方面，将他人住宅误以为是自己的住宅或者自己有权进入的住宅而进入的，不成立本罪。另一方面，"住宅"属于规范的构成要件要素，不要求行为人认识到自己"住宅"在刑法上的含义，只要行为人认识到自己侵入的是他人进行日常生活的场所即可。

具体至本案，笔者认为在中国法视角下，坂木八郎闯入礼美房间的行为不构成侵入住宅罪。因为我国的非法侵入住宅罪和日本的侵入住宅罪类

[①] 参见张明楷：《刑法学（第六版）》（下），法律出版社 2021 年版，第 1180—1183 页。

似,均要求行为人主观上具有侵入的故意。而如上所述,依据本案事实可知,坂木八郎主观上认为自己进入礼美房间是得到了礼美的同意,排除故意的成立。因此,坂木八郎的行为仍不符合非法侵入住宅罪的构成要件,不成立此罪。

【争议焦点二】

本案中礼美妈妈的行为是否构成正当防卫?

1. 日本法视角下的分析

A. 关联法条

《日本刑法典》

第36条:为了防卫自己或者他人的权利,对于急迫的不正当侵害不得已所实施的行为,不处罚。

超出防卫限度的行为,可以根据情节减轻或者免除处罚。

B. 具体分析

本案中礼美妈妈故意假装礼美引诱坂木八郎去礼美房间,然后在坂木八郎欲对礼美施暴时用枪射击坂木八郎,判断其射击坂木八郎是否构成故意杀人罪(未遂),关键是判断其射击行为是否属于正当防卫。

《日本刑法典》第36条的规定就是有关正当防卫的规定。依据本条,可明确正当防卫成立的条件包括:(1)防卫自己或者他人的权利。(2)存在不法侵害。其中"不法"是指针对法益的、违法的攻击,不法侵害是指客观上违法即可,对于并无故意过失者以及无责任能力的行为,只要该行为属于违法行为,也可实施正当防卫。(3)侵害具有紧迫性,即不法侵害现在已经存在,或者正在迫近,针对过去的侵害以及将来的侵害都不可以实施防卫行为。另外,即便现在正遭受侵害或者侵害正在逼近,如果具备完整的法律制度,可以请求公共机关排除这种侵害,此时应排除否定性。同时,日本判例认为侵害的创造者亦不得行使正当防卫权。例如挑衅者引发斗殴,在对方攻击之时其进行反击,不成立正当防卫。但是,即便是自招损害,当对方的反击行为并非行为人所预期的行为(超出行为人的预期)时,仍应肯定具有紧迫性。(4)存在防卫行为,防卫行为必须具有防卫效果。至于防卫行为是否要求具有防卫意思,日本存在两种观点:防卫意思必要说和防卫意思不要说。防卫意思必要说认为,成立正当防卫,必须要求行为人具有防卫意思,如果行为人不具有防卫意思,就不成立正当防卫,阻却违法。防卫意思不要说认为,即便并无防卫的意思,仍可成立正当防卫。日本判例和通说采取防卫意思必要说。而针对防卫意思的内容,日本判例认为针对急迫的不正当侵害,只要能认定是为了防卫自己或者他人的权利而实施,即便该行为同时也是出于攻击加害者的意思而实施,也能认定具有防卫意思。(5)防卫行为具有必要性和相当性。相当性要求行为和结果均具有相当性。①

具体至本案,笔者认为礼美妈妈的行为可成立正当防卫。这是因为,礼美妈妈的行为符合正当防卫的构成要件,理由如下:首先,礼美妈妈对坂木八郎进行射击是为了保护礼美免于被侵犯。其次,坂木八郎对礼美进行施暴属于不法侵害,尽管本案中坂木八郎能够进入礼美房间是礼美妈妈自我引起的,但是礼美妈妈引诱坂木八郎进入礼美房间的行为不能等同于其引诱坂木八郎对礼美进行施暴,因此坂木八郎对礼美进行施暴不属于礼美妈妈自招损害。再次,坂木八郎对礼美进行施暴的行为具有紧迫性,礼美妈妈当时除了使用枪支吓走、击退坂木八郎别无他法;同时,礼美妈妈的行为属于防卫行为,其针对的是坂木八郎的不法侵害,尽管当时礼美妈妈进行防卫的目的不仅是为了制止坂木八郎的不法行为,可能还包括杀死坂木八郎的意图,但根据日本判例的观点,这并不影响其成立正当防卫。最后,礼美妈妈的防卫行为具有必要性和相当性,礼美遭受的不法侵害是强奸,强奸行为侵犯了妇女的性自主权,具有严重的社会危害性,而面对坂木八郎的强奸行为,礼美妈妈作为一名女性,无法直接与其进行身体抗衡,故其利用枪支进行防卫具有一定的必要性,同时礼美妈妈的射击行为对坂木八郎并未造成重大身体损害,防卫行为在结果上亦具有相当性。综上,笔者认为礼美妈妈的行为属于正当防卫,阻却违法。

---

① 参见〔日〕西田典之:《日本刑法总论(第2版)》,王昭武、刘明祥译,法律出版社2013年版,第132—148页。

2. 中国法视角下的分析

A. 关联法条

《中华人民共和国刑法》

第 20 条:为了使国家、公共利益、本人或者他人的人身、财产和其他权利免受正在进行的不法侵害,而采取的制止不法侵害的行为,对不法侵害人造成损害的,属于正当防卫,不负刑事责任。

正当防卫明显超过必要限度造成重大损害的,应当负刑事责任,但是应当减轻或者免除处罚。

对正在进行行凶、杀人、抢劫、强奸、绑架以及其他严重危及人身安全的暴力犯罪,采取防卫行为,造成不法侵害人伤亡的,不属于防卫过当,不负刑事责任。

B. 具体分析

《中华人民共和国刑法》第 20 条同样规定了正当防卫。根据本条规定,正当防卫是指为了保护国家、公共利益、本人或者他人的人身、财产和其他权利免受正在进行的不法侵害,采取对不法侵害人造成或者可能造成损害的方法,制止不法侵害的行为。我国通说认为,正当防卫分为两种:一般正当防卫和特殊正当防卫。前者是针对正在进行的其他不法侵害所进行的防卫,具有防卫限度因而存在防卫过当的问题;后者是针对正在进行的严重危及人身安全的暴力犯罪所进行的防卫,不存在防卫过当的问题。[①] 同时,我国通说也认为成立正当防卫必须具备以下条件:(1)必须存在现实的不法侵害行为,不法侵害包括犯罪行为与其他一般违法行为,对于未达到法定年龄、不具有责任能力的人的法益侵害行为,同样可以进行正当防卫。(2)不法侵害正在进行,即不法侵害已经开始且尚未结束。(3)我国传统刑法理论认为,只有具有防卫意识(包括防卫认识与防卫意志)时,才成立正当防卫。防卫认识是指防卫人认识到不法侵害正在进行;防卫意志是指防卫人出于保护国家、公共利益、本人或者他人的人身、财产和其他权利免受正在进行的不法侵害的目的。但是,防卫意识的重点在于防卫认识。换言之,只要行为人认识到自己的行为是与正在进行的不法侵害相对抗,就应认为具

---

① 参见张明楷:《刑法学(第六版)》(上),法律出版社 2021 年版,第 254 页。

有防卫意识,即使行为人的防卫行为出于兴奋、愤怒等因素。防卫挑拨行为(为了侵害对方,故意引起对方对自己进行侵害,然后以正当防卫为借口,给对方造成侵害的行为)不成立正当防卫。(4)必须针对不法侵害人本人进行防卫。(5)必须没有超过必要限度造成重大损害。[①]

关于正当防卫的成立条件,我国与日本实务中的立场基本一致,只不过我国刑法规定了特殊防卫这一类型。也就是,对正在进行行凶、杀人、抢劫、强奸、绑架以及其他严重危及人身安全的暴力犯罪进行防卫,即使造成不法侵害人死亡的,也不成立防卫过当。本案中坂木八郎实施的正是强奸行为,应适用特殊防卫的相关规定(即排除限度条件)。而如上所述,礼美妈妈的防卫行为符合成立正当防卫的条件,因此在中国法视角下礼美妈妈的行为仍成立正当防卫。

7 "预见"

7.1 剧情介绍

本案的主人公为汤川学助手栗林的朋友菅原。就在半年前,菅原的外遇对象濑户冬美在菅原与太太静子居住的对面公寓房间内,以自杀要挟菅原离婚,菅原在自己公寓的窗边看到了冬美上吊。本在菅原家做客的峰村立刻赶往对面公寓,请求公寓管理员开门救人,但终究是迟了一步,冬美已身亡。最终,菅原和静子离婚,被迫付了一大笔赔偿金,公寓也分给了静子。菅原后来对栗林说,自己在案发的一周前,看到对面公寓同一房间内有人自杀,觉得自己预知了冬美的自杀身亡。栗林将这件事转述给内海薰和汤川学,所谓的"预知"引起了汤川学的兴趣。

汤川学和菅原相约在餐厅,详谈关于所谓"预知"的细节。在冬美自杀前的一周,菅原来到住在同栋公寓的朋友坪川家中,半夜两点半看到对面公寓楼有个人正在上吊自杀,随后灯突然灭了。汤川学和内海薰到了冬美自杀的公寓,询问当时和峰村一起赶到309房间(即冬美自杀的房间)的公寓

[①] 参见张明楷:《刑法学(第六版)》(上),法律出版社2021年版,第258—274页。

管理员,得知在事件一周前的深夜该公寓并未发生停电。后来,汤川学找到此时还住在原来公寓的菅原的前妻静子。面对汤川学的在案件前一周那天是否有目击到什么的提问,静子肯定地回答"没有看见,那个时候已经睡着了"。但令人疑惑的是,汤川学并未对静子说时间是深夜两点半,即使静子解释她是猜测的,但仍引起了汤川学的怀疑。此后汤川学测试了全速从菅原公寓跑到对面公寓楼需要的时间,是57秒。内海薰和汤川学去见了峰村,汤川学只问了他平时有没有运动锻炼的习惯,峰村回答工作之余会去练拳击。汤川学在峰村身上发现了不少不合理之处:其一,练拳击的人仅奔跑57秒就如同管理员所说的大汗淋漓、气喘吁吁,这明显不符合常理。其二,按照时间线的推演,报警的时间为21:25,菅原和冬美结束通话的时间为21:19,峰村从菅原家中出来大约需1分钟,全速赶到对面公寓需1分钟,中间存在4分钟的空白。其三,峰村显然知道冬美的房间号为309。在汤川学和内海薰去峰村工作的公司时,他们没看见峰村本人,却发现该科技公司的业务内容包括ER流体(电流变液)。汤川学由此得到了启发。

　　真相是,冬美是被峰村设计杀害的。首先,冬美受到峰村的挑唆伪装自杀。而在案发的一周前,菅原所看到的是伪装自杀的预先演练。其次,电流变液的特性为通电后会由液体变为固体,而要把电流变液变成能支撑人体重量,家用电压远远不够。于是峰村使用了变压器,但在练习时发生了短路,造成跳闸,因此出现了菅原看到的灯灭现象。另外,为了让冬美对装置的安全性放心,峰村进行了数次的练习演练,且该框架装置也被设置为若不能负荷就会自动下滑的模式,于是冬美才会在案件当天没有起疑地如练习一般上吊。但那时,峰村用遥控操作使电流变液的电流持续流通,装置没有自动下滑,从而造成了冬美死亡的惨剧。最后,案发当天现场之所以只有普通的衣架,没有上述装置,正是因为峰村在4分钟的空白期调换了装置,毁灭了罪证。

　　此时,内海薰得到了同事的消息,峰村已经溺亡。为了验证汤川学的假设,内海薰、汤川学和菅原向静子演了一出大戏。静子为了继承到菅原的财产,用断电的方法救下了假装自杀的菅原。最初静子还在掩饰自己明知整套计划、装置构造和使用方法的事实,但在汤川学的反驳下发现已经事情败露,于是承认了罪行。事实是静子和峰村合谋,用钱雇冬美去接近菅原,后将冬美杀害,并以丈夫外遇对象自杀、自己精神上受到伤害为理由,骗取了大笔的精神补偿费。静子答应事成与峰村分成,以还上他欠下的巨额赌债,后为灭口而将峰村杀害。

7.2 技术分析

- 电流变液介绍及其基本原理

1. 电流变液概述

电流变液(Electrorheological/ER Fluid)是 20 世纪出现的最重要的智能材料之一,由温斯洛(W. M. Winslow)首次发现,其流变性能可以由外加电场控制。它是由高介电常数的固体微粒分散于低介电常数的液态基体后所构成的悬浮体系。

电流变液在通常条件下是一种悬浮液,它在电场的作用下可发生液体—固体的转变。当外加电场强度大大低于某个临界值时,电流变液呈液态;当电场强度大大高于这个临界值时,它就变成固态;在电场强度的临界值附近,这种悬浮液的黏滞性随电场强度的增加而变大,这时很难说它是呈液态还是呈固态。

2. 电流变液的组成

(1) 基础液

基础液体一般是非极性的绝缘液体,同时需要满足各项性质:① 介质常数要远远小于固体颗粒的介电常数;② 绝缘性必须良好,保证具备高电阻率;③ 持有高的击穿电压,通常情况是要大于 100 kV/mm;④ 具有高的沸点、低的凝固点,黏度要低,才能保证电流变液在零场时的黏度较小;⑤ 所需密度较大,需要和分散相密度进行匹配,杜绝出现沉降现象;⑥ 化学稳定性要好。

(2) 固体颗粒

固体颗粒也是电流变液中较为重要的组成部分,主要是以微米和纳米进行计算。人们一般认为固体颗粒需要较高的介电常数、较低的电导率,为了杜绝固液分离现象的发生,颗粒的密度要尽量接近基础液,物理和化学性质才能相对稳定。由于材料的不同,还可以把固体颗粒分为有机材料和无机材料。不论是什么材料,在电场下都需要有良好的极化性能。

(3) 添加剂

想要改善电流变液的性能,我们往往会在电流变液中加入适量的添加剂。使用添加剂主要是为了防止固液的分离,增加悬浮粒子的稳定性,让电流保持一种均匀分散的胶体状态。同时,使用添加剂还可以改善粒子与基础液之间的界面亲润的能力。这样一来,固液之间的亲润达到良好的效果,促使颗粒在液体中均匀地分布,降低颗粒的聚集,以此来降低零场。

3. 电流变液发展历程

电流变液简称 ER 液体或 ER 流体,发展历史已经有 70 多年。电流变液之所以被称为智能材料,是因为它具有受控变化的品质,其屈服应力、弹性模量能够按照控制者的意志产生变化。早期的 ER 性能较差,20 世纪 80 年代末 ER 材料的研究得到突破,使它有可能逐渐得到广泛应用。

ER 液体通常由具有高介电常数的固体微粒均匀分散在低介电常数的绝缘油中组成,固体微粒材料的性质决定 ER 性能的好坏,是 ER 的关键组分。

固体微粒材料可以采用多种材料制成,常用的有无机材料(如硅胶、硅铝酸盐、复合金属氧化物、复合金属氢氧化物)、高分子材料(如高分子半导体粒子)和复合型 ER 材料(可以是不同的无机材料的复合、不同的高分子材料的复合、无机材料和高分子材料的复合)。评价微粒材料的主要性能指标是能够提供的动态剪切应力的大小,动态剪应力大强度就高。此外,临界电场(产生 ER 效应的最小电场强度)要小,导电率要小。绝缘液体应具有较高的沸点,通常有硅油、食油、矿物油等,稳定性、抗腐蚀性好。

4. 电流变液原理介绍

下面两张图可以直观地表示电流变液效应。当未加电流时(见图 7),固体颗粒随机地分布在母液油中,电流变液与普通的牛顿流体相似。然而,当加电流时(见图 8),颗粒会被瞬时极化成电偶极子,粒子间的相互作用会使固体颗粒形成链并进而形成柱状结构,从而形成屈服应力,其黏度可以增加几个数量级。这种变化是可逆的,去除电流后,会瞬间(毫秒量级)回复到原来的状态。电流变液这种独特的机电耦合特性为其赢得了广阔的应用前景。

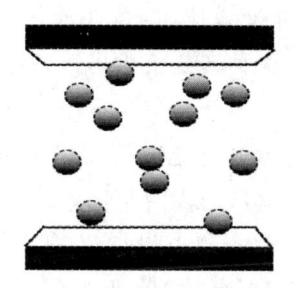

图 7　未加电流的 ER 流体

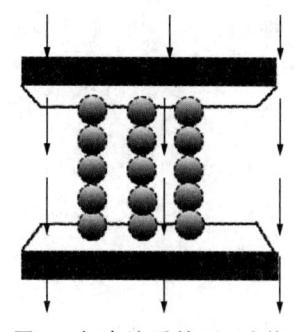

图 8　加电流后的 ER 流体

① 诱导纤维机理。[①] 所谓诱导纤维机理,主要是对于电流变液施加了外电场的时候,颗粒和分布介质的介电常数会有所区别,进而颗粒会被极化产生偶极矩。在外力的作用下,极化力使 ER 流体的分散粒子沿着电场的方向进行有序地排列,同时进行彼此吸引,最终形成链状纤维的结构,也会促使体系的黏度上升。

② 电双层机理。所谓电双层机理,就是吸附在分散相粒子表面的物质,通过外电场的作用,相对的粒子会发生场诱导畸变。在畸变内层和粒子表面会产生静电。一旦受到垂直于畸变方向的剪力时,就表现出黏性阻力,进而增加了黏度。

在外电场作用下,电流变液中的固体颗粒获得电场的感应作用,从而由液态进入固态。电流变液组分获得不断改进,性能良好的电流变液在电场

---

① 参见新型:《宁波材料所在实用型电流变液研究方面取得进展》,载《化工新型材料》2018 年第 6 期。

的作用下能产生明显的电流变效应,即可在液态和类固态间进行快速可逆的转化,并保持黏度连续。这种转变极为迅速,瞬时可控,能耗极小,因而可与电脑结合,实现实时控制。

　　本案中,峰村和静子利用电流变液杀死了冬美,手法为:借助在衣架里注入电流变液,使得衣架在电压不高时呈固态,衣架处在最高处而电压高时呈液态,在施加一定压力后衣架便会缓缓落下。而后峰村和静子让冬美演出一场假意上吊的戏给菅原施加心理压力,冬美以为的计划是自己先上吊,在菅原慌乱且被峰村影响而顾不上注意她时按下事先准备好的开关增大电压让衣架下落,自己双脚着地而不死。但峰村和静子做了手脚,使得冬美上吊后无法放下自己,最终真的被吊死。而后峰村火速来到冬美死亡的房间,将电流变液的衣架换为普通的衣架并处理了增压器等道具,掩盖好现场后再去找人,这样就能伪装出冬美是因情自杀的假象。

　　综上分析,本案技术上的逻辑基本成立,没有明显的不符合物理原理的情况。

7.3　法律分析

【争议焦点一】

　　　　　　本案中静子和峰村的行为是否构成诈骗罪?

　　1. 日本法视角下的分析
　　A. 关联法条
《日本刑法典》
　　第 60 条:二人以上共同实行犯罪的,都是正犯。
　　第 199 条:杀人的,处死刑、无期或者五年以上有期徒刑。
　　第 246 条:欺骗他人使之交付财物的,处十年以下有期徒刑。
　　以前项方法,取得财产上的不法利益,或者使他人取得的,与前项同。
　　B. 具体分析
　　本案中,静子和峰村设计杀死冬美的行为构成故意杀人罪并无争议。这是因为:(1) 静子和峰村对冬美上吊的装置进行改装,使其在上吊后无法正常下落,该行为具有使冬美致死的危害性,属于故意杀人行为。(2) 静子和峰村主观上具有杀人的故意,其明知被动了手脚的装置会使冬美吊死,仍主动设计并事实上对装置动手脚。因此,静子和峰村杀死冬美的行为符合故意杀人罪的构成要件。同时,静子又将峰村杀死,再次触犯故意杀人罪。对此,静子具有两次杀人行为,两次行为均构成故意杀人罪,应对两次行为独立评价,数罪并罚。

然而,值得讨论的是静子和峰村设计吊死冬美的戏码是为了骗取静子丈夫菅原的精神补偿费,此行为是否构成诈骗罪?笔者认为构成,理由如下:根据《日本刑法典》第246条的规定,诈骗罪是指欺骗他人使之产生认识错误,并基于这一错误产生的有瑕疵的意思而交付财物或财产性利益。成立本罪必须经过欺骗行为(诈骗行为)——意思认识错误——处分(交付)行为——诈取这一因果过程,从而取得财产或财产性利益。① 具体至本案,首先,静子和峰村具有欺骗行为。静子和峰村设计吊死冬美,从而使菅原误认为冬美因自己而自杀身亡,这属于欺骗行为。其次,本案被害人菅原具有财物处分行为。菅原最终和静子离婚,并被迫给了静子一大笔精神赔偿费。最后,静子和峰村的欺骗行为使菅原产生意思认识错误,导致菅原基于该意思认识错误处分财产。菅原因为静子、峰村和冬美三人的串通而误认为冬美是因自己而自杀身亡,属于产生意思认识错误。后静子以菅原外遇对象自杀,精神上受到伤害为由,迫使菅原支付大笔精神赔偿费。这说明菅原支付精神赔偿费是因为他以为冬美的死亡给静子造成了精神损害,即财产处分行为是基于意思认识错误。综上,静子和峰村的行为符合诈骗罪的构成要件。由于静子和峰村是出于合谋实施以上行为,因此二人构成诈骗罪的共犯。

2. 中国法视角下的分析

A. 关联法条

《中华人民共和国刑法》

第25条:共同犯罪是指二人以上共同故意犯罪。

二人以上共同过失犯罪,不以共同犯罪论处;应当负刑事责任的,按照

---

① 参见〔日〕西田典之:《日本刑法各论(第三版)》,刘明祥、王昭武译,中国人民大学出版社2007年版,第146页。

他们所犯的罪分别处罚。

第232条：故意杀人的，处死刑、无期徒刑或者十年以上有期徒刑；情节较轻的，处三年以上十年以下有期徒刑。

第266条：诈骗公私财物，数额较大的，处三年以下有期徒刑、拘役或者管制，并处或者单处罚金；数额巨大或者有其他严重情节的，处三年以上十年以下有期徒刑，并处罚金；数额特别巨大或者有其他特别严重情节的，处十年以上有期徒刑或者无期徒刑，并处罚金或者没收财产。本法另有规定的，依照规定。

B. 具体分析

如"出窍"案法律分析部分所述，我国和日本对于诈骗罪的判断路径基本相同。因此，在中国法视角下，笔者亦认定静子和峰村的行为构成诈骗罪，具体分析在此不再赘述。因两人合谋对菅原进行诈骗，故构成诈骗罪的共犯。同样，静子和峰村故意修改冬美上吊的装置，使其吊死，构成故意杀人罪。

【争议焦点二】

本案中菅原未及时救助冬美的行为是否构成犯罪？

1. 日本法视角下的分析

A. 关联法条

《日本刑法典》

第199条：杀人的，处死刑、无期或者五年以上有期徒刑。

B. 具体分析

在本案中，冬美一开始"自杀"是在菅原眼皮底下，而菅原明知冬美"自杀"是因为自己，且在目睹了冬美"自杀"之后并没有及时采取措施制止，是否构成不作为的故意杀人罪呢？

判断菅原是否对冬美构成不作为的故意杀人罪，关键是判断菅原对冬美是否具有作为义务。不作为犯是指通过不作为的方式来构成犯罪的情形。日本刑法理论中将不作为犯分为真正不作为犯和不真正不作为犯。不真正不作为犯是指通过以不作为的方式来实现通常以作为的形式来规定的构成要件，如杀人罪就是不真正不作为犯。在不作为犯中，命令行为人采取结果防止措施,原则上是以重大法益处于一定程度以上的危险性之中这一状况作为前提。此外,结果防止命令只对应该回避结果的人做出,并不处罚所有形式上能够回避结果的人。而判断谁是应该回避结果的人,则需要根据作为义务来判断。刑法上的作为义务不是道德上的义务,同时在其他法域被课以法律上的义务,也不能因此就认定具有刑法上的不作为义务。依据日本通说,作为义务的形式来源包括以下四种情形:(1)基于法令的情形(如父母对子女的义务);(2)合同、事务管理等(如护理合同);(3)基于习惯的情形;(4)基于条理(特别是先行行为)的情形。但是,并非只要违反了某项法令就会产生作为义务,因此需要对作为义务的内容进行实质判断。具体包括如下几点:

(1)如果行为人给予了结果发生的危险以重大的原因,则会成为给作为义务奠定基础的因素(先行行为的内容等);(2)如果处于能够控制已经发生的危险的地位,则会强化作为义务(实施危险接受行为这样的情形);(3)为了防止相应的结果,实施必要的作为是否容易;(4)行为人在何种程度上确切地认识到了结果发生,在认识之外是否还存在"意欲"等主观上的情况;(5)还存在多少其他可以防止结果的人等情况,针对各犯罪类型来确定作为义务的界限。此外,还必须考虑基于法令、合同等行为人与被害人的关系。而当存在其他参与人时,还要判断"应该归责于谁"。[①]

具体至本案,笔者认为,菅原未及时救助冬美,最终导致冬美死亡的行为不属于不作为的故意杀人罪,因为菅原对冬美不具有作为义务。理由如下:(1)并不是菅原使冬美处于被吊死的危险之中,菅原并未存在造成结果发生的危险的先行行为;(2)基于民法,菅原与冬美并非具有合法的婚姻关系,菅原并不属于应该防止结果发生的人;(3)静子和峰村因其先前行为,应对冬美的死亡结果具有防止义务,并且当时峰村具有防止冬美死亡结果发生的可能性,而静子和峰村没有及时采取措施,同样违反了作为义务;(4)冬美死亡的危险是静子和峰村创设的,同时静子和峰村在具有防止冬美死亡的可能性时未及时采取措施予以救助,冬美的死亡结果应归属于静

---

① 参见〔日〕前田雅英:《刑法总论讲义(第6版)》,曾文科译,北京大学出版社2017年版,第94—97页。

子和峰村。在本案中,静子和峰村对冬美死亡的结果产生了作为和不作为的竞合。

2. 中国法视角下的分析

A. 关联法条

《中华人民共和国刑法》

第 232 条:故意杀人的,处死刑、无期徒刑或者十年以上有期徒刑;情节较轻的,处三年以上十年以下有期徒刑。

B. 具体分析

关于作为义务的来源,我国刑法理论早期采取形式的三分说(即法律、职务以及先前行为),但近年不少学者采取了形式的四分说,即增加了法律行为。然而,仅对作为义务作形式的探讨,既存在理论上的缺陷,也导致实践上对作为义务的范围划定有时过宽、有时过窄。因此,笔者支持张明楷教授的观点,即从实质的法义务入手,探究作为义务的判断依据。首先,作为义务包括对危险源的支配产生的监督义务,具体可细分为对危险物的管理义务、对他人危险行为的监督义务、对自己的先前行为造成的法益侵害紧迫危险的防止义务。但下列情形不能成为作为义务的来源:行为并没有制造、增加危险的;行为虽然制造、增加了危险,但是该危险并不紧迫或者微不足道的;行为制造、增加的危险属于被害人的答责范围的。其次,作为义务包括因特殊关系所产生的保护脆弱法益的义务,具体可细分为:基于法规范产生的保护义务、基于制度或者体制产生的保护义务、基于自愿承担(合同或者自愿接受)而产生的保护义务。最后,作为义务包括基于对法益的危险发生领域的支配产生的阻止义务,具体可细分为:对自己支配的建筑物、汽车等场所内的危险的阻止义务;对发生在自己身体上的危险行为的阻止义务。当数个主体同时对某一法益具有作为义务时,在有些情况下,可能由于存在优先履行作为义务的主体,而使其他人不再具有作为义务;而在有些情况下,虽然数个主体均有作为义务,但可能存在强弱之别或者层级关系。

具体至本案,笔者认为菅原对冬美没有作为义务。理由如下:首先,如上所述,使冬美处于死亡的状态是静子以及峰村创设的,即危险创设者是静子和峰村,因此菅原并没有对危险源的支配而产生的监督义务。其次,菅原与冬美是情人关系,两者之间并无合法的婚姻关系,因此菅原并无基于特殊关系而对冬美的生命权具有保护义务。最后,冬美死亡的场所发生在菅原家的隔壁公寓,这一领域并非由菅原所支配和管理,因此菅原并无因对危险发生领域的支配而产生的阻止义务。因此,菅原对冬美的死没有作为义务,其不构成不作为的故意杀人罪。

虽然我国刑法理论和日本刑法理论关于作为义务的判断路径有所差异,但这并不影响在中国法视角下和日本法视角下均认定菅原对冬美的死不产生作为义务,菅原未及时救助冬美的行为不构成犯罪。

8 "显灵"

8.1 剧情介绍

某个料理教室内,被害人美玲在教室加班时,凶手阿杉出现了,将美玲杀害,甚至还在其身上刺了200多刀。但电话的来电声使阿杉在慌乱中将手机掉在地上,这引起了保安的注意,保安发现情况不对后立即报警。警察赶来时,阿杉逃跑途中从窗户坠楼身亡。

美铃去世前一个月,就曾经找警方谈过被人跟踪问题。这次内海薰来找汤川学,是因为美铃妹妹千晶表示,事发当晚确实看到姐姐站在窗外过,但令人疑惑的是十分钟后她就死在了远在三十千米之外的料理教室。这一种瞬间移动的说法使汤川学产生了浓厚兴趣,于是便和内海薰一起去找千晶。在法医樱子的帮助下,内海薰了解到美铃死亡原因为刺伤导致的失血性休克,身上致命伤只有两处,阿杉造成的其余刺伤并非致命伤。这一结论令没有找到消失的凶器的内海薰和汤川学觉得另有隐情。

汤川学和内海薰一起去到阿杉的住处,在一个不经意间,汤川学从阿杉发型中发现了端倪。汤川学和内海薰来了一次案情重演,不出所料,出于天气原因,窗子起雾后模糊不清,并不能看清人的样子。千晶是看出了黄衣服,便潜意识地补充了姐姐的模样。可见,那个穿着黄色衣服的人是刻意装出来给周围人看的,为了有美玲回过家的证词。在一系列的推理后,可以明确的是阿杉肯定有同伙。在对事发当晚学员的询问下,可以确定同伙就是学员里的某人。

经过审问,确定了学员赖子的嫌疑,她一直嫉妒美玲才华,之前的骚扰之事也是她所为。其实,真正的凶手就是赖子。案发当晚,她与美玲发生争执,用刀捅死了美玲,为了脱罪,她叫来了秘密同居的阿杉。二人虽有情侣之实,但从未公开过,找阿杉帮忙不会怀疑到自己。于是,阿杉在教室破坏尸体,赖子则穿着另一套黄色的衣服,装成死者在死者家的房屋旁晃悠。结果弄巧成拙,还搭上了阿杉的性命。

8.2 技术分析

本集案件聚焦的物理现象主要有两处:

- 信噪比

本案中,内海薰勘察阿杉家时,以及汤川学在调整音响音量时,音响发出了"巴里巴里"的声音。在音响制作的专业术语中,这种现象叫作"信噪比低"。信噪比(Signal-to-Noise Ratio,SNR)是科学和工程中用于比较所需信号强度与背景噪声强度的一种度量。它指的是信号功率与噪声功率的比率,通常以分贝(dB)为单位表示。信噪比高于 0 分贝意味着信号强度大于噪声强度,表明信号质量良好。

信噪比在音频设备中的重要性不言而喻。一个良好的信噪比可以确保音频信号清晰可听,而低信噪比可能导致杂音或失真。在本案中,旋钮上的润滑油与空气中飘浮的硅微粒结合,产生了异常的噪声。制造商的调查发现,情人旅馆的音响系统更早出现此类问题,这与女性使用的固定头发的喷雾剂有关,这些喷雾中含有大量的硅成分。通常而言,男士一般为短发,会较少使用此类产品,因此汤川学对阿杉的身份产生了猜测。

- 水蒸气液化

本案中,元凶赖子穿着美玲的衣服站在窗外时,正好赶上千晶醒来。千晶在模糊中以为是姐姐的身影,出现这一现象的原因在于窗户外侧的温度较低,而室内的温度较高,这导致室内的水蒸气凝结成小水珠附着在玻璃上。这种现象称为凝结,它是物理学中气态物质转变为液态物质的一种过程。当空气中的水蒸气遇到低温表面时,水蒸气失去能量,转化为液态水,并以小水珠的形式附着在玻璃上。

这种水珠在挡住视线的同时,也影响了视觉的感知。当千晶看到窗户上模糊的影像时，水珠的存在导致了光的折射和散射，使得她难以清晰辨认。这是典型的先入为主的心理现象，千晶基于平日里对姐姐美玲的印象，主观上认为看到的影像是她姐姐。

在日常生活中，类似的例子屡见不鲜。液化这一物理现象常常给人们带来困扰。例如，在如今出行必戴口罩的情况下，佩戴眼镜的人常常面临镜片起雾的问题。呼气时，温暖的水蒸气接触到冷却的镜片，导致水蒸气凝结成小水珠，从而影响视线。在寒冷的天气中，无论是从外到内，还是从内到外，类似的起雾问题始终存在。

综上分析，本案在技术逻辑上是合理的，没有明显违反物理原理的情况。通过对信噪比和水蒸气液化等物理现象的深入理解，观众能够更好地理解剧情发展的科学基础，以及这些现象在生活中的普遍性。

8.3 法律分析

【争议焦点】

阿杉在美玲身体上刺伤 200 刀的行为如何评价？

1. 日本法视角下的分析

A. 关联法条

《日本刑法典》

第 104 条：就他人的刑事案件，隐灭、伪造或者变造证据，或者使用伪造或者变造的证据的，处三年以下有期徒刑或者三十万日元以下罚金。

第 105 条之二：对于被认为具有调查或审判自己或他人刑事案件所需知识的人或其亲属，在没有正当理由的情况下，强行要求见面或进行强谈威迫行为的人，处以二年以下有期徒刑或三十万日元以下的罚款。

第 190 条：损坏、遗弃或者取得尸体、遗骨、遗发或者藏置于棺内之物的，处三年以下有期徒刑。

B. 具体分析

本案中赖子用刀将美玲捅死，无疑是构成了故意杀人罪。但本案值得讨论的是，阿杉在赖子的教唆下，在美玲死后又在其身上刺了 200 多刀的行为该如何评价？根据本案调查的事实，阿杉在美玲身上开始刺刀时美玲已经死亡,且阿杉造成的刺伤并非致命伤。因此,阿杉的行为与美玲的死亡无因果关系,不构成故意杀人罪。

那么,阿杉的行为是否构成隐灭证据罪?根据《日本刑法典》第104条规定,隐灭证据罪的客体限于他人的刑事案件证据,行为包括隐灭证据、伪造变造证据以及使用伪造、变造的证据三种行为。隐灭证据是妨害证据的显现,以及其他一切使得证据效力丧失或者减少的行为。所谓伪造证据,是指实际上某种证据并不存在,却将其制作出来,而让人以为真的存在;所谓变造是指对现有的证据施以篡改,而改变其作为证据的效力。二者之间的区别并不重要。所谓使用伪造、变造的证据,是指将伪造、变造的证据作为真正的证据使用。[1] 笔者认为,阿杉的行为不构成伪造、变造证据罪,因为其行为不属于隐灭证据的行为。如上所述,隐灭证据的行为要求行为人的行为能够妨害证据的显现。但在本案中,阿杉在美玲身上刺200多刀,实质上并没有妨碍到后续法医验证出美玲的真正死因。因此,事实上阿杉的行为并没有妨害证据的显现,故其不构成隐灭证据罪。

那么,阿杉的行为是否构成损坏尸体罪?依据《日本刑法典》第190条规定,损坏尸体罪的客体是尸体,同时还包括遗骨等。本罪的实行行为包括损坏、遗弃以及侵占。所谓的损坏是指物理性损坏,所谓的遗弃是指将尸体等移动之后予以抛弃、隐匿,所谓侵占是指取得对尸体等的占有。[2] 笔者认为,阿杉的行为构成损坏尸体罪,因为:(1)阿杉在刺伤美玲时,其已经死亡,符合本罪的客体要求。(2)阿杉在美玲身上刺200多刀,属于对尸体的物理性损坏,属于本罪的实行行为。(3)阿杉在刺伤美玲之前,赖子已经告知他美玲死亡的事实,因此他在损坏尸体时能够认识到自己损坏的是尸体,主观上具有损坏尸体的故意。综上,阿杉的行为构成损坏尸体罪。

2. 中国法视角下的分析

A. 关联法条

《中华人民共和国刑法》

第302条:盗窃、侮辱、故意毁坏尸体、尸骨、骨灰的,处三年以下有期徒

---

[1] 参见〔日〕西田典之:《日本刑法各论(第三版)》,刘明祥、王昭武译,中国人民大学出版社2007年版,第358—360页。

[2] 同上书,第315—316页。

刑、拘役或者管制。

第307条：以暴力、威胁、贿买等方法阻止证人作证或者指使他人作伪证的，处三年以下有期徒刑或者拘役；情节严重的，处三年以上七年以下有期徒刑。

帮助当事人毁灭、伪造证据，情节严重的，处三年以下有期徒刑或者拘役。

司法工作人员犯前两款罪的，从重处罚。

B. 具体分析

依据《中华人民共和国刑法》第307条规定，帮助毁灭、伪造证据罪的构成要件内容为帮助诉讼活动的当事人毁灭、伪造证据。首先，毁灭、伪造的是他人作为当事人的案件的证据。其次，行为内容为帮助当事人毁灭、伪造证据。毁灭证据并不限于从物理上使证据消失，还包括妨碍证据显现以及使证据的证明价值减少、消失的一切行为。伪造证据一般是指制作出不真实的证据，如将与犯罪无关的物品改变成证据的行为，就属于伪造。再次，成立本罪，必须以情节严重为前提，对于帮助毁灭、伪造重大案件证据的，帮助毁灭、伪造重要证据的，帮助毁灭、伪造多项证据的，多次帮助毁灭、伪造证据的，帮助多名当事人毁灭、伪造证据的，毁灭、伪造证据造成严重后果的，都可以认定为情节严重。最后，成立本罪要求行为人主观上为故意，即主观上要有为当事人毁灭、伪造证据的意思。笔者认为，本案中阿杉的行为不构成帮助、毁灭证据罪，因为：首先，如上所述，阿杉的行为并未妨碍法医验出美玲死亡的真相，即并未妨碍证据显现或者使证据的证明价值减少、消失，因此其行为不构成毁灭证据。其次，我国对于帮助毁灭证据罪的成立还限定了情节要素，即帮助毁灭、伪造证据的行为要达到情节严重，而本案中阿杉的行为未造成严重后果，且也未事实上妨碍警方查出真凶，因此不应认定其行为符合情节严重。综上，本案中阿杉的行为不构成帮助、毁灭证据罪。

依据《中华人民共和国刑法》第302条规定，故意毁坏尸体罪的客体是尸体，即指已经死亡之人的身体的全部或者一部分。同时，本罪的行为为毁坏尸体，即指毁损尸体完整性的一切行为，如分割尸体、砍掉尸体的某部分、破坏尸体外表的完整性等。本罪的成立亦要求行为人主观上具有故意毁坏尸体的故意。[①] 具体至本案,笔者认为,在中国法视角下阿杉的行为同样构成故意毁坏尸体罪。因为:(1)阿杉刺美玲时美玲已是一具尸体,符合本罪的客体条件;(2)阿杉在美玲尸体上刺200多刀,严重毁坏了尸体的完整性,属于毁坏尸体行为;(3)阿杉主观上认识到自己损害的是尸体,且积极主动地对尸体进行损坏,可认定其主观上具有毁坏尸体的故意。综上,阿杉的行为构成故意毁坏尸体罪。

由此可见,无论是在日本法视角下还是在中国法视角下,将阿杉的行为评价为毁坏尸体罪(故意毁坏尸体罪)更为妥当。

9 "爆炸"

9.1 剧情介绍

本案开始于中学文化祭上的一个诡诞面具。当时内海薰与前辈正在校园里做安全宣讲,两人本准备离开,不料被美术社异常热闹的氛围所吸引,从教室出来的学生纷纷表示美术社的面具十分吓人。内海薰看了后也觉得,面具样式过于真实,使人不由得想到尸体死相。正疑惑时,老师带着一位太太走了进来,太太看到面具后立马认出面具上的人脸是自己失踪的儿子藤川雄一。在询问面具制作者后得知,该面具是其根据公园里捡到的铝制面具仿制的。

经过搜寻后,果然在公园的水池底发现了藤川雄一的尸体。死者于一个月前失踪,其胸部被子弹射穿,这毫无疑问是一起凶杀案。雄一最后一次出现是在10月21日,他的房东看见他骑摩托车出门,当天下午他也有留言给母亲,但之后他的电话就一直处于无法接通的状态,然后11月1日学生就捡到了铝制面具,因此推断死亡时间为10月21日到11月1日之间。汤川学看了面具后,认为它应该是由某种物理性的外力造成的,但人的皮肤太过柔软,很难成型,具体是怎么回事还不清楚。

随后,汤川学独自到公园调查。公园里堆放了许多垃圾,其中有不少都

[①] 参见张明楷:《刑法学(第六版)》(下),法律出版社2021年版,第1413—1414页。

是科学研究后丢弃的电器。汤川学看着那些电缆顿悟了，原来面具是由因电缆无法承受雷击带来的巨大能量而产生的冲击波所形成的。但根据气象台记录，雄一失踪期间并没有雷电天气，只有 10 月 19 日那天发生过。汤川学指出，是凶手混淆了警方视线，制造了不在场证明，10 月 19 日才是雄一真正的死亡时间。

比较令汤川学在意的其实是雄一的身份。雄一工作于汤川学大学时期的导师木岛征治郎的公司，木岛曾醉心于研究一种名为"Red Mercury"的传说中的物质，据说它可以反射 100% 的中子。有了它，只需少量的钚就能制作出优良的核反应堆。但之后该研究被人举报，木岛也因此离开了大学。汤川学怀疑木岛仍然没有放弃，因为在雄一和另一起爆炸案死者梅里尚彦的身上都发现了被辐射的痕迹，而梅里也是木岛公司的员工，这说明两人很有可能接触过研究 Red Mercury 所需的电子线加速器。汤川学认为，雄一大概率是在 10 月 16 日拜访木岛家后被木岛杀害，那天有人目击到两人发生过争执。

在这个节点，木岛的助手穗积恭子突然自杀，她在遗书里承认是自己杀害了梅里和雄一，并且经比对后查证，恭子用来自杀的手枪与杀害雄一的手枪为同一把。这样一来，这两起案件的真相似乎已经明了。但内海薰认为还有很多疑点没有厘清，她坚持要调查到底。此时她突然想到，雄一留下的电话录音是否有可能不是他自己的，而是合成的呢？内海薰连忙叫专人来进行分析，果然发现这段录音确实存在问题，虽然声音是雄一本人，但每个单词都是从其他句子中挖出来再拼接而成的。这时内海薰突然接到了汤川学的电话，让她到研究所一趟，说是有话想说。不过，电话里的汤川学真的是他本人吗？

与此同时，另一边汤川学也在为案件头疼。他认为钠与水之间的反应是导致爆炸的原因，但要形成如此规模的爆炸需要大量的钠，这不是一艘小船能装下的。就在这时，汤川学得知梅里之前是武器商人，他想起木岛的提示，又看见梅里与雄一的合照后的文件上有"超级钠"的字样，忽然明白了一切。原来不是木岛要杀害雄一，而是雄一要杀害木岛。雄一大概无意中得知自己做的研究是以研发核武器为目的，于是他先用"超级钠"制造爆炸导致武器商人梅里死亡，再来到木岛家试图纠正木岛的错误想法，但不料被木岛用手枪杀害。房东看见的雄一是恭子假扮的,录音也是恭子伪造的。汤川学对木岛说出了他的全部猜想,木岛承认了一切,并感叹只有恭子才明白他研究的意义。恭子对木岛抱有特殊的情感,愿意为木岛做出牺牲,殊不知木岛也是如此。木岛假装汤川学绑架了内海薰,汤川学只有在限定时间内解开一系列难题才能解救内海薰,不然 Red Mercury 就会爆炸,半个东京都会消失。木岛笃定汤川学会失败,因为前面的难题只是幌子,最后的成败还是在俗套的剪引线环节。不过好在有惊无险,汤川学发现了隐藏的粉色引线,最终成功解救了内海薰,案子也就这样结束了。

9.2 技术分析

本案涉及的物理技术比较多,下面逐一进行分析。

- 铝制面具的形成

1. 闪电的形成

闪电是一种自然现象,主要源于云层中正负电荷的相互作用。暴风云尤其是积雨云,通常会在其内部积累大量电荷。云层中的微小水滴和冰晶在气流的快速上升中频繁碰撞。这些颗粒在碰撞过程中,部分带有正电荷,部分则带有负电荷。通常情况下,正电荷的水滴更容易聚集在云层的上部,而负电荷倾向于聚集在云层的下部。随着云层的不断发展,水滴和冰晶的数量急剧增加,这使得云内部的电压不断上升。

当电压达到某一临界值时,电荷就会迫切释放,形成放电现象。在这个过程中,地面会因正电荷的聚集而产生电场效应,正电荷的分布随云层的移动而变化。正负电荷之间存在吸引力,但空气本身的导电性较低,因此正电荷会优先向周围的高物体如树木和建筑物的顶部以及人的身体靠近,试图与云层中的负电荷相遇。同时,负电荷也向地面延伸。当正负电荷最终克服空气的阻力连接在一起时,强大的电流将沿着一条路径迅速从地面流向云层,形成明亮的闪电。

除了上述机制,闪电的形成还涉及更复杂的物理过程。在积雨云的高温环境中,云内部的分子会持续捕获自由电子,从而逐渐增加其内部的电子浓度,直到达到一种平衡状态。在这种平衡状态下,失去的电子数量与捕获的电子数量大致相等。然而,由于空气不是优良的电导体,积雨云内部的电子无法快速通过空气传递。如果云层的温度逐渐降低,它会持续失去电子,这个过程是渐进的。因此,在这种情况下,积雨云可以被看作是一个巨大的电荷储存体。

当积雨云 A 飘浮在空中并遇到另一个来自低温区域的云层 B 时,由于云层 B 的电子密度低于云层 A,接触瞬间会导致电子密度的中和。在这一接触过程中,积雨云 A 中的大量电子会迅速通过接触点传递。这一电流的强度极大,导致接触点周围的空气瞬间被击穿,释放出大量电子。这些释放的电子中可能包含一些与光子相互作用的电子,因此在这一过程中会产生可见的光辉,这便是闪电的显现。

在闪电放电的瞬间,电子的密度会非常高,大量电子以散射的方式向四周扩散。尽管空气分子之间存在共享电子的链条,但由于分子震动剧烈,这些链条会迅速断裂。如果在放电过程中,恰好形成了一条短暂的共享电子链,大量电子将沿着这条链进行传导,从而形成闪电链的现象。

2. 尖端放电原理

尖端放电是一种在强电场作用下发生的放电现象,通常被视为电晕放电的一种形式。这种现象的形成主要与电荷的分布和电场强度有关。当导体的尖端暴露在电场中时,电荷会在尖端区域集中,由于尖端的几何特征,电场线在此处变得非常密集。这种密集的电场会导致电势梯度的增大,使得尖端附近的空气分子容易被击穿,进而引发放电。

在电场中,电场强度与电势之间存在密切的关系。具体而言,电场强度是电势变化率的负值。这意味着,在尖端区域,电势变化非常剧烈,从而造成电场强度的急剧增加。当电场强度达到一定临界值时,空气中的分子开始电离,形成自由电子和正离子。在这个过程中,空气的绝缘性被削弱,导致电离现象的发生,使得空气变得导电。

在尖端放电的初期阶段,空气的电离会使得尖端附近的电子获得足够的动能,从而加速运动。当这些自由电子与空气分子碰撞时,进一步的电离现象就会加剧,形成更多的自由电子。这种电子的快速运动和碰撞使得空气的导电性显著增强,从而导致尖端放电现象的产生。

尖端放电有两种主要形式:电晕放电和火花放电。当导体的带电量较小且尖端相对锋利时,尖端放电多为电晕放电。这种放电仅在尖端附近的局部区域发生,通常伴随着微弱的光亮和轻微的声响。尽管电晕放电的能量相对较低,但仍可能对电子设备造成干扰,并在某些情况下引起安全隐患。

然而,当导体的带电量显著增加、电位变高时,尖端放电则会表现为火花放电。这种情况通常伴随着强烈的光亮和响声,电离区域从尖端扩展到接地体之间,形成明显的放电通道。火花放电的能量较大,存在引发火灾或对人体造成电击的风险,在工业和实验室环境中必须加以注意。

此外,尖端放电的发生与周围的环境条件密切相关。较高的温度通常会促使放电现象的发生,因为温度的升高使得空气中电子和离子的动能增加,从而提升了电离的可能性。湿度也是一个关键因素,高湿度环境中,空气中的水分子数量增多,电子与水分子的碰撞频率上升,这可能导致电离效率降低。而在低气压条件下,气体分子间的间距增大,电子的平均自由程也随之增加,从而更容易引发电离现象。

总之,尖端放电是一种复杂而重要的物理现象,它涉及电荷分布、电场强度和环境因素的多重作用。理解尖端放电的原理不仅对我们认识自然界中的电气现象至关重要,还为电气工程和安全防护提供了宝贵的理论依据。

- 超级钠(龙仁湖爆炸)

"超级钠"通常指的是钠钾合金。众所周知,碱金属遇水会产生大量热量,同时生成氢气,因此极易引发爆炸。最新研究还提出,这一过程可能伴随着"库伦爆炸"现象。碱金属的一个显著特性是它们容易将外层唯一的电子"释放"出去,这种过程在极性溶液中尤为直接,类似盐的解离,生成碱金属离子和游离电子。

当钠钾合金接触水时,碱金属会迅速形成水合离子和溶剂化电子,这一过程可称为碱金属的溶剂化。在极性溶剂中进行这种解离并不罕见。以钠为例,当金属钠加入液氨时,会生成一种深蓝色的溶液。这种溶液的分解不像钠与水的反应那样迅速,而是逐渐分解为氢气和氨基钠($NaNH_2$),产生的深蓝色来源于电子在氨分子空腔中的运动,这正是溶剂化电子的典型颜色。同样道理,当碱金属与水反应时,若使用高速摄影机记录反应过程,也会观察到类似的蓝色,表明生成了不稳定的水合电子。不同的是,在水中生成的水合电子远不如氨合电子稳定,仅在毫秒级时间内就会迅速分解为氢氧根离子（OH⁻）和氢气，因此没有高速摄影设备很难捕捉到这种不稳定的蓝色。

当碱金属进入水中后，表层的电子会迅速被周围的水分子"抢走"，使得金属表面充满了带正电的碱金属离子。这些正离子之间存在强烈的静电排斥力，而这种相互作用会导致库伦爆炸[①]。静电斥力的作用下，碱金属的表面会形成许多刺状结构，极大地增加了其与水的接触面积，使碱金属与水的反应加速，从而在短时间内产生大量氢气并释放热量。

钠钾合金与水反应时可以观察到大量"金属刺"的生成。分子动力学模拟表明，当碱金属表面的正电荷和水中的负电荷之间的平均距离大于约 5×10^{-10} 米时，库伦爆炸会迅速发生。在反应的局部区域中，氢气的浓度很高。如果碱金属足够活泼或反应物量较大，此过程中释放的热量将使氢气和氧气混合物燃烧，引发"真正的"爆炸。

整个过程可以概括为以下步骤：

1. 金属钠接触水，发生反应：$Na + H_2O$。
2. 钠在水的作用下失去电子，形成钠离子和游离电子：$Na \rightarrow Na^+ + e^-$。
3. 游离电子与水分子相互作用，形成溶剂化电子：$H_2O + e^- \rightarrow H_2O(e^-)$ 或 $(H_2O)n + ye^- \rightarrow (H_2O)n(ye^-)$。由于水分子浓度高，电子被水分子捕获为主导反应。
4. 许多钠离子积聚在有限空间内，引发库伦爆炸。
5. 随着库伦爆炸，溶剂化电子和水分子被强烈抛出。
6. 溶剂化电子作用下，水分子分解出氢原子：$H_2O(e^-) \rightarrow OH^- + H$。
7. 氢原子相互作用生成氢分子：$H + H \rightarrow H_2$。
8. 水中的水合氢离子也可能发生反应：$H_3O^+ + e^- \rightarrow H_3O$。由于水合氢离子浓度较低，成为次要反应途径。
9. 水合氢离子释放氢原子：$H_3O \rightarrow H_2O + H$，生成的氢原子再生成氢分子。

总的来说，金属钠在水中迅速释放电子并与水分子反应，生成溶剂化电

[①] See Philip E. Mason, Frank Uhlig, Václav Vaněk, Tillmann Buttersack, Sigurd Bauerecker, Pavel Jungwirth, Coulomb Explosion during the Early Stages of the Reaction of Alkali Metals with Water, *Nature Chemistry*, Vol. 7, No. 3, 2015.

子并释放出氢气,伴随库伦爆炸效应,在极短的时间内大量氢气生成并燃烧,进一步导致剧烈爆炸。[①]

- 红色水星(Red Mercury)

红色水星或称红汞,是一种传闻中的神秘物质,据说是苏联在冷战时期为核武器的便携性和高效性所研发的关键材料。这一物质的传言始于20世纪后期,特别是在冷战后期和苏联解体初期的动荡时期。根据传闻,红汞的出现让核武器小型化成为可能,能制造出爆炸力巨大的微型核武器,这种武器仅有棒球大小,却能够产生万吨级的毁灭性爆炸。

关于红汞的制造,据说其成分包括纯水银(汞)和氧化锑,将二者在核反应堆中暴露于辐射环境下长达20天,便可生成高放射性的红汞。红汞所含的氧化锑与汞化合物的特殊性质,据称具有一种与众不同的中子发射能力,这一特性在核武器设计中至关重要。与传统氢弹和原子弹不同,氢弹需依赖较大体积的中子源来引发核裂变反应,从而产生高温高压来触发聚变,而红汞可以通过自身的高效中子发射能力减少体积,取代传统的大型中子源。理论上,这种特性可以大幅度缩小核装置的体积和重量,最终实现便携式的核武器。

然而,关于红汞的科学质疑和反驳一直存在。现代科学领域中,科学家普遍认为,这种物质的描述和特性不符合已知的物理和化学原理。以中子源为例,核装置中的中子源通常是一些特殊的放射性同位素,如氚或钋,这些同位素能在高能量环境中释放出中子,但汞和氧化锑即便经过辐照处理,仍无法成为有效的中子源。更进一步看,汞化合物并不具有核武设计中需要的高效中子发射能力。即便将汞与锑混合,也不会生成强放射性物质,这与红汞的描述相悖。此外,科学界普遍认为,红汞的所谓"高效中子发射能力"并不符合实际的物理逻辑。热核聚变需要在核裂变装置引爆时产生的高温和高压环境下才可触发,这通常依赖复杂的反应链和高度特定的装置结构,不可能通过单一物质的设计替代传统核裂变反应所需的临界质量。红汞在这方面的描述大大简化了核聚变所需的条件,在科学上是不可能成立的。

---

① 参见吴文中:《钠与酸溶液反应的差异性分析》,载《中学化学教学参考》2016年第1期。

科学界和军控专家的进一步研究也指出,红汞可能是一个误解或虚构的产物。许多研究表明,苏联在冷战后期并没有针对"红汞"的研究记录。伦敦国王学院的科学与安全研究中心主任齐默尔曼也曾明确表示:"红汞——或者任何汞的化合物,不论颜色——都无法应用于核武器,它所描述的特性与已知的科学原理相悖。"另外,部分不法分子利用人们对红汞传言的恐惧,宣称手中拥有这种物质,并在市场上贩卖。据查实,这些所谓的红汞只是普通水银加染料制成的假货,通常是通过添加红色或橙色染料让水银看起来神秘而罕见。

冷战结束后,关于红汞的传言随着军事技术传闻的扩散而广泛流传,逐渐形成了它"革命性材料"的印象。人们对于红汞能够带来一种新型武器的幻想,也许正是建立在这种夸大和误解的基础上。现代科学的结论是,红汞的存在缺乏确凿证据,它的描述与化学和物理原理相悖,更有可能是一种由不法分子炒作而来的伪造产品,并不具有真正的军事用途。

9.3 法律分析

【争议焦点】

木岛绑架内海薰的行为该如何定性?

1. 日本法视角下的分析

A. 关联法条

《日本刑法典》

第108条:放火烧毁现供人居住或者现有人在内的建筑物、火车、电车、船舶或者矿井的,处死刑、无期或者五年以上有期徒刑。

第109条:放火烧毁非供人居住且现无人在内的建筑物、船舶或者矿井的,处二年以上有期徒刑。

前项之物属于自己所有的,处六个月以上七年以下有期徒刑。但是,未发生公共危险的,不处罚。

第110条:放火烧毁前两条规定以外之物,发生公共危险的,处一年以上十年以下有期徒刑。前项之物属于自己所有的,处三年以下有期徒刑或者十万日元以下罚金。

第 117 条：使火药、锅炉及其他应激发物破裂，损坏第一百零八条规定的物品或与他人所有有关的第一百零九条规定的物品者，以纵火为例。第一百零九条中规定的与自己所有有关的东西或者第一百零十条中规定的东西损坏，从而产生公共危险的人也同样。

前项的行为出于过失的，依照失火的规定处断。

第 118 条：使煤气、电气或蒸气泄漏、流出或阻断，从而危及人的生命、身体或财产的，处三年以下有期徒刑或十万日元以下罚款。

使煤气、电气或蒸气泄漏、流出或者阻断，从而致人死伤的，与伤害罪比较，依照较重的刑罚处断。

第 199 条：杀人的，处死刑、无期或者五年以上有期徒刑。

第 226 条之三：把被掠取、绑架或者被买卖的人移送所在境外的，处二年以上有期徒刑。

第 249 条：恐吓人交付财物的，处十年以下有期徒刑。

通过前项方法，在财产上获得非法利益或者使他人获得利益的人，与前项同。

B. 具体分析

本案中木岛用手枪杀害雄一的行为构成故意杀人罪并无争议，值得讨论的是木岛绑架内海薰的行为该如何定性。首先，木岛将爆炸物绑在内海薰身上，是否构成使爆炸物破裂罪？是否构成故意杀人罪（未遂）？其次，木岛以爆炸物在时间到后会爆炸威胁汤川学剪开引线的行为是否构成胁迫罪或强要罪？木岛的行为是否构成数罪并罚？下面笔者将对以上问题进行逐一分析。

依据《日本刑法典》的相关规定，使爆炸物破裂罪的构成要件包括：(1) 行为人使火药、锅炉或者其他有可能爆炸的物品破裂；(2) 爆炸物品破裂造成了损害结果。笔者认为，本案中木岛将爆炸物绑在内海薰身上以此威胁汤川学，不构成使爆炸物破裂罪。这是因为，木岛并未事实上使爆炸物破裂，爆炸物也未事实上造成一定的损害结果。

相反，笔者认为，木岛将爆炸物绑在内海薰身上的行为实际上构成了故意杀人罪，只不过属于未遂状态，因为：(1) 木岛所制造的爆炸物具有极大的杀伤力，一旦爆炸会对内海薰的生命产生致命性的打击。木岛将具有杀伤力的爆炸物绑在内海薰身上,使其生命处于紧迫的危险之中,该行为属于杀人行为。(2)木岛笃定汤川学不能救出内海薰,表明其在内海薰身上绑炸弹时能够预见内海薰死亡的结果,但仍放任甚至希望爆炸物爆炸。因此,能够认定木岛主观上具有杀人的故意。综上,笔者认为木岛在内海薰身上绑炸弹的行为构成故意杀人罪。

《日本刑法典》规定了胁迫罪,即以加害本人或者亲属的生命、身体、自由、名誉或者财产相通告胁迫他人。依据日本刑法学界通说,本罪加害的对象是被通告方或其亲属的生命、身体、自由、名誉、财产,贞操当然也包含在自由之中。以加害第三人的法益相通告不能说是胁迫。[①]据此,笔者认为,本案中木岛对汤川学的威胁不构成胁迫罪,因为木岛加害的对象是内海薰,其威胁的对象是汤川学,而内海薰和汤川学仅为朋友关系,因此其对汤川学进行威胁仍不能构成胁迫罪中的胁迫。

同时,《日本刑法典》也规定了强要罪。强要罪是指以加害对方或者其亲属的生命、身体、自由、名誉财产相通告进行胁迫,或者使用暴力,使对方实施并无义务实施的事项,或者妨害其行使权利的行为。本罪的手段包括胁迫与暴行,所谓胁迫,与胁迫罪中所说的胁迫含义相同;所谓暴行,其针对的对象不仅包括对方的身体,还包括其物。[②] 据此,笔者认为,本案中木岛对汤川学的威胁亦不构成强要罪,因为如上所述,木岛实施胁迫或暴行的对象不满足强要罪的要求。

由上可知,本案中木岛的行为实质上仅触犯了故意杀人罪(未遂)。

2. 中国法视角下的分析

A. 关联法条

《中华人民共和国刑法》

第114条:放火、决水、爆炸以及投放毒害性、放射性、传染病病原体等物质或者以其他危险方法危害公共安全,尚未造成严重后果的,处三年以上十年以下有期徒刑。

第232条:故意杀人的,处死刑、无期徒刑或者十年以上有期徒刑;情节较轻的,处三年以上十年以下有期徒刑。

---

① 参见〔日〕西田典之:《日本刑法各论(第三版)》,刘明祥、王昭武译,中国人民大学出版社2007年版,第57页。
② 同上书,第59页。

第238条：非法拘禁他人或者以其他方法非法剥夺他人人身自由的，处三年以下有期徒刑、拘役、管制或者剥夺政治权利。具有殴打、侮辱情节的，从重处罚。

犯前款罪，致人重伤的，处三年以上十年以下有期徒刑；致人死亡的，处十年以上有期徒刑。使用暴力致人伤残、死亡的，依照本法第二百三十四条、第二百三十二条的规定定罪处罚。

为索取债务非法扣押、拘禁他人的，依照前两款的规定处罚。

国家机关工作人员利用职权犯前三款罪的，依照前三款的规定从重处罚。

第239条：以勒索财物为目的绑架他人的，或者绑架他人作为人质的，处十年以上有期徒刑或者无期徒刑，并处罚金或者没收财产；情节较轻的，处五年以上十年以下有期徒刑，并处罚金。

犯前款罪，杀害被绑架人的，或者故意伤害被绑架人，致人重伤、死亡的，处无期徒刑或者死刑，并处没收财产。

以勒索财物为目的偷盗婴幼儿的，依照前两款的规定处罚。

B. 具体分析

不同于日本刑法典，我国刑法未规定胁迫罪、强要罪或以人质强要罪，仅规定了绑架罪。但笔者认为，本案中木岛的行为并不构成绑架罪。因为依据《中华人民共和国刑法》第239条规定，绑架罪的成立要求绑架人以勒索财物为目的，而木岛在绑架内海薰时并不具有勒索财物的目的，依据本案现有事实，其仅仅是出于嫉妒汤川学和内海薰的心理。

虽然木岛的行为不符合我国绑架罪的构成要件，但是并不意味着其将爆炸物绑在内海薰身上的行为并不违法。依据《中华人民共和国刑法》第238条规定，非法拘禁他人或者以其他方法非法剥夺他人人身自由的，构成非法拘禁罪。笔者认为，木岛绑架内海薰的行为构成非法拘禁罪，因为其限制了内海薰的人身自由。同时，笔者认为木岛将爆炸物绑在内海薰身上的行为也构成故意杀人罪。具体分析如上所述，在此不再赘述。

因此，在中国法视角下，木岛的行为亦触犯了两个罪名，即非法拘禁罪和故意杀人罪。由于木岛将内海薰拘禁的行为亦属于其故意杀人行为中的一环，因此可将其故意杀人行为吸收其非法拘禁行为，即最终应以故意杀人罪（未遂）将木岛定罪。

第二章 《神探伽利略》第二季

1 "幻惑"

1.1 剧情介绍

案件发生在雨夜的日本东京一栋不起眼的筒子楼内,作为某教派教主的连崎对多名教徒进行传教以及宗教活动。其中有一名教徒中上被连崎说不够纯洁、对教派皈依程度不够,应接受处罚。之后连崎做了一些莫名其妙的、让正常人看来毫无意义的手势,没想到中上就痛苦万分地撞碎玻璃跳楼自杀了。

警方一开始认为这是自杀,因为大家无论如何都找不到教主连崎和教徒中上死亡之间的关联。连崎没有和中上产生过任何物理上的接触,内海薰在审问时要求连崎亲自对她重复这个动作,连崎却先是三缄其口而后又推辞,但最后在做了这些动作后,内海薰也没任何感觉。同时,其他发生的异常事件也完全可以用其他的事实解释,就如,教徒中上自杀后停电,当晚东京正好在下雷阵雨,完全有可能是雷击导致的;撞破窗玻璃跳楼看起来也没任何问题,至于自杀动机则可能是中上自己的精神状况。然而,案后教主连崎的表现十分奇怪,他一直向外界宣传是自己杀死了教徒,还拼命大力宣传。当然随后发生的事情也就让人知道了他的动机:狗仔一个个过来拍摄宣传,教派名气大增;不少人慕名前来希望能成为教徒,入会的费用又是一笔丰厚的收入。

内海薰被调离岗位后,新来的女刑警岸谷美砂接替了这起案子,转变也随之而来。为了打消心中的疑虑,同时对现场做进一步勘察,美砂拖着汤川学前往了现场,并让连崎重复当时的情况。奇怪的是,这次美砂却莫名其妙地感受到了教主的那种"能力",感觉身体十分不适。同样地,内海薰在之前的尸检中也提到过犯人出现眼睛只剩下眼白的情况。更严重的问题是一条证据链被无情斩断了:当地的气象局仔细查询了案发当天的落雷情况,却发现没有任何闪电击中了附近的电网;同时还发现当时只有教主用来传教的那一间公寓发生了断电,邻居则完全没有受到影响。这引起了汤川学的兴趣:世上怎么可能会出现物理学无法解释的情况呢?就在这种奇怪的展开中,二人决定亲自拜访教主所谓的宗教营地。

这次汤川学来营地的目的只有一个:查清楚这处设施内到底有啥。在拿着指南针找路时,汤川学发现了指针的异常波动,之后发现了一条长长的电线直通基地内部,这条电线是大家都不曾了解的。顺着电线找到了一个大型微波发射器后,汤川学立刻明白了连崎的所谓"能力"。之后,汤川学开始了他的亲自验证。在口袋中放入了一张热敏纸车票后,他再次要求连崎给他好好展示所谓的"能力"。这次,热敏纸车票瞬间击穿了连崎的谎言。

由于热敏纸加热后字体会消失,而微波又会对物体进行加热,因此汤川学连同他口袋里的车票是一同被加热,车票上的字自然消失了。谜底就此被解开,原来连崎的所谓能力就是拿微波来加热教徒,以达到折磨教徒并让教徒相信自己心灵不够纯净从而服从。连崎的两个宗教场所,其实都布置了大功率的微波设备,加热的方向正是教徒所坐的位置。这么一来,所有的疑点也就都解释清楚了:由于微波的加热,坠楼的教徒中上在死亡前受到了真正意义上的"内心炙烤",眼珠也因为加热变成了浑浊的形态;微波还烤裂了玻璃,这也是为什么玻璃能这么容易被撞破的原因;紧接着功率过大的仪器使公寓的电网过载,之后的断电便顺理成章。果然,警方在坠楼的案发现场找到了那台微波发射仪,原来它就一直藏在讲台底下,每天利用不为教徒所知的科学原理欺骗着教徒。

1.2 技术分析

- 微波

微波是指频率在 300MHz 至 300GHz 之间的电磁波,具有聚束性强、定向性好和直线传播的特性,常用于无阻碍的视线空间传输高频信号。微波的频率高于普通无线电波,因而常被称为"超高频电磁波"。微波与其他电磁波一样,具备波粒二象性,同时其基本性质表现为穿透、反射和吸收三种特性。对于玻璃、塑料和瓷器等物体,微波可以穿透而不被吸收;对于水和食物,微波会被吸收并使其温度升高;而对于金属物体,微波则会被反射。

微波的波长相对较长,因此相比其他用于辐射加热的电磁波(如红外线、远红外线),微波具备更强的穿透能力。这种穿透性解释了微波加热时可以从表面穿透到物体内部,使得材料内外几乎同时升温。微波与介质相互作用时,会以特定频率(通常为 2450 MHz)引起介质分子剧烈振动,每秒达 24.5 亿次,从而通过分子间摩擦将介质加热。在一定条件下,这种加热均匀而迅速,大大缩短了传统热传导所需的时间。特别是当介质损耗因数与温度呈负相关时,物体的内外加热更加均匀一致。

微波对物质的加热效果取决于物质的介质损耗因数,损耗因数大的物质对微波的吸收能力强,反之则较弱。不同物质因损耗因数差异,对微波的加热效果表现出选择性。例如,水分子属于极性分子,介电常数较大,对微波吸收能力强;相比之下,蛋白质和碳水化合物的介电常数较小,吸收能力也弱。因此,含水量高的物体如人体在微波照射下会较快升温,产生一种温暖的感觉,这是因为体内水分子受微波影响产生共振。

微波的加热效果瞬时而迅速,升温快、输出功率可调,在停止照射后温度迅速恢复正常,不存在"余热"现象,这非常适合自动控制和连续化生产的需求。在应用中,微波对物体的加热多为间歇性加热,人们停止加热后物体温度恢复,而感受到的"温暖"仅来自人体的短时记忆。

由于微波波长较短,通常与地球上常见物体的尺寸相近,因此微波在应用中表现出与几何光学相似的"光学性"。这意味着在微波操作中,设备尺寸越紧凑,系统性能越优越。微波系统可以制成体积小、方向性强的天线,通过接收反射信号确定物体方位及距离,同时分析其特征。

微波的量子能量相对较小,通常不足以改变分子内部结构或破坏分子键,但在某些情况下,如对废旧橡胶进行分解处理,微波能通过改变分子键实现分解。微波频率涵盖了许多共振现象的区域,这一特点使微波成为研究物质内部结构和特性的有效工具,并在电子和科学设备中得到了广泛应用。

微波的频率极高,因此在有限的相对带宽下提供了极为宽广的可用频带,甚至可达数百到上千兆赫,这在多路通信和卫星通信系统中至关重要。在高空通信中,地球的电离层对短波基本反射,但微波波段有"宇宙窗口"可以穿透，因此微波成了独特的空间通信手段。微波信号还可以传递相位、极化和多普勒频率信息，这在目标检测、遥感和特征分析等领域应用广泛。

- 微波加热

微波加热技术利用物料吸收微波能量这一原理，通过极性分子与微波电磁场的相互作用，使物料中的极性分子在交变电磁场作用下极化，并随电磁场极性的不断变化而迅速交变取向。大量极性分子在这一过程中频繁摩擦，导致电磁能转化为热能，从而实现加热效果。该技术的核心在于通过微波能量直接作用于物料本身，使之成为"发热体"，实现内外同步加热，从而在极短时间内达到加热效果。

依据德拜理论，极性分子在极化弛豫过程中，弛豫时间 τ 与交变电磁场的角频率 ω 息息相关。在微波频段时，$\omega\tau$ 达到约 1 的数值。工业微波加热设备常采用 915 MHz 和 2450 MHz 的微波频率，由此可计算出其 τ 约为 $10^{-11} \sim 10^{-10}$ 秒量级。因此，微波加热能够在物料内部瞬时转化为热能，具有高度即时的特征。

在常规加热中，通常通过提高温度来加快加热速度，但这样可能导致物料外部已焦灼而内部未热透的现象。微波加热则不同，它能穿透至物体内部，实现整个物体的均匀加热。微波加热在物体内部和表面同时作用，升温快速，温度梯度小，是一种"体热源"模式，显著缩短了传统热传导所需的时间。除了体积特别大的物体外，微波加热通常能够实现物体表里同时均匀升温。

并非所有材料都适合微波加热。由于材料的介电特性不同，其对微波的响应各异。根据材料对微波的反应可分为四类：微波反射型、微波透明型、微波吸收型和部分微波吸收型。因此，微波加热具有选择性，可针对不同部件或混合物中的不同组分进行定向加热。例如，在物料胶合加工时，微波加热集中于胶层，加热均匀且温度集中，从而避免了胶缝周围材料的热损坏。

在传统加热方法中，设备预热、辐射热损失和高温介质传热损失占据了能耗的较大比例。微波加热时，介质材料能够吸收微波并转化为热能，而设备外壳一般由金属制成，具有微波反射特性，只会反射微波而几乎不吸收。微波加热设备的热损失因此仅占总能耗的一小部分。微波加热本质上为内部"体热源",无须借助高温介质传热,因而大部分微波能量被物料直接吸收并转化为升温所需热量,体现了微波加热的高能效。与传统电加热相比,微波加热通常可节省约 30%～50% 的电能。以微波炉为例,它通过直接作用于水分子加热物体,实现了高效的加热效果。

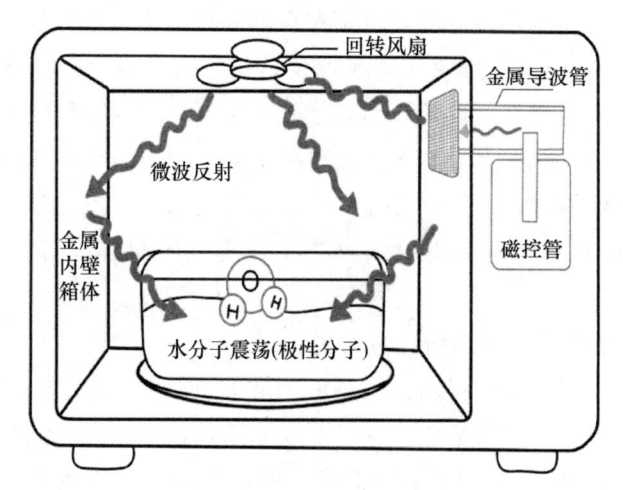

图 9 微波炉加热原理

• **微波加热对人体影响**

微波本质上是一种电磁波,其传播过程中伴随辐射,辐射对人体可能会产生一定影响,特别是在长时间或高强度暴露下。微波辐射对人体的最常见影响体现在视力上,如引起视物模糊、眼部疲劳和视力下降。此外,辐射对免疫系统也有抑制作用,可能降低机体免疫力,增加患病风险,甚至在极端情况下有诱发癌症的潜在可能。微波辐射对心血管系统也有一定影响,可能引发胸闷、头痛等不适症状。同时,它还可能影响生殖健康,降低男性精子质量和女性卵子质量,孕期妇女长时间暴露于微波辐射中甚至可能面临早产或流产的风险。在本案中,中上的眼球呈现异常白浊状,实际上是受微波辐射影响所致。

微波对人体的危害主要分为热效应和非热效应。热效应是指电磁波作用于人体时产生的温度变化。人体内的蛋白质、水等物质是非均匀电解质,在电磁波作用下分子间会产生摩擦,从而释放热量。面对短期低强度的热效应,人体可以自行调节和散热,但长时间或高强度的微波辐射会导致人体蛋白质温度升高，影响神经、肌肉功能，引起眼角膜和晶体的异常，可能导致男性精液减少或畸变。有研究显示，体内蛋白质温度升高 1—2 ℃ 便会逐步影响各组织的正常功能，造成健康隐患。

非热效应是指微波对人体原本稳定的生物电磁场产生干扰的影响。人体内存在有序电磁场，外界电磁波干扰可能导致其平衡被破坏，从而扰乱循环系统的正常功能。非热效应的表现包括记忆力减退、头痛、视力下降、失眠等症状，并可能诱发白内障、大脑功能异常、生育能力下降等问题。长期暴露在电磁波环境下，男性精子质量可能下降，孕期妇女可能面临胎儿畸形或流产的风险。除此之外，电磁波的长期暴露还可能导致血液、淋巴液和细胞原生质的性质变化，从而增加儿童智力发育障碍和白血病等严重疾病的风险。

- 热敏纸车票揭穿连崎教主的谎言

热敏纸又被称为热敏传真纸、热敏记录纸、热敏复印纸等。热敏纸是一种加工纸，但不是什么新的工艺或者材料制造出来的纸，它的称呼主要来源于它表面上的涂料。热敏纸的制造原理就是在优质的原纸上涂布一层"热敏涂料"，这一层涂料有时也被称为"热敏变色层"。

热敏纸的用处非常多，在传真机上作为文字和图形的通信载体，即传真纸；在医疗、测计系统中作为记录材料，如心电图纸、热工仪器记录纸等；作为应用于因特网终端的打印纸；在商业活动方面，用来制作商标、签码（POS）等。其中，以传真纸的用量占有的比例最大，这是由热敏纸的特性决定的：在加热到 70 摄氏度时大部分的热敏纸就会变色，在比其更低的温度下，一些热敏纸上的字迹就会开始消失。

需要的温度有多低呢？一般来说，南方夏日较高的气温加上环境潮湿，这些字体很快就会不见踪影。因为如上所述，热敏纸就是普通纸上刷了两层"涂料"，中间隔了一层膜，做成夹心饼干的样子，薄膜隔着的两层一般是酸性物质和不同颜色的显色剂，这种酸性物质中几乎都含有一种叫"双酚 A（BPA）"的东西。在打印时，热敏打印机可以根据要打印的文字对特定区域加热，而这会融化薄膜，让两种物质相遇并快速反应显色，字迹就会显示在纸上。火车站利用这种方式可以快速打印大量车票。然而，这种反应"不太稳定"，很容易受到其他因素的影响，一旦影响，这些字迹就会消失，比如放置时间长、环境潮湿、环境温度较高、接触碱性物质等。需要注意的是,BPA是酸性的,如果遇到碱性物质,会因酸碱中和加快字迹消失速度。

当汤川学把车票放在口袋里时,热敏纸车票因为微波的定向加热功能也被一起加热,这种环节正好类似于铁路公司回收车票后将车票"初始化",以便日后重新打印/达到复用目的的环节。车票被加热,车票上的字迹自然就消失了,连崎教主的谎言也不攻自破了。

综上分析,本案技术上的逻辑基本成立,没有明显不符合物理原理的情况。

1.3 法律分析

【争议焦点一】

连崎教主对教徒是否构成故意杀人罪?

1. 日本法视角下的分析

A. 关联法条

《日本刑法典》

第199条:杀人的,处死刑、无期或者五年以上有期徒刑。

B. 具体分析

本案中教徒在连崎的影响下自杀,能否就认定连崎对这位教徒构成故意杀人罪呢?笔者认为,判断本案中连崎是否构成故意杀人罪,关键是判断其行为是否是故意杀人行为。

依据日本刑法学界通说,构成要件中的行为是指基于意思的身体动作(包括作为或不作为),并非基于意思的条件反射、梦游症等排除在行为之外,不具有可罚性。西田典之教授将实行行为定义为与既遂结果发生的具体性危险即未遂结果之间具有相当因果关系的行为。[①] 如"灵动"案所述,针对相当因果关系的判断,日本相当因果关系说将其解释为行为与结果之间的关系必须在经验法则上具有相当性。

---

① 参见〔日〕西田典之:《日本刑法总论(第2版)》,王昭武、刘明祥译,法律出版社2013年版,第67—68页。

具体至本案,笔者认为,连崎对教徒并未实施故意杀人的实行行为。因为依据本案事实,连崎对教徒所作的行为是利用微波来加热其身体,以达到折磨教徒来让教徒相信自己心灵不够纯净从而服从。而微波加热身体并无导致教徒死亡的危险,因此连崎单纯利用微波来加热教徒的行为并不属于杀人行为。本案中教徒之所以死亡,是因为忍受不了这种内心炙烤,而选择冲出窗户跳楼,可见教徒的死亡是介入了其自身的自杀行为。而该自杀行为属于异常的介入因素,导致连崎的加热行为与教徒死亡结果之间的因果关系并不符合通常的经验法则,故不存在相当因果关系,即加热行为不能认定为故意杀人罪的实行行为。因此,不能仅因为教徒的死与连崎存在一定关联,就认定其对教徒的死亡成立故意杀人罪。

2. 中国法视角下的分析

A. 关联法条

《中华人民共和国刑法》(2023年修正)

第232条:故意杀人的,处死刑、无期徒刑或者十年以上有期徒刑;情节较轻的,处三年以上十年以下有期徒刑。

B. 具体分析

依据我国刑法理论的主流学说,实行行为是指符合刑法分则所规定的构成要件的行为,如故意杀人罪的实行行为就是"杀人"。但将实行行为解释为符合刑法分则所规定的构成要件的行为,仅从形式上回答了什么是实行行为。对此,张明楷教授提出从实质角度认定实行行为,即实行行为是侵犯法益的行为。在结果犯场合,按照各犯罪类型所规定的,具有导致结果发生的危险性的行为是实行行为。作为杀人罪的实行行为的"杀人行为",必须是类型性地导致他人死亡的行为,完全没有致人死亡的危险性的行为不能叫"杀人行为"。实行行为的认定不仅是形式上符合构成要件的行为,而且是具有侵害法益的紧迫危险的行为。至于某种行为是否具有侵害法益的紧迫危险,应以行为时存在的所有客观事实为基础,并对客观事实进行一定程度的抽象,同时站在行为时的立场,原则上按照客观的因果法则进行判断。[①]

---

① 参见张明楷:《刑法学(第六版)》(上),法律出版社2021年版,第188页。

具体至本案,笔者认为,在中国法视角下连崎的行为也不属于故意杀人罪的实行行为。因为我国刑法典对于故意杀人罪的规定是采取空白罪状的形式,从形式角度难以判断某一行为是否属于杀人行为,应从实质角度进行判断。而从实质角度看,连崎的行为并无具有侵害法益的紧迫危险。故意杀人罪的法益是人的生命权,具有侵害法益的紧迫危险则应指行为具备能够致人死亡的危险,且依据行为时的客观事实,在不发生意外的情形下,这种危险能够正常地演化下去。本案中连崎仅通过微波加热教徒的身体,这种加热行为并无致命性,因此其并无侵害法益的紧迫危险。

综上,无论是在日本法视角下还是在中国法视角下,连崎对教徒均不构成故意杀人罪。但由于连崎的行为对教徒的身体的确具有物理伤害,影响其正常生活,应认定其构成故意伤害罪。

【争议焦点二】

连崎创造邪教敛财的行为如何评价?

1. 日本法视角下的分析

A. 关联法条

《日本刑法典》

第246条:欺骗他人使之交付财物的,处十年以下有期徒刑。

以前项方法,取得财产上的不法利益,或者使第三者取得的,与前项同。

B. 具体分析

如"出窍"案所述,依据《日本刑法典》第246条之规定,诈骗罪是指欺骗他人使之产生认识错误,并基于这一错误产生的有瑕疵的意思而交付财物或财产性利益。成立本罪必须经过欺骗行为(诈骗行为)——错误——处分(交付)行为——诈取这一因果过程,从而取得财产或财产性利益。[①] 判断诈骗罪成立与否的关键是诈骗行为和处分行为。诈骗行为的判断需要遵循以下几点:首先是诈骗行为必须指向人的行为;其次是诈骗行为必须指向财物或财产性利益;最后是如果交易的对方知道真实情况便不会实施该财产

[①] 参见〔日〕西田典之:《日本刑法各论(第三版)》,刘明祥、王昭武译,中国人民大学出版社2007年版,第146页。

处分行为,却捏造这种重要事实。处分行为的成立必须存在基于被诈骗者的瑕疵意思表示,财物的占有发生了终局性的转移。

具体至本案,笔者认为,本案中连崎创造邪教敛财的行为属于诈骗行为,其应构成诈骗罪,因为:(1)连崎利用微波加热他人身体,并宣称这是自己的神力,使许多人相信其真的拥有这种能力,进而积极加入其所创设的邪教。这些行为属于欺骗行为,事实上也使得这些加入教会的教徒产生了意思认识错误(即相信连崎所谓的神力)。(2)连崎创设的邪教要求教徒加入时缴纳入会费,即存在财物处分行为。(3)教徒正是基于连崎此前的欺骗行为相信其拥有神力,才主动入教并缴纳入会费。可见,教徒加入教会并缴纳入会费是基于连崎的欺骗行为所产生的意思认识错误。(4)连崎主观上具有非法占有他人财物的目的,依据本案事实,连崎承认当初成立邪教本身就是为了敛财。因此,应认定连崎创造邪教敛财的行为构成诈骗罪,并且其与妻子具有共同的诈骗故意,且共同实施了诈骗行为,应认定其与妻子构成诈骗罪的共同犯罪。

2. 中国法视角下的分析

A. 关联法条

《中华人民共和国刑法》

第266条:诈骗公私财物,数额较大的,处三年以下有期徒刑、拘役或者管制,并处或者单处罚金;数额巨大或者有其他严重情节的,处三年以上十年以下有期徒刑,并处罚金;数额特别巨大或者有其他特别严重情节的,处十年以上有期徒刑或者无期徒刑,并处罚金或者没收财产。本法另有规定的,依照规定。

第300条:组织、利用会道门、邪教组织或者利用迷信破坏国家法律、行政法规实施的,处三年以上七年以下有期徒刑,并处罚金;情节特别严重的,处七年以上有期徒刑或者无期徒刑,并处罚金或者没收财产;情节较轻的,处三年以下有期徒刑、拘役、管制或者剥夺政治权利,并处或者单处罚金。

组织、利用会道门、邪教组织或者利用迷信蒙骗他人,致人重伤、死亡的,依照前款的规定处罚。

犯第一款罪又有奸淫妇女、诈骗财物等犯罪行为的,依照数罪并罚的规定处罚。

B. 具体分析

不同于日本,我国严厉打击邪教的传播,因此《中华人民共和国刑法》第300条专门规定了组织、利用会道门、邪教组织、利用迷信破坏法律实施罪。其中会道门是指一贯道、九宫道、先天道、后天道等封建迷信组织。根据2017年1月"两高"《关于办理组织、利用邪教组织破坏法律实施等刑事案件适用法律若干问题的解释》(以下简称《办理邪教案件解释》)第1条的规定,冒用宗教、气功或者以其他名义建立,神化、鼓吹首要分子,利用制造、散布迷信邪说等手段蛊惑、蒙骗他人,发展、控制成员,危害社会的非法组织,应当认定为"邪教组织"。迷信,是指与科学相对立,信奉鬼仙神怪的观念与做法。本罪的行为表现为两种类型:一是组织和利用会道门、邪教组织蛊惑、煽动、欺骗群众破坏国家法律、行政法规的实施;二是利用迷信破坏国家法律、行政法规的实施。本罪只能由故意构成。[①]

依照《办理邪教案件解释》第2条的规定,组织、利用邪教组织,破坏国家法律、行政法规实施,具有下列情形之一的,成立本罪的基本犯(处3年以上7年以下有期徒刑,并处罚金):(1)建立邪教组织,或者邪教组织被取缔后又恢复、另行建立邪教组织的。(2)聚众包围、冲击、强占、哄闹国家机关、企业事业单位或者公共场所、宗教活动场所,扰乱社会秩序的。(3)非法举行集会、游行、示威,扰乱社会秩序的。(4)使用暴力、胁迫或者以其他方法强迫他人加入或者阻止他人退出邪教组织的。(5)组织、煽动、蒙骗成员或者他人不履行法定义务的。(6)使用"伪基站""黑广播"等无线电台(站)或者无线电频率宣扬邪教的。(7)曾因从事邪教活动被追究刑事责任或者2年内受过行政处罚,又从事邪教活动的。(8)发展邪教组织成员50人以上的。(9)敛取钱财或者造成经济损失100万元以上的。(10)以货币为载体宣扬邪教,数量在500张(枚)以上的。(11)制作、传播邪教宣传品,达到下列数量标准之一的:传单、喷图、图片、标语、报纸1000份(张)以上的;书籍、刊物250册以上的;录音带、录像带等音像制品250盒(张)以上的;标识、标志物250件以上的;光盘、U盘、储存卡、移动硬盘等移动存储介质100个以上的;横幅、条幅50条(个)以上的。(12)利用通信信息网络宣

[①] 参见张明楷:《刑法学(第六版)》(下),法律出版社2021年版,第1411页。

扬邪教,具有下列情形之一的:制作、传播宣扬邪教的电子图片、文章200张(篇)以上、电子书籍、刊物、音视频50册(个)以上,或者电子文档500万字符以上、电子音视频250分钟以上的;编发信息、拨打电话1000条(次)以上的;利用在线人数累计达到1000以上的聊天室,或者利用群组成员、关注人员等账号数累计1000以上的通讯群组、微信、微博等社交网络宣扬邪教的;邪教信息实际被点击、浏览数达到5000次以上的。(13)其他情节严重的情形。

具体至本案,笔者认为连崎创造邪教敛财的行为构成组织、利用会道门、邪教组织、利用迷信破坏法律实施罪。因为:(1)连崎冒用宗教的名义,并利用手段欺骗公众其拥有神力,从而引诱他人加入教会,不断发展控制教会成员,从教员身上搜刮钱财,严重危害社会,其行为应视为创设邪教组织。(2)依据本案事实,连崎不仅不断发展邪教组织成员,利用邪教组织敛取钱财,其还通过正规电视台宣扬自己创设的邪教,造成重大社会危害。应认定其行为属于组织和利用会道门、邪教组织蛊惑、煽动、欺骗群众破坏国家法律、行政法规的实施。综上,可认定连崎的行为构成组织、利用会道门、邪教组织、利用迷信破坏法律实施罪。

同时,由于我国刑法典和日本刑法典对于诈骗罪的规定类似,而如上所述,在日本法视角下连崎欺骗公众加入教会并收费的行为构成诈骗罪,故在中国法视角下,也应认定该行为构成诈骗罪。依据《中华人民共和国刑法》第300条第3款之规定,犯第一款罪又有奸淫妇女、诈骗财物等犯罪行为的,依照数罪并罚的规定处罚。本案中连崎创设邪教,发展壮大教徒、宣扬教会的行为构成组织、利用会道门、邪教组织、利用迷信破坏法律实施罪,其通过欺骗手段吸引公众入会并收取入会费的行为构成诈骗罪,因此应对其进行数罪并罚。

2 "指标"

2.1 剧情介绍

临近七夕时,告白的人多了起来,女高中生加奈也收到了暗恋学长的表白,但她没有马上答应,而是去问问吊坠的意见。加奈认为这条吊坠有种神奇的魔力,可以指引她做出正确的选择。吊坠"听了直摇头",加奈也因此拒绝了学长。不久后,加奈就看见学长和别的女生在一起了,于是更加确定这吊坠是有魔力的。

另一边,刑警美砂遭到了前辈的批评。最近发生了一件入室凶杀案,美砂在案件报告上写:一个女高中生靠着超能力的吊坠,发现了重要线索,找到了自己被杀害婆婆家的看门狗。这种超自然现象怎么能直接写入报告呢?美砂觉得没什么问题,因为这是她亲眼所见。可前辈认为,亲眼所见没用,写案件报告得用科学证实你的所见才行。前辈叫美砂去问汤川学,没想到美砂却说自己和汤川学闹掰了。原来破完上一案后,美砂看汤川学愿意帮她揭开真相,开始有些"飘",炫耀之际被汤川学无情反击,美砂发誓以后再也不找汤川学帮忙了。

可惜美砂去问了许多教授,他们都没人可以解释清楚吊坠的超能力,都说只是巧合而已。美砂只好去找汤川学,并开始了案件的概括:两天前,加奈婆婆遭到入室抢劫并被杀害,地上有个被摔停的时钟,时间停留在 10 点,警方怀疑这就是凶手的犯案时间。婆婆家的金条全被拿光,连她门口的看门狗小栗子,也遭到了杀害。而这个案件最诡异的地方就是小栗子尸体被找到的过程。那天,美砂看见高中生加奈在婆婆家外,她到每个分岔路口就会拿出吊坠,仿佛那吊坠在指引她一样。结果加奈就发现了小栗子的尸体,牙齿上还有些血迹,应该是凶手的血。但 DNA 报告还没出,狗体内检出农药,猜测是狗咬了凶手后,遭到报复,被毒杀后弃尸。美砂也问过加奈,她说这是她奶奶遗传给她的水神吊坠,自己有什么事都会和它商量,至今都没有出错过。吊坠总是能指引她选择正确的方向,但这吊坠还有脾气,不愿意回答的问题,会直接拒绝。汤川学认为这坠子是一种类似探测术的东西,就像风水中的寻龙尺,不过这在科学上还没完全被证实。探测术还具有不稳定性,美砂赶紧求汤川学揭开吊坠的真相,不然她的报告就写不出了。

为了摆脱"超能力酱"的称号,晚上美砂拉着汤川学来到加奈找狗的路口,这里没半点风,周围也没有高压电线,排除了吊坠受风或电磁场的影响,汤川学对此完全没有头绪。美砂拿验尸报告时,法医说婆婆的死亡时间并不是晚上十点,而是下午。美砂马上想到一种可能,凶手去过婆婆家两次,第一次过去把她杀了,然后用农药打算毒死她的狗,这样晚上再来找金条时,就不会因狗乱叫而让邻居发现了。凶手在找金条时不小心摔坏了闹钟,让时间停留在了10点。

那么问题来了:加奈为什么能准确地找到狗呢?很明显加奈的嫌疑很大,这时汤川学也发来短信,说要和加奈见面。到了实验室后,汤川学找了个特殊仪器,说可以用来证实吊坠是不是有探测功能。美砂也告诉加奈,她现在是最大的嫌疑人,加奈立刻解释道吊坠的力量是真的,犯人并不是她,汤川学看她这么自信,让她直接问吊坠犯人的名字。加奈照做了,五十音按顺序一个一个问,汤川学同时用操纵机器监测着她。终于在か上,吊坠有了回应,汤川也瞬间明白吊坠的原理。这下到美砂不愿意了,才一个音,这不是吊人胃口吗,继续下去凶手的名字就出来了。汤川学让她留下来接着看,这吊坠确实能找到真凶。

美砂果然要加奈继续问,最后得出了一个名字,他就是面包店的老板。找到老板时,老板看见警察转头就要逃跑,而且看得出他的脚受伤了。经检验,面包店老板与小栗子牙上的DNA吻合,原来面包店老板找完金条准备走时,以为狗已死,打算弃尸,没想到狗回光反照,奋力咬了他一口才死去。美砂为了摆脱"超能力酱"的称号,求汤川学赶紧揭开吊坠的真相。汤川学是不太想证明的,因为这案件太无聊,吊坠能动完全是因为加奈的肩膀动了。因为共振的原理,加奈肩膀稍微有些振动,就会带动吊坠有规律地摆动,这与其说是物理,不如说是加奈潜意识所为。汤川学猜测加奈早就见过面包店老板把狗扔进垃圾桶了,她问吊坠的问题,其实在她心中早已有答案,只是她意识层面上还在犹豫不决而已。这也是为什么她问不了吊坠考试的题目,问不了她潜意识不确定的事。之后美砂向加奈确认,加奈也承认了在警方来调查的前一晚,她就见过面包店老板在垃圾桶附近扔东西,那时她还不知道发生了什么,结果第二天知道婆婆被杀,狗也不见了,想起昨晚的事,心中便对老板有所怀疑。之前她拒绝学长的表白,其实也在接触过学长后,觉得他是个轻浮、不可靠的人,所以潜意识已经对他贴了标签。

2.2 技术分析

- 共振

本案中的主要物理现象是共振。共振是指机械系统所受激励的频率与该系统的某阶固有频率相接近时,系统振幅显著增大的现象。共振时,激励输入机械系统的能量最大,系统出现明显的振型称为位移共振。此外还有在不同频率下发生的速度共振和加速度共振。

在机械共振中,常见的激励有直接作用的交变力、支承或地基的振动与旋转件的不平衡惯性力等。共振时的激励频率称为共振频率,近似等于机械系统的固有频率。对于单自由度系统,共振频率只有一个,当对单自由度线性系统做频率扫描激励试验时,其幅频响应图上出现一个共振峰。对于多自由度线性系统,则有多个共振频率,激励试验时相应出现多个共振峰。对于非线性系统,共振区出现振幅跳跃现象,共振峰发生明显变形,并可能出现超谐波共振和次谐波共振。共振时激励输入系统的功同阻尼所耗散的功相平衡,共振峰的形状与阻尼密切相关。

在一般情况下,共振是有害的,会引起机械和结构很大的变形和动应力,甚至造成破坏性事故,工程史上不乏实例。防共振措施有:改进机械的结构或改变激励,使机械的固有频率避开激励频率;采用减振装置;机械起动或停车过程中快速通过共振区。共振状态包含有机械系统的固有频率、最大响应、阻尼和振型等信息。在振动测试中常人为地再现共振状态,进行机械的振动试验和动态分析。此外,利用共振原理的振动机械,可用较小的功率完成某些工艺过程,如共振筛等。

本案中所谓的用"水晶坠子"找到丢失的狗的尸体,正是物理上的共振现象。众所周知,在不施加任何外力的情况下,坠子是不可能发生转动的。然而,加奈在目睹了凶手逃逸并将狗抛尸的过程后,在潜在的心理暗示之下,产生了微不可察的无意识肌肉颤动,其实是在有节奏性地对坠子施加细微的振动,从而导致了水晶坠子预示答案的假象。

因此,本案技术基本成立,但实际生活当中,肌肉的微小震动很难放大到案中那种夸张程度。

- 耦合节拍器

本案一开始有一段附加的物理实验,物理上称为"耦合节拍器"。汤川学根据惯性定律而进行的同步实验,就是在用绳子悬挂的木板上放置32个节拍器,并将这32个节拍器全部打乱,节拍器的振动相互影响,达到同步,也就是其周期性振荡同步,发生互相影响的现象,同时这一现象存在着极限环。因此,最终这32个节拍器的振荡频率将会一致。

节拍器的心脏部位就是它的物理摆,擒纵机构对物理摆的冲击做功刚好补充其阻尼损耗而使节拍器连续地振动起来。当众多节拍器平行并列地放置在一悬挂着的木板上时,任何一个节拍器擒纵机构对其摆锤的冲击同时产生对其他节拍器摆锤振动的同向弱耦合作用。同向弱耦合作用总是使得振动相位较先进者的相位减少,使得振动相位较落后者的相位增加。经历过多次这样的同向弱耦合作用,最终众多节拍器摆锤的摆动实现完全同步。所以,本实验技术逻辑上也没问题。

2.3 法律分析

【争议焦点】

本案中面包店老板的刑事责任如何?

1. 日本法视角下的分析

A. 关联法条

《日本刑法典》

第130条:无正当理由,侵入他人住宅、他人看守的建筑物或者其有围墙的附属地、他人看守的船舶或者航空器的,或者经要求退出但仍不从这些场所退出的,处三年以下有期徒刑、十万日元以下罚金或者拘留。

第132条:第一百三十条之罪的未遂犯,应当处罚。

第199条:杀人的,处死刑、无期或者五年以上有期徒刑。

第235条之二:侵夺他人不动产的,处十年以下有期徒刑。

第236条:以暴行或者胁迫方法强取他人的财物的,是强盗罪,处五年以上有期徒刑。

以前项方法,取得财产上的不法利益,或者使第三者取得的,与前项同。

第 239 条：使人陷入意识不明或者其他不能抵抗的状态，盗取其财物的，以强盗论。

第 240 条：强盗犯伤害他人的，处无期或者六年以上有期徒刑；其结果致人死亡的，处死刑或者无期徒刑。

B. 具体分析

本案中面包店老板将加奈婆婆杀死，以及掠夺了加奈婆婆家的金条等事实并无争议。但是，日本刑法典针对强盗案件中的杀人行为，既规定了强盗杀人罪又规定了强盗致死伤罪。因此，笔者认为，本案值得讨论的是面包店老板是构成强盗杀人罪还是强盗致死伤罪。

依据《日本刑法典》第 236 条，强盗罪是指以暴行或者胁迫方法强取他人的财物。作为强盗罪手段的暴力、胁迫必须达到能足以抑制被害人反抗的程度，并且暴力、胁迫行为与强取之间要具有因果关系，即暴力胁迫使被害人无法反抗，行为人在被害人无法反抗的情形下夺取财物（财产性利益）。关于强盗杀人罪，日本判例认为，出于强盗的犯意，在将被害人杀害之后再夺取财物，当然应该构成强盗杀人罪。[1] 而针对强盗致死伤罪，日本判例认为本罪中的死伤结果只要是在强盗这一机会之下所实施的暴力、胁迫行为所造成即可，不仅包括暴力的结果加重犯，还包括胁迫的结果加重犯。[2] 因此，笔者认为，强盗杀人罪和强盗致死伤罪的区别在于：死亡结果发生的原因不同，强盗杀人罪中被害人死亡是由于行为人直接的杀人行为，而强盗致死伤罪中被害人死亡是基于行为人的胁迫、暴力行为，属于结果加重犯。由此可见，两罪中行为人的暴力程度应有所区别，在强盗杀人罪中行为人的行为应具有致人死亡的危险性，而在强盗致死伤罪中行为人的暴力、胁迫行为在通常情况下不具有致死的危险。

具体至本案，笔者认为面包店老板的行为应构成强盗杀人罪。因为依据本案事实，面包店老板是先杀死了被害人，再在被害人家中强取金条，其存在直接的杀人行为。同时本案面包店老板实施强盗行为的场所是在被害人家中，因此面包店老板的行为还应认定为侵犯他人住宅实施强盗罪。

---

[1] 参见〔日〕西田典之：《日本刑法各论（第三版）》，刘明祥、王昭武译，中国人民大学出版社 2007 年版，第 134 页。

[2] 同上书，第 144 页。

综上,面包店老板此次实施强盗的行为共触犯了两个罪名,侵犯他人住宅实施强盗罪既侵犯了被害人的居住权,又侵犯了其财产权,强盗杀人罪也是既侵犯了被害人的生命权,又侵犯了其财产权。鉴于本案中面包店老板仅获得了一份财产利益,笔者认为针对本案应将面包店老板认定为强盗杀人罪,同时认定其构成非法侵入住宅罪,进行数罪并罚。

2. 中国法视角下的分析

A. 关联法条

《中华人民共和国刑法》

第232条:故意杀人的,处死刑、无期徒刑或者十年以上有期徒刑;情节较轻的,处三年以上十年以下有期徒刑。

第263条:以暴力、胁迫或者其他方法抢劫公私财物的,处三年以上十年以下有期徒刑,并处罚金;有下列情形之一的,处十年以上有期徒刑、无期徒刑或者死刑,并处罚金或者没收财产:

(一)入户抢劫的;

(二)在公共交通工具上抢劫的;

(三)抢劫银行或者其他金融机构的;

(四)多次抢劫或者抢劫数额巨大的;

(五)抢劫致人重伤、死亡的;

(六)冒充军警人员抢劫的;

(七)持枪抢劫的;

(八)抢劫军用物资或者抢险、救灾、救济物资的。

B. 具体分析

我国刑法虽然规定了抢劫罪,但并未单独规定抢劫杀人罪,而只是将致人重伤、死亡作为抢劫罪的结果加重犯。那么,"抢劫致人重伤、死亡"是否包括故意的抢劫杀人、抢劫伤人呢?这在我国刑法学界存在争议。有人认为,"致人死亡"只能是过失;有人认为,"致人死亡"只能是过失或间接故意;还有人认为,"致人死亡"包括过失与故意。但是,对于致人重伤包括故意,则几乎不存在争议。笔者在这里支持张明楷教授的观点,即这里的致人死亡也包括故意,因为:(1)《中华人民共和国刑法》第263条并没有明文将"致人死亡"限定为过失;认为只能是过失与间接故意的观点,不符合犯罪构成原理。既然过失致人死亡的,属于抢劫致人死亡;故意致人死亡的,当然也属于抢劫致人死亡。(2)当场杀死他人取得财物的行为虽然同时触犯了故意杀人罪,属于想象竞合,但按抢劫致人死亡的法定刑处罚(抢劫罪的主刑与故意杀人罪相同,但附加刑高于故意杀人罪),完全可以做到罪刑相适应,不会轻纵抢劫犯。(3)将当场杀害他人取得财物的行为适用抢劫致人死亡的法定刑,可以避免适用刑法的混乱;将当场杀害他人取得财物的行为适用抢劫罪的法定刑,与将故意致人重伤后当场取走财物的认定为抢劫罪,也是协调一致的。《最高人民法院关于抢劫过程中故意杀人案件如何定罪问题的批复》亦指出,行为人为劫取财物而预谋故意杀人,或者在劫取财物过程中,为制服被害人反抗而故意杀人的,以抢劫罪定罪处罚。因此,由于其他原因故意实施杀人行为致人死亡,然后产生非法占有财物的意图,进而取得财物的,应认定为故意杀人罪与侵占罪。以非法占有为目的,当场使用暴力杀害被害人再夺取财物的,应认定为抢劫致人死亡罪(此时为抢劫致人死亡罪与故意杀人罪的想象竞合)。

具体至本案,笔者认为,在中国法视角下面包店老板的行为应认定为抢劫罪(抢劫致人死亡)。因为依据本案事实,面包店老板在杀死加奈婆婆时已经具有抢劫的目的,其杀人行为是为了后续的抢劫行为而做的准备。同样,我国刑法亦将入户抢劫作为抢劫罪的加重情节。因此,笔者认为本案在确定面包店老板的刑事责任时,应在抢劫罪(抢劫致人死亡)的基础上再以入户抢劫作为加重情节,加重处罚。

3 "听心"

3.1 剧情介绍

在一葬礼上,与死者白井曾有婚外情关系的早见社长环顾四周,好像听到了死者的声音。突然,他放声叫喊,进而投入海中。岸谷疑惑,一个每周会去游泳熟悉水性的人为什么会选择投海自杀,又为什么会溺水而亡?法医认为是被逼到绝境才会突然跳下海,岸谷也回忆起,公司员工作证早见社长一直被某种声音骚扰,可能是产生了幻听的症状。

公司内，社员加山先生也如之前的社长一样，在工作之中突然捂住头大喊，好像在和死者对话，前去调查的岸谷想要制止却被加山伤到。

汤川学之前打电话给岸谷询问该用什么食物来解释分子对运动黏滞系数时，恰巧也听到了全过程，于是来医院看望岸谷，正要告辞，岸谷提出"这是白井的诅咒"，但没有引起汤川学的兴趣。

岸谷出院后到汤川学的实验室分析诅咒的合理性：白井与早见社长三年的婚外情被早见单方面提出分手，加山在被审问时说第一次听见白井的声音是在社长自杀后第二天，她说"下一个就轮到你了，我要杀了你"。这声音即使戴上耳塞也能听见，而且一天比一天严重。汤川学对这种只有某个特定人物能听到某种特定声音的现象感兴趣，作为一个物理学家，不管是多么异常的现象，他都无法接受"诅咒"这种不科学的解释，于是决定加入调查。

公司内部员工因为社长的死亡和加山的疯狂而对未来担忧，害怕自己是白井下一个诅咒对象，正说着要辞职，之前不被白井待见的协板也听到了声音。下一个会不会是协板？是死去社员的诅咒，还是有人故意为之？

岸谷和汤川学来到公司问话，员工提出各种不吉利的征兆，汤川学认为这些没什么价值，只能说明他们很害怕。协板说在加山引起骚乱第二天，自己开始在上班时耳鸣，好像虫子在脑袋里飞来飞去。汤川学觉得现在还不能断定耳鸣与案件的关联性，需要进一步调查。之前关心过协板的系统工程师小中保证一定会没事的。

汤川学和岸谷在无音室做实验，站在特定位置的岸谷听到了莫扎特的音乐，可向右移动半步就听不到了。原来是超指向性扬声器（高超声音响系统）搞的鬼，这个机器可以让人群中的某一个人听到声音，但无法解释本案中加山为什么捂上耳朵还能听见声音的问题。也就是说，社长和加山听到的不是这种超指向性扬声器发出的。于是，岸谷认为这是单纯的幻听，开始罗列幻听的理由，汤川学被其中的强电磁场启发了，产生第二个假设，但仍需要验证。

协板根据汤川学的说明把贴纸贴在耳朵附近，这样如果出现耳鸣，警方便能通过发信器也听见那个声音。上班时间，果不其然怪声再次出现，伪装的搜查人员通过扩音器放大了声响，找到了员工中唯一一个没有反应的人——小中，他想逃走却被警方围堵，束手无策的他假装交出装置实际却是准备销毁，但计划没有得逞，装置被协板接住，送去给汤川学研究。

汤川学得出结论，怪声是弗雷效应引起，如果把电磁波变成与声音混合的脉冲波形发射，那么在与头部的相互作用下，只有被照射的人才能听到声音，且能直接在人脑中使声音回响，而不用经过鼓膜，也就是即使塞住耳朵依旧能听到声音。小中就是使用这个方法让社长和加山听到女人的诅咒声，而对于协板，则是播放低频声波催眠，进行潜意识刺激，希望对方爱上自己。

小中说社长是个人渣，抛弃了婚外情对象白井，还想对协板出手；对加山出手则是因为对方获得了协板的关心，自己内心嫉妒；至于使用效果不确定的潜意识刺激则是因为自己不善于表达，想通过这种旁门左道的方法赢得协板欢心。

3.2　技术分析

- **超指向性扬声器**

利用超指向性扬声器进行声音的传输，可以通过捂住耳朵这一方式隔绝声音。（本章第 9 案 "扰乱"案就是利用此设备作案）。

超指向性扬声器是采用先进的数字信号处理技术，将声信号加载到超声波上发射出去，当两列具有不同频率的超声波在空气中同向传播时，由于非线性作用，两列超声波会发生交互作用和自解调，进而产生它们的和频率信号和差频率信号。超声传感器发出的 f_1、f_2 两个频率相差不大的超声信号，会新出现差频信号 f_1-f_2 与和频信号 f_1+f_2。由于高频信号被介质吸收强烈，在一定距离外，只剩下低频的差频信号 f_1-f_2。[1] 若差频声波在可听声域，即产生可听声。由于超声波传播的高指向性，使得可听声波也具有较高的指向性。[2]

---

[1]　参见《可以定向传声的扬声器——超指向性扬声器》，https://jz.docin.com/p-1869421716.html，2024 年 3 月 21 日访问。

[2]　参见《中科院声学所发布新一代超指向性扬声器》，https://www.csmpte.com/2014/12/21/ARTI1419131638696822.shtml，2024 年 3 月 21 日访问。

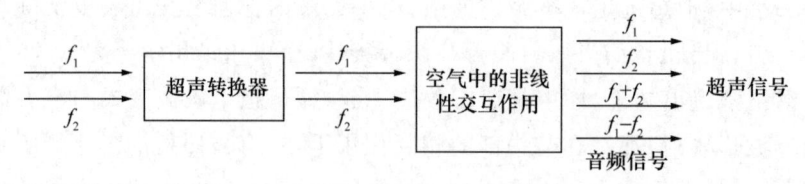

图 10　超指向性扬声器原理图

- **弗雷效应**

本案中,小中就是利用该原理制造装置进行声音的传输。

弗雷效应又称微波听觉效应,是指由脉冲或调变微波作用于人脑时,会产生出可听(或经过调变处理的完整字词)的现象。由于是直接在人脑中生成,因此不需要任何电子接收装置。

该效应与微波脉冲引起颅盖的机械位移有关。机械位移产生声波,声波由骨组织传导,由耳蜗毛细胞感知产生微音电位,导致听神经复合电位传入听觉中枢而引起声感。

有学者对微波脉冲转换为声波的途径作了详细的理论分析,提出可能的转换途径是:(1)热膨胀压引起的热弹性波;(2)电致伸缩压引起的弹性波;(3)表面辐射压引起的弹性波;(4)电场应力。

当用微波脉冲照射头部时,各部分之间将产生相对位移,从而引起弹性波,颅骨比皮肤和脑组织有更好的弹性波产生和传播效果,因而产生声波信号的主要场所在颅骨。微波会在颅骨处转换为可闻的声音信号并向内传递至耳蜗,耳蜗再将声音信号转换为电信号传递至声觉中枢,从而使人听到声音,而且对准某人后只有特定对象才可以听到指定声音,其他人无法听到。

人耳听到的外界声音是外界空气的振动通过耳膜将声音的信息传给听觉神经,加上大脑的加工处理,就形成我们说的听觉。而我们自己讲话自己听到的声音是由颅骨把声带的振动直接从内部传给听觉神经的,加上大脑的加工处理后形成的另一种听觉,称为骨传导。骨传导是声波传导到内耳的一种方式:声波直接经颅骨途径使外淋巴发生相应波动,并激动耳蜗的螺旋器产生听觉。具体途径如下:通过腔体振动,声波经由颅骨绕过外耳道和鼓膜直接传递给听小骨,然后听小骨再把声波导入骨迷路,使声音信息传递给耳蜗和听神经等。具体如图 11 所示。

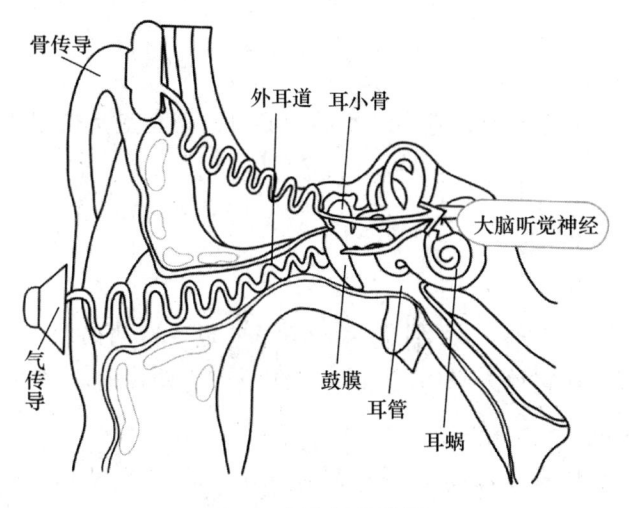

图 11　骨传导结构图

骨传导有移动式和挤压式两种方式，二者协同可刺激螺旋器引起听觉，其具体传导途径为："声波——颅骨——骨迷路——内耳淋巴液——螺旋器——听神经——大脑皮层听觉中枢。"[①]

表 1　超指向性扬声器和弗雷效应的比较

原理/装置	区别
超指向性扬声器	声音是以波的形式通过空气传送到鼓膜的
弗雷效应	声音不是传送到鼓膜，而是通过颅骨能直接进入头脑里面

综上分析，本案技术上的逻辑基本成立，没有明显不符合物理原理的情况。

---

① 《骨传导耳机的概念及工作原理》，https://zhuanlan.zhihu.com/p/339669206，2024 年 12 月 1 日访问。

3.3 法律分析

【争议焦点】

本案中小中对早见的"死"和加山的"疯"是否应负刑事责任？

1. 日本法视角下的分析

A. 关联法条

《日本刑法典》

第199条：杀人的，处死刑、无期或者五年以上有期徒刑。

第204条：伤害他人身体的，处十五年以下有期徒刑或者五十万日元以下罚金。

第205条：伤害他人身体，其结果致人死亡的，处三年以上有期徒刑。

B. 具体分析

本案中，早见在小中制造的机器的影响下投海自杀，能否就认定小中构成故意杀人罪呢？笔者认为这是一个值得讨论的问题，且该问题的核心焦点在于，小中制造机器在早见耳中循环播放诅咒声音的行为是否属于故意杀人罪的实行行为？

如"幻惑"案所述，实行行为是与既遂结果发生的具体性危险即未遂结果之间具有相当因果关系的行为。① 而相当因果关系是指行为与结果之间的关系必须在经验法则上具有相当性。具体至本案，笔者认为，小中的行为不属于故意杀人罪中的实行行为。因为小中在早见耳中循环播放诅咒声音的行为确实会使早见精神遭受损害，但该行为在物理上并不具有致命危险，因为该行为导致早见死亡的后果并不符合通常的经验法则，更何况本案中的早见还熟悉水性。本案中早见的死亡是介入了其自身的自杀行为，该行为并非小中前行为所通常造成的后果，该介入因素中断了小中播放声音的行为与早见死亡结果之间的联系。因此，本案早见的死亡结果和小中的行为之间并不具有相当因果关系，小中播放声音的行为不属于故意杀人罪的

---

① 参见〔日〕西田典之：《日本刑法总论（第2版）》，王昭武、刘明祥译，法律出版社2013年版，第67—68页。

实行行为。

另外需要探讨的问题是，小中在加山耳中播放诅咒的声音，最终导致加山"疯"了，其需要对加山的"疯"负刑事责任吗？笔者认为对这一问题的回答需要首先界定伤害的内涵。

关于伤害的含义，日本存在两种不同的解释：一种观点认为，伤害是使身体的生理机能出现障碍或者使健康状态发生不良的变更；另一种观点认为，伤害是比这更广泛的对身体完整性的侵害。而日本判例对伤害的解释为使人的生活机能发生障碍，如判例认为将妇女的头发剃光属于伤害。伤害不只限于创伤、擦伤、碰撞伤等外伤，还包括疲劳倦怠、胸部疼痛、腰部压痛、头晕、呕吐、失神、中毒、感染疾病、外伤后功能障碍等。[①]

由此可见，小中在早见和加山耳中不断循环播放诅咒声音，造成二人精神受到巨大创伤，无法正常生活，属于一种伤害。因此，应认定小中对早见和加山二人构成故意伤害罪。但需要注意的是，小中对早见的死并不构成故意伤害致死罪，因为故意伤害致死罪亦要求加重结果和伤害行为之间具有相当的因果关系，而本案中早见的死介入了其个人的自杀行为。

2. 中国法视角下的分析

A. 关联法条

《中华人民共和国刑法》

第232条：故意杀人的，处死刑、无期徒刑或者十年以上有期徒刑；情节较轻的，处三年以上十年以下有期徒刑。

第234条：故意伤害他人身体的，处三年以下有期徒刑、拘役或者管制。

犯前款罪，致人重伤的，处三年以上十年以下有期徒刑；致人死亡或者以特别残忍手段致人重伤造成严重残疾的，处十年以上有期徒刑、无期徒刑或者死刑。本法另有规定的，依照规定。

B. 具体分析

如"幻惑"案所述，依据我国刑法理论的主流学说，实行行为是指符合刑法分则所规定的构成要件的行为，如故意杀人罪的实行行为就是"杀人"。

---

① 参见〔日〕西田典之：《日本刑法各论(第三版)》，刘明祥、王昭武译，中国人民大学出版社2007年版，第38页。

然而,将实行行为解释为符合刑法分则所规定的构成要件的行为,仅从形式上回答了什么是实行行为,因此张明楷教授提出从实质角度认定实行行为,即实行行为是侵犯法益的行为。在结果犯场合,按照各犯罪类型所规定的,具有导致结果发生的危险性的行为是实行行为。例如,作为杀人罪的实行行为的"杀人行为",必须是类型性地导致他人死亡的行为,完全没有致人死亡的危险性的行为,不能叫"杀人行为"。实行行为的认定不仅是形式上符合构成要件的行为,而是具有侵害法益的紧迫危险的行为。至于某种行为是否具有侵害法益的紧迫危险,应以行为时存在的所有客观事实为基础,并对客观事实进行一定程度的抽象,同时站在行为时的立场,原则上按照客观的因果法则进行判断。①

具体至本案,笔者认为,小中在早见耳中不断播放诅咒声音的行为不属于故意杀人罪的实行行为。因为如上所述,小中在早见耳中不断播放诅咒声音事实上对人体并没有物理的致命伤害,其不属于类型性的导致他人死亡的行为(如开枪杀人、持刀杀人),故该行为对早见的生命权不具有具体的紧迫的危险。恰恰相反,本案中是早见自身的自杀行为使自己的生命处于紧迫的危险之中,且该自杀行为并非小中播放声音行为的正常演化。

但不可否认,小中对早见和加山耳中不断播放诅咒声音,的确给他们带来了精神痛苦。而依据我国刑法学界通说,故意伤害罪中的伤害一般是指非法损害他人身体健康的行为。伤害的判断要求对人体的生理机能造成破坏。伤害行为的结果是多种多样的,如内伤、外伤、肉体伤害、精神伤害等。使他人中毒、感染疾病,或者使疾病状态恶化的,都属于伤害结果。② 因此,可以认定小中的行为属于故意伤害行为,其应构成故意伤害罪。

同时,在中国法视角下,亦不能认定小中对早见构成故意伤害致死。因为故意伤害致死的成立,首先要求伤害行为与死亡结果之间具有直接性因果关系。也就是说,要么是伤害行为直接造成死亡结果;要么是伤害行为造成了伤害结果,进而由伤害结果引起死亡。这两种情形都必须是伤害行为所包含的致人死亡危险的直接现实化。因此,行为人实施伤害行为后,被害

---

① 参见张明楷:《刑法学(第六版)》(上),法律出版社2021年版,第188页。
② 参见张明楷:《刑法学(第六版)》(下),法律出版社2021年版,第1117—1121页。

人介入作用较大的异常行为导致死亡的,不能认定为故意伤害致死。[1] 本案中早见的自杀行为就属于异常的介入行为,且该行为对死亡结果具有直接的较大的作用,因此小中对其耳中播放诅咒的声音导致早见自杀并不属于故意伤害致死。

综上所述,无论在中国法视角下还是在日本法视角下,均不能将早见的死亡结果归责于小中,小中的行为仅构成故意伤害罪。

4 "曲球"

4.1 剧情介绍

本案中,著名棒球选手柳泽因为状态下滑被球队解雇,而他的妻子妙子也因家中失火导致一氧化碳中毒而横死。妙子是被传说中的外遇对象嫉妒杀害,还是丈夫怀恨密谋杀害?一场令人唏嘘不已的误会就在汤川学的解谜下向我们娓娓道来。

一开始便是汤川学在用电脑分析柳泽的掷球:直球的旋转速度为每秒34.2转(rps),旋转轴与水平面成21.4度角;滑球的旋转速度为每秒41.6转,旋转轴几乎垂直,与水平面成35.2度角。柳泽每个球投出的旋转轴差距很大,这是一种不稳定的表现。

画面一转来到死者,死者名为柳泽妙子,居住在大野娘家,双亲去年已经全都过世,这座房子即将被拆,土地也准备卖掉。她的死因并非烧死,而是火灾常见的一氧化碳中毒。

该案的导火索是储藏室的暖炉起火,但暖炉起火的前提是要按下点火开关。问题在于,暖炉在储藏室,这就意味着按下暖炉点火开关需要从正门经过主卧室正在熟睡的妙子。凶手为何要如此画蛇添足?这让警方百思不得其解。

其实就在去年,柳泽接到了球队的阵容除名通知,但他还是想继续棒球事业。此时,妻子妙子却打击了他,说他是个胆小鬼,只是害怕在日常生活

---

[1] 参见张明楷:《刑法学(第六版)》(下),法律出版社2021年版,第1120页。

中除了打棒球外什么都不会。这句话深深激怒了柳泽。同时,他发现妻子经常在他训练时浓妆出门,便怀疑起妻子出轨。两人爆发了争吵,妙子一气之下就回到了娘家。

这一年间,物理教授汤川学在用动作捕捉技术制作模型,企图用高科技分析帮助柳泽恢复他的棒球水平,柳泽一边练习,一边等待着新的球队签约。考虑到雇佣陪练和租借场地的费用,今年是柳泽最后的机会了。

刑警岸谷美砂在得到汤川学的帮助后,查明了案件的真相——其实这是场意外事故。真相是一辆装有违规无线电的车辆停在距离妙子家最近的红绿灯时,同时使用了无线电,违规电波可能干扰到暖炉的电路系统,从而把火点着,导致熟睡中的妙子死于一氧化碳中毒。

事件水落石出以后,柳泽棒球水平也逐渐恢复,但精神上仍然存在问题。在柳泽眼里,结婚时候正是自己最意气风发的时候,是他第一次获胜次数达到两位数,当时年薪也超过了2亿日元,在外人看来,无异于妙子在大家的羡慕中嫁入了"豪门"。但是,体育竞技比赛中,没有一位选手可以一直活跃下去,总会有力不从心的那一天。在柳泽最需要妻子关心的时候,妻子却在外面和陌生男人胡乱逍遥快活,一想到这个就让他实在难以专心下来扔出完美的滑球。此外,妙子车上遗留下来的神秘礼物钟并没有被收下,柳泽认为是妻子主动勾引别人还被敷衍拒绝,那已经不是气愤,而是羞愧了。聊天时汤川学注意到了车上被腐蚀的刮痕,很感兴趣,为了证明用高科技可以帮助柳泽,汤川学决定帮助柳泽解决这桩心事,查清他的妻子外遇的真相。

汤川学拜托美砂去排查从三周前到发生火灾的那天之间,东京都内或近郊有没有发生过泄漏强酸性药剂的事故或者案件。美砂调查后发现一起,一家酒店的地下车库中,一位维修工使用梯凳过程中碰到了自动淋水灭火器的操纵杆,导致了灭火剂的喷射。然后在排查车辆的过程中,查到了柳泽夫人妙子的车。汤川学和美砂继续顺藤摸瓜,找到了酒店的服务员,服务员说见过柳泽夫人和其他男人吃饭,还说这个男人的口音更像是中国人。此外,吃饭过程中,柳泽夫人想要送给男士一份礼物——钟,被谢绝后才又点了一份蛋糕。汤川学拜托美砂继续调查,最终查到了这名来自中国台湾的杨先生。

案子最后，汤川学邀请柳泽到杨先生开的台湾风味饭馆一同吃饭。也了解到了钟没送出去的原因。在中国台湾，送钟是一件很忌讳的事情，因为和汉语"送终"谐音。这时，杨先生出来解释了事情的来龙去脉：杨先生最小的弟弟是活跃在中国台湾棒球联盟的选手，而柳泽夫人也并非在搞外遇，而是向杨先生请教台湾职业棒球的大致情况。比如，要是日本人想去中国台湾地区比赛，需要通过什么人介绍，以及在台湾生活的准备。其实，妙子一直默默地支持着柳泽，支持着他的棒球梦。

一个月后，柳泽终于等来了新的俱乐部的邀约。那是一个风和日丽的早晨，柳泽带着妻子妙子的信念，用尽全力掷出了一记完美的曲球，引来了众人潮水般的掌声。

4.2 技术分析

• 谐振电路

当非法的无线电波发射车从几十米外发射电磁波时，电路中产生了谐振现象，电流过大而引起了电火花，从而点燃周旁的易燃物引起失火。

总的来讲，电路中的电感和电容都是储能元件，电容存储的电场能量和电感存储的磁场能量释放出来，将在电路中消耗，如果电路中同时存在参数合适的电容与电感，电容释放出来的能量就能给电感充能，电感冲完后反过来释放能量给电容充能，这样反复，就形成了谐振。如果没有其他能量的输入，能量会逐步消耗在电路的内阻上，会逐渐变小，趋向于零，就是无电抗的状态，处于共振状态，叫作 RLC 谐振电路。

关于 RLC 谐振电路，在具有电阻 R、电感 L 和电容 C 元件的交流电路中，电路两端的电压与其中电流相位一般是不同的。如果调节电路元件（L 或 C）的参数或电源频率可以使它们相位相同，整个电路呈现为纯电阻性。电路达到这种状态称为谐振。在谐振状态下，电路的总阻抗达到极值或近似达到极值。

按电路联接的不同，有串联谐振和并联谐振两种，其动力学方程式是 $F=-kx$。谐振的现象是电流增大和电压减小，越接近谐振中心，电流表电压表功率表转动变化快，但和短路的区别是不会出现零序量。

谐振电路在无线电技术、广播电视技术中有着广泛的应用。各种无线电装置、设备、测量仪器等都不可缺少谐振电路。这种电路的显著特点就是它具有选频能力，可以将有用的频率成分保留下来，而将无用的频率成分滤除。比如收音机的天线会同时接收多个电台发射的不同载波的广播节目，而听众收听时，必须在这众多广播节目中选出自己所要接收的那一套广播节目，这就是选频（选台）。改变谐振电路的谐振频率，使其谐振在所需要接收台的载频上，选择出所接收台的广播信号，而滤除掉除此之外的其他台及外来的无用信号，这就完成了选台。电视机的选台也是如此。

- 动作捕捉系统

本案中汤川学企图用动作捕捉技术还原柳泽的棒垒球动作，从而帮助他分析和进步。动作捕捉（Motion Capture，简称 Mocap）技术涉及尺寸测量、物理空间里物体的定位及方位测定等方面，可以由计算机直接处理数据。在运动物体的关键部位设置跟踪器，由动作捕捉系统捕捉跟踪器位置，再经过计算机处理后得到三维空间坐标的数据。当数据被计算机识别后，可以应用在动画制作、步态分析、生物力学、人机工程等领域。从技术的角度来说，运动捕捉的实质就是要测量、跟踪、记录物体在三维空间中的运动轨迹。典型的运动捕捉设备一般由以下几个部分组成：

（1）传感器。所谓传感器，就是指固定在运动物体特定部位的跟踪装置，它将向动作捕捉系统提供运动物体运动的位置信息，一般会随着捕捉的细致程度确定跟踪器的数目。

（2）信号捕捉设备。这种设备会因动作捕捉系统的类型不同而有所区别，其负责位置信号的捕捉。对于机械系统来说，动作捕捉系统是一块捕捉电信号的线路板；而对于光学来说，数字捕捉系统则是高分辨率红外摄像机。

（3）数据传输设备。动作捕捉系统，特别是需要实时效果的动作捕捉系统，需要将大量的运动数据从信号捕捉设备快速准确地传输到计算机系统进行处理，而数据传输设备就是用来完成此项工作的。

（4）数据处理设备。经过动作捕捉系统捕捉到的数据需要进行修正、处理，然后通过三维模型相结合，才能完成计算机动画制作的工作。这就需要我们应用数据处理软件或硬件来完成此项工作。软件也好硬件也罢，它们都是借助计算机对数据高速的运算能力来完成数据的处理，使三维模型真正、自然地运动起来。

- 铁腐蚀的原理

本案中，汤川学和美砂通过车的腐蚀，从而顺藤摸瓜找到了与柳泽夫人见面的男子，其中运用了一些化学的知识。

水成膜泡沫灭火剂以碳氢表面活性剂与氟碳表面活性剂为基料，并能够在某些烃类液体表面形成一层水膜的泡沫灭火剂。它适用于扑灭非水溶性液体燃料引起的火灾。

镁及其合金电极电位远低于氢电位，因此在泡沫液中往往发生析氢腐蚀。此外，若泡沫灭火剂中含有阳离子氧化剂，则金属阳离子与典型金属材质接触时，将参与阴极反应，在阴极表面析出，同时穿透性强的卤素离子会破坏钝化膜，加剧金属材质腐蚀，尤其加剧金属点腐蚀。

本案中妙子车门框旁边的刮痕没有外层的保护后，就被腐蚀生成铁锈。

- 伯努利定理

本案中有较大部分涉及汤川学对柳泽投球方式的分析，其中涉及了流体力学的伯努利定理。一般我们常见的弹指曲球是标准曲球，将食指或者中指弯曲，然后紧握球投出时旋转，这会让球产生好的位移。

其中原理就是，当球在空中飞行时，若不仅使它向前，而且使它不断旋转，那么由于空气具有一定的黏滞性，因此当球转动时，空气就与球面发生摩擦，旋转着的球就带动周围的空气层一起转动。若球是沿水平方向向左运动，同时绕平行地面的轴做顺时针方向转动，则空气流相对于球来说除了向右流动外，还被球旋转带动的四周空气环流层随之在顺时针方向转动。这样在球的上方，空气速度除了向右的平动外还有转动，两者方向一致；而在球的下方，平动速度（向右）与转动速度（向左）方向相反，因此其合速度小于球上方空气的合速度，如图12所示。

根据流体力学的伯努利定理，在速度较大一侧的压强比速度较小一侧的压强为小，所以球上方的压强小于球下方的压强。球所受空气压力的合力上下不等，总合力向上，若球旋转得相当快，使得空气对球的向上合力比球的重量还大，则球在前进过程中就受到一个竖直向上的合力，这样球在水平向左的运动过程中，将一面向前、一面向上地做曲线运动，球就向上转弯了，如图13所示。

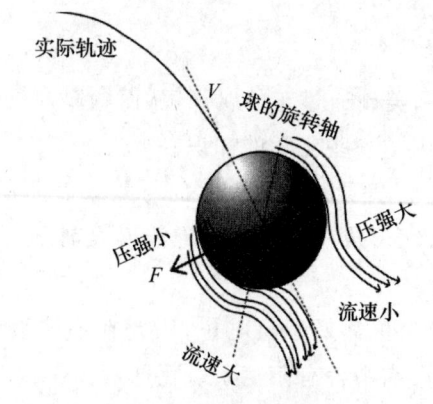

图 12　球受力分析

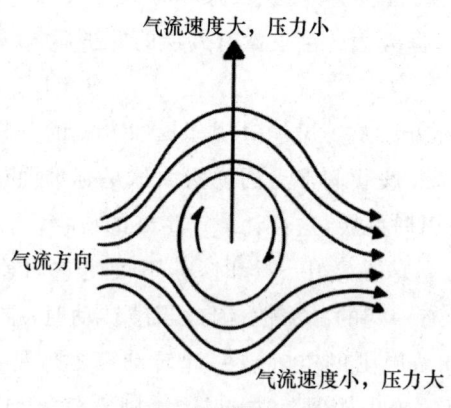

图 13　气流和力关系

要使球能左右转弯，只要使球绕垂直轴旋转就行了。关键是运动员触球一刹那的脚法，即不但要使球向前，而且要使球急速旋转起来，旋转方向不同，球的转向就不同。其实，何止是棒球有曲球，乒乓球、足球、网球等都有利用旋转技术创造出各种飘忽不定、神秘莫测的怪球，如乒乓球中的弧圈球、排球中的飘球等都是根据这个原理创造出来的。香蕉球的原理是空气动力学，即球面与空气的相对速度越大，球面受力就越大，球的弧度就越大。假设从球的正上方向下看（视线与地面垂直），同时球的运动轨迹的瞬时方向与视线垂直向上，则球是逆时针旋转。球的右侧与空气的相对摩擦速度比左侧大，这时球的运动方向就会向左偏移。相对摩擦速度越大，球的偏移量就越大，即弧度越大,这就是曲球的原理,也是飞机能够起飞的物理依据。

综上分析,本案技术上的逻辑基本成立,没有明显不符合物理原理的情况。

4.3 法律分析

【争议焦点】

本案中违规使用无线电车辆的主人需要对妙子的死负责吗?

1. 日本法视角下的分析

A. 关联法条

《日本刑法典》

第38条:没有犯罪故意的行为,不处罚,但法律有特别规定的,不在此限。

实施了本应属于重罪的行为,但行为时不知属于重罪的事实的不得以重罪处断。

即使不知法律,也不能据此认为没有犯罪的故意,但可以根据情节减轻刑罚。

第199条:杀人的,处死刑、无期或者五年以上有期徒刑。

第210条:过失致人死亡的,处五十万日元以下罚金。

B. 具体分析

本案中妙子的死亡真相是装有违规无线电的车辆停在距离其家最近的红绿灯时,使用无线电干扰了暖炉的电路系统,从而把火点着,导致熟睡中的妙子一氧化碳中毒身亡。那么,是否就能认定装有违规无线电的车主应对妙子的死亡负责呢?笔者认为这一问题值得讨论,而回答此问题的关键是判断车主对妙子的死亡主观上是否存在故意或者过失。

日本刑法学界通说认为故意、过失属于责任构成要件的基本要素,《日本刑法典》第38条亦对此作出了规定,即只有在具备故意或者过失的时候,才认定存在责任。依据该条第1款,故意是指实施犯罪的意思,因此成立故意需要先对犯罪事实有所认识。那么,何为犯罪事实呢?首先,客观的违法构成要件该当事实属于故意的认识对象。例如,要认定存在杀人罪的故意,就必须对自己意欲扣动手枪扳机、对方是人这种现在的事实存在认识,同时还必须对自己的行为会造成对方死亡这一将来的事实存在预见。其次，成立故意也要求认识到客观的责任构成要件该当事实。最后，不存在违法性阻却事由也是故意的认识对象。①《日本刑法典》并未明文直接规定过失的内涵，依据其第 38 条第 2 款，仅在法律有特别规定的情形下，才处罚过失犯罪。依据日本最高裁判所的裁判观点，过失是指违反了对于危害结果发生的预见义务，以及根据此预见采取相应措施以避免结果发生的避免义务。② 而违反对于危害结果发生的预见义务前提必须存在预见可能性，违反对于危害结果发生的避免义务前提必须存在避免可能性。

具体至本案，笔者认为违规使用无线电的车主无须对妙子的死亡负责，因为：（1）违规使用无线电的车主对妙子的死亡并无故意。因为车主仅认识到自己违规在车辆上安装了无线电这一事实，但是并不能认识到自己使用无线电会点燃妙子家的暖炉，同时也不能认识到妙子会因暖炉点燃而死于一氧化碳中毒这一危害结果，甚至车主都无法认识到被害人会是妙子。（2）违规使用无线电的车主对妙子的死亡并无过失。如上所述，过失的成立要求行为人对危害结果的发生存在预见可能性和避免可能性。本案中车主违规使用无线电，其对该无线电使用可能干扰其他无线电设备运行这一危害结果应具有预见可能性，但是对于其行为会引燃家庭中的暖炉，并使熟睡的人因一氧化碳中毒身亡这一危害结果是没有预见可能性的，因为这一危害结果已经超出正常人的预见范围。

既然车主对妙子的死亡结果既无故意又无过失，就不能将妙子的死亡结果归责于车主。至于本案中车主违规使用无线电的行为，应单独评价其违法性。

2. 中国法视角下的分析

A. 关联法条

《中华人民共和国刑法》

第 14 条：明知自己的行为会发生危害社会的结果，并且希望或者放任这种结果发生，因而构成犯罪的，是故意犯罪。

---

① 参见〔日〕西田典之：《日本刑法总论（第 2 版）》，王昭武、刘明祥译，法律出版社 2013 年版，第 183 页。

② 最决昭和 42·5·25 刑集 21 卷 4 号 584 页（弥彦神社案）。

故意犯罪,应当负刑事责任。

第 15 条:应当预见自己的行为可能发生危害社会的结果,因为疏忽大意而没有预见,或者已经预见而轻信能够避免,以致发生这种结果的,是过失犯罪。

过失犯罪,法律有规定的才负刑事责任。

第 16 条:行为在客观上虽然造成了损害结果,但是不是出于故意或者过失,而是由于不能抗拒或者不能预见的原因所引起的,不是犯罪。

第 288 条:违反国家规定,擅自设置、使用无线电台(站),或者擅自使用无线电频率,干扰无线电通讯秩序,情节严重的,处三年以下有期徒刑、拘役或者管制,并处或者单处罚金;情节特别严重的,处三年以上七年以下有期徒刑,并处罚金。

单位犯前款罪的,对单位判处罚金,并对其直接负责的主管人员和其他直接责任人员,依照前款的规定处罚。

B. 具体分析

不同于日本刑法典,我国刑法明文规定了故意和过失的内涵和种类,同时还规定了意外事件和不可抗力(第 16 条)。依据《中华人民共和国刑法》第 14、15 条之规定,故意犯罪中的故意分为直接故意和间接故意,过失犯罪中的过失分为疏忽大意的过失和过于自信的过失。其中,直接故意是指行为人明知自己的行为会发生危害社会的结果而希望这种结果发生,间接故意是指行为人明知自己的行为可能会发生危害社会的结果而放任这种结果发生;过于自信的过失是指行为人已经预见危害结果可能发生但轻信能够避免,疏忽大意的过失是指行为人本应当预见行为所造成的危害社会的后果,但由于疏忽大意没有预见。区分故意和过失的判断要素包括认识因素和意志因素。从认识因素来看,在直接故意的情况下,行为人能认识到危害结果发生的可能性或者必然性,而在间接故意的情况下,行为人仅能认识到危害结果发生的可能性;在过于自信的过失的情况下,行为人已经预见到危害结果发生的可能性,而在疏忽大意的过失的情况下,行为人事实上没有预见危害结果发生的可能性。从意志因素来看,在直接故意的情况下,行为人希望结果发生或在明知道结果必然发生的情况下放任结果发生,而在间接故意的情况下,行为人对危害结果的发生持放任态度,即听之任之、满不在乎,容忍、同意危害结果的发生;在过失的情况下,不管是疏忽大意的过失还是过于自信的过失,行为人均对危害结果的发生持反对态度,即主观上不希望危害结果的发生。[①]当行为在客观上虽然造成了损害结果,但是不是出于故意或者过失,而是由于不能预见的原因引起的,便是意外事件。意外事件和疏忽大意的过失的区别就在于意外事件的损害结果不具有预见可能性。当行为在客观上虽然造成了损害结果,但不是出于故意或过失,而是由于无法阻止结果发生引起的,便是不可抗力。不可抗力的重要特征在于没有损害结果的回避可能性。

具体至本案,笔者认为,在中国法视角下,妙子的死属于意外事件。因为:(1)如上所述,违规使用无线电的车主根本无法认识到妙子死亡的损害结果,故排除故意;(2)因使用无线电而点燃暖炉,从而造成妙子一氧化碳中毒身亡,这一事件发展流程已经超出了正常的预见范围,不具有预见可能性,故排除过失。因此,本案中妙子的死应认定为意外事件。而针对车主违规使用无线电的行为,我国刑法专门设置了扰乱无线电管理秩序罪。本案中若车主违规使用无线电的行为达到情节严重,应认定其构成扰乱无线电管理秩序罪。

综上,无论是在中国法视角下还是在日本法视角下,违规使用无线电的车主均不应对妙子的死承担刑事责任,仅需要单独评价其违规使用无线电的行为即可。

5 "念波"

5.1 剧情介绍

若莱和春莱是一对双胞胎姐妹,她们自幼便能心灵互通。春莱说,她和姐姐若莱几乎没有遇到过无法理解对方想法的情况。

一天夜里,身居长野和东京两地的春莱和若莱,同时在各自家中听到了一声异响,二人皆出门察看。但就在此时,一位男子潜入了若莱的家。他埋伏在若莱家中,趁若莱不注意,拿起锤头重重砸向了她的头。若莱头部受伤,大量出血后昏迷。

[①] 参见张明楷:《刑法学(第六版)》(上),法律出版社 2021 年版,第 331、337—345、367、382—388 页。

就在若莱生命垂危之时,身在长野的春莱也感受到了头部疼痛。突如其来的剧烈疼痛,让春莱开始担心是不是若莱受了伤。于是,她立即打电话给若莱询问情况,但另一边并没有人接听。春莱又立马打电话给若莱的丈夫知宏,让对方立马回家查看若莱的情况。知宏结束宣讲的工作回到家,发现若莱竟倒在了一片血泊之中,但好在仍有生命体征。

警察接手案件后,依据嫌疑人进入屋子的方式,判断此案为熟人作案。在与警方的谈话中,春莱将自己和姐姐若莱之间心灵互通的能力告知了警方,并说明自己在姐姐受害当天,也感受到头部有如受重物打击般的疼痛。春莱还说,姐姐被害时,自己的脑海中也闪过了凶手的面貌。为了帮助警方破案,春莱在纸上画下了凶手的肖像:长卷发,单眼皮,瓜子脸,留着络腮胡的男性。

出于对双胞胎间心灵感应现象的好奇,汤川学加入了此案的调查组,共同协助调查。为了验证心灵感应,汤川学要求若莱的丈夫知宏去搜寻他们夫妻二人所有认识的人的照片。汤川学把这些照片拿给春莱看,期望能重新唤起春莱脑海中对嫌疑人的记忆。然而,春莱对这些照片没有任何反应。

正当汤川学要宣布验证实验失败时,他注意到了知宏的异样——神情紧张,语气不自然,并且过分关注实验的进程,这实在不像是一个被害人丈夫应有的表现,反而更像犯罪嫌疑人。

正如汤川学所料,知宏确实有问题。作为被害人丈夫,他应当比谁都渴望警方能尽快侦破案件,但在言语上,他却表现出了抗拒的情绪。此外,汤川学和春莱在医院竟然意外撞上了知宏企图闷死妻子。知宏杀妻未遂,只能用苍白无力的解释掩盖自己的罪行。这一系列不合逻辑的行为,无不彰显着知宏的可疑。

为了能尽快破案,汤川学假装自己还想继续进行验证实验,并提出要借助高科技让春莱的记忆影像化,但其实他是想借此来激起知宏的不安感。知宏早已见识过多次两姐妹间的心灵感应,他十分害怕这样的心灵感应会影响到他的计划。更何况春莱所描绘的那个人,跟他雇来的杀手十分相似。为了杀妻骗保,并获取妻子的所有财产,知宏又一次联系凶手。他进一步加价,让杀手把春莱也杀了,一绝后顾之忧。

这天夜里,春莱独自走在马路上,忽然背后出现了一个人,他拿着锤头,想要伤害她。这个人正是当时伤害若莱的凶手！就在杀手想要杀害春莱的时刻，警方出现了。原来警方早已得到汤川学的消息，一直在暗中保护着春莱。警方将杀手团团围住，将两起恶性案件的真凶和幕后凶手成功抓捕归案。

原来，若莱早前在得知知宏婚内出轨后，便提出了离婚。但多年来，知宏的生意完全靠若莱店里的营业额来苦苦支撑，倘若离婚，他会失去自己稳定的经济来源，所以才萌生了杀妻骗保、夺取妻子财产的想法。

5.2 技术分析

本案的技术问题主要体现在以下三点：

- 双胞胎心灵感应

当两个人的意识相互联系而达到同步时，我们称之为心灵感应。心灵感应属于超感觉知觉[1]，是一种来自我们所认知的感官以外的感觉，不需要用五官（即视觉、听觉、触觉、嗅觉、味觉）感觉，也能够进行交流的一种能力。心灵感应是许多人体内潜在的一种本能，在紧急关头或是有需要的时候，我们可能会激发出这种潜能。

依照谢尔德雷克的观点[2]，心灵感应有两种主要形式：一种是以思想传播为代表的，经常发生在两个熟识的、距离较近的人身上，彼此间能感受到对方的存在，并且双方互相受到影响；另一种是一个人能够感觉到另一个在远处的人的呼喊、需要、意图或是悲伤。我们可以将剧中春莱和若莱之间的心灵感应理解为第一种形式。她们一起长大，拥有几乎完全一致的生活习惯和思考方式，对彼此的喜好了如指掌，自然也就能理解对方的想法。

双胞胎分为同卵和异卵两大类。同卵双胞胎是精子和卵子虽然相遇后，产生了一个受精卵，可是这个受精卵却一分为二，变成了两个，形成了两个正常发育的胚胎。由于这两个胚胎来自同一个受精卵，因此其接受的DNA、染色体等也都是相同的，结果就是同卵双胞胎的相似度就会非常高。与同卵双胞胎不同，异卵双胞胎是由不同的受精卵发育而成的，其相似程度与其他非双生的兄弟姐妹一样，因为他们最多只有50%的相同基因。现有经验表明，

---

[1] 参见李仁：《心灵感应存在吗？》，载《奇闻怪事》2007年第12期。
[2] 参见李嘉：《动物的心灵感应》，载《世界博览》2004年第2期。

所谓的"心灵感应",一般都发生在基因完全相同的同卵双胞胎之间。

双胞胎之间的"心灵感应"现象确实存在,但具有个例性,也不是所有双胞胎之间都会出现,目前无法从生物学、心理学、物理学上完全给予解释,所以才有了汤川学从电磁学的角度试图解释"心灵感应"。

- **脑电波**

1. 脑电波简述

脑电波属于电磁波,属于阈下信息,即人体肉眼不可见的信息。在大脑组成中,大脑皮层占据了大脑总量的 80%,阈下意识占据了 90% 的脑细胞。人脑工作时会产生相应的脑电波,脑电波可以综合地反映神经系统的理化活动,是分析神经活动、大脑状况的有力工具。大脑中主要有四个不同的脑电波,可用电子扫描仪把它们检测出来,不同的精神状态对应不同的脑电波:

(1) α 脑电波,频率为 8—3 Hz,属于人在放松的状态所产生的频率慢且恒定、波动大的电波。

(2) β 脑电波,频率为 14—100 Hz,属于人在警惕、思考状态产生的频率快但是波动小的电波。

(3) θ 脑电波,频率为 4—7 Hz。θ 脑电波的频率稍慢,此时人往往处于昏昏欲睡状态,介于全醒与全睡之间。

(4) δ 脑电波,频率为 0.5—4 Hz。睡眠时产生频率更慢的 δ 脑电波,表明一个人进入了不做梦的深睡眠状态。

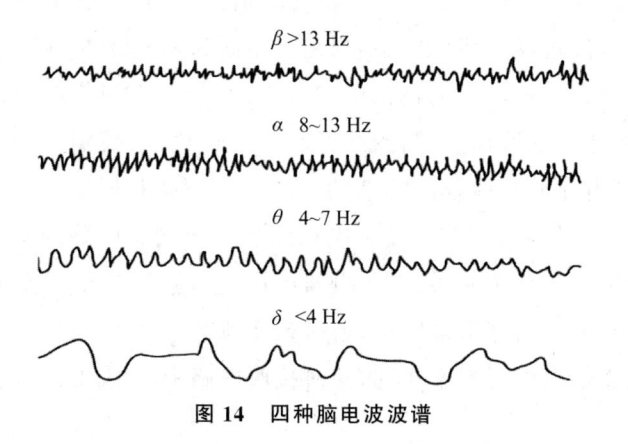

图 14 四种脑电波波谱

2. 脑电波传播距离远

脑电波在真空以光速传播,满足公式 $f\lambda=c$,λ 为波长;f 为频率;c 为光速,$c=3\times10^8$ m;脑电波是频率 0.2—200 Hz 的超低频波,可以通过换算,得出脑电波波长在 10⁶—10⁹ m 左右。既然超长波是波长为 10⁶—10⁷ m(频率为 30—300 Hz)的无线电波,那么脑电波应该属于超长波。超长波传播损耗小,绕射能力强,通信距离远,并能通过电离层绕过空间星体,对海水一般具有穿透一百米深度的能力,地下传播时吸收损耗也较小且不受核爆炸、太阳活动等外界的影响。由于脑电波的波长跟超长波的波长差不多,因此超长波具有的特性,脑电波也应该具有。这在一定程度上解释了为什么春莱和若莱姐妹二人,即使身处东京和长野两地,也能有心灵感应的现象发生,同时也进一步验证了人在遇到危及生命的危险情况时所产生的波应该是脑电波。

3. 脑电波发射功率低

脑电波的能量很微弱,只能以微瓦计。由于脑电波的能量很小,只需要很小的能量就能把脑电波发射出去,因此脑电波的发射功率是很低的。虽然我们大脑的生物电流很弱,但这已经足以将脑电波发射出去。

4. 脑电波选择性接收

心灵感应之所以一般出现在双胞胎以及有血缘关系的亲子之间,是因为脑电波就像人的指纹一样,其特征码都是唯一的。[①] 我们称这种唯一的脑电波为脑电波指纹,世界上找不到完全相同的脑电波指纹。

电磁波和脑电波均属于超长电波。因此,我们在研究脑电波在空间传播时,可以参考电磁波在空间传播的特点。电磁波会使遇见的导体产生感应电流,感应电流的频率跟激起它的电磁波的频率相同。利用放在电磁波传播空间中的导体,就可以接收到电磁波了。当接收电路的固有频率跟接收到的电磁波的频率相同时,接收电路中产生的振荡电流最强,这种现象叫作电谐振。在简单的调谐电路里,通过改变电容来调谐电路中的固有频率,使其与接收物的电磁波频率相同,这时接收电路中产生的振荡电流最强,接

[①] 参见夏立文:《基于脑电波信号的身份识别技术》,北京邮电大学 2011 年硕士学位论文。

收到的这个频率的电磁波会在调谐电路里激起较强的感应电流。[1] 通过感应电流的强弱,接受物可以准确接收到特定发出者的信号。以此类推,人也能排除其他人的脑电波,接收到特定对象发出的脑电波信号。

- 电磁学知识

核磁共振成像是一种磁场成像,在检查的过程中没有任何放射性,对人体没有危害,是一种非常安全的检查手段。本案中妹妹春菜做了多次核磁共振,但这不会对其身体产生危害。

核磁共振主要是由原子核的自旋运动引起的。原子核是带有正电荷的粒子,不能自旋的核没有磁矩,而能自旋的核带有循环的电流,会产生磁场,形成磁矩(μ),其计算公式为 $\mu = \gamma P$。式中的 P 是角动量矩,γ 则是磁旋比,是自旋核的磁矩和角动量矩之间的比值,当自旋核处于磁场中时,除了进行自旋以外,还会围绕着磁场进行运动。磁共振成像(MRI)就是利用该原理,将人体置于特殊的磁场当中,然后工作人员利用无线电射频脉冲,激发被检查人体内的氢原子核,引起氢原子核的共振,并吸收脉冲能量。在停止射频脉冲后,人体内的氢原子核会按照特定的频率发出射电信号,同时释放吸收的能量,这些就会被体外的接收器所收录下来,然后经电子计算机进行相应的处理而获得图像。[2]

- 犯罪心理学

汤川学抓住了罪犯的心理特征,先是试验演示人体各个器官都能产生磁场,强化了罪犯对高科技的恐惧,迷惑性地提出借助于高端设备可以重现脑部映像,绘出犯罪分子的脸,使得罪犯产生杀人灭口的想法,并在实施过程中被抓获。

综上分析,本案技术上的逻辑基本成立,没有明显不符合物理原理的情况。

---

[1] 参见秦海阳、廖东升:《心灵感应之脑电波解析与启迪》,载《国防科技》2013 年第 2 期。
[2] 参见赵松涛:《核磁共振原理与典型故障分析及维修研究》,载《电子测试》2021 年第 19 期。

5.3 法律分析

【争议焦点】

本案中知宏将若莱送往医院是否构成故意杀人中止？

1. 日本法视角下的分析

A. 关联法条

《日本刑法典》

第43条：已经着手实行犯罪而未遂的，可以减轻其刑罚。但是，根据自己的意思中止犯罪的，减轻或者免除其刑罚。

第199条：杀人的，处死刑、无期或者五年以上有期徒刑。

第202条：教唆或者帮助他人自杀，或者受人嘱托或得其承诺而杀人的，处六个月以上七年以下有期徒刑或者监禁。

B. 具体分析

本案中知宏雇佣杀手杀害自己的妻子若莱，存在故意杀人行为（知宏为教唆犯）。但在春莱打电话催促知宏回家查看若莱是否出事时，其又回家查看了并将妻子送往医院救治。就此能否认定知宏构成故意杀人罪的中止？笔者认为这是本案值得讨论的难题。

依据日本刑法学界通说，中止犯是指行为人已经着手实行犯罪，但基于自己的意思而中止犯罪。成立中止犯，必须具有以下条件：(1) 必须自发防止了结果的发生，并不是不得不中止。中止必须是因行为人的主体性介入而得以防止了结果的发生。判断是否是中止行为，学界通说认为，在实行行为尚未终了的情形下，单纯的不作为即可；在实行行为已经终了的情形下，必须实施结果防止行为，且结果防止行为必须达到足以防止结果发生的程度。(2) 必须基于自己的意思而中止（即任意性要件）。有关任意性的判断标准，日本学界存在客观说、淡出的主观说、限定的主观说之间的对立。客观说认为应以一般人为基准，判断止于未遂的原因是否通常是因外部的障碍所引起的。单纯的主观说认为，若行为人想继续实施，本可以继续实施，但行为人没有继续实施的，就属于"基于自己的意思"；相反，尽管行为人想继续实施却不能实施的，便属于障碍未遂。限定的主观说认为，"基于自己的意思"这一要件,仅有单纯的任意性还不够,还应将其限定于是出于反省、悔悟、怜悯,或者是同情这种动机而实施中止行为的场合。现在的判例一般认为必须存在广义的反省,即缓和的限定主观说处于主流地位。

具体至本案,笔者认为,知宏即便将妻子送往医院,其也不构成故意杀人罪的中止。因为知宏将妻子送往医院的行为并非出于反省,即并非基于自己的意思。从本案事实来看,知宏知道并相信妻子和妹妹之间有强烈的心灵感应,当妻子妹妹打电话给他并让他立马赶往家中查看妻子是否无恙时,他不得不照做,因为他害怕自己的行为会被妻子妹妹识出,让自己陷入杀人的嫌疑中。可见,知宏救助妻子并非出于自我的反省,还是来自外界的胁迫。因此,即使本案中知宏及时采取了相关措施防止妻子死亡结果的发生,仍不能认定其构成故意杀人中止,其仅构成故意杀人未遂。

2. 中国法视角下的分析

A. 关联法条

《中华人民共和国刑法》

第23条:已经着手实行犯罪,由于犯罪分子意志以外的原因而未得逞的,是犯罪未遂。

对于未遂犯,可以比照既遂犯从轻或者减轻处罚。

第24条:在犯罪过程中,自动放弃犯罪或者自动有效地防止犯罪结果发生的,是犯罪中止。

对于中止犯,没有造成损害的,应当免除处罚;造成损害的,应当减轻处罚。

B. 具体分析

我国刑法也规定了犯罪中止这一犯罪形态。依据《中华人民共和国刑法》第24条,犯罪中止成立的条件包括:(1)中止必须发生"在犯罪过程中",即在开始实施犯罪行为之后、犯罪呈现结局之前均可中止。在"犯罪过程中"表明犯罪中止既可以发生在预备阶段,也可以发生在实行阶段。(2)中止具有自动性,即要求行为人自动放弃犯罪(行为人因为意志之外的原因放弃犯罪)或者自动有效地防止犯罪结果的发生。我国刑法学界主流观点认为,意志以外的原因是指始终违背犯罪人意志的,客观上使犯罪行为不可能着手或既遂,或者使犯罪人认为客观上不可能着手或既遂的原因。

因此，对于中止的自动性应理解为，行为人认识到客观上可能继续实施犯罪或者可能既遂，但自愿放弃原来的犯罪意图。同时，我国主流观点与日本主流观点对于犯罪中止的判断存在不同理解，如自动性的成立不以中止动机的伦理性为必要，基于惊愕、恐惧而放弃犯罪仍然构成中止等。针对被第三者发现而放弃犯罪的行为，我国通说一般不认定行为人具有自动性，不成立中止。但是，倘若第三者与行为人具有密切关系，行为人知道第三者不会告发和抓捕自己，只是担心丢脸面等放弃犯行，仍然可以认定为犯罪中止。此外，在当时的情况下，如果第三者的发现对于行为人完成犯罪没有任何影响，第三者也没有实施阻止、报警等行为，行为人基于其他考虑放弃犯罪的，也应认定为犯罪中止。(3)中止的客观性，即存在中止行为，包括自动放弃犯罪行为、自动有效防止犯罪结果的发生。(4)中止的有效性，即不管是哪一种中止，都必须没有发生行为人原本所希望或者放任的、构成要件行为性质所决定的犯罪结果(侵害结果)。[①]

　　具体至本案，笔者认为，在中国法视角下，应认定知宏成立犯罪中止，因为:(1)知宏存在中止行为，即知宏在雇佣杀手杀害妻子之后又积极采取了相关行为防止妻子死亡结果的发生，且妻子在送往医院后经抢救并未死亡，表明该防止行为产生了效果。(2)知宏作出中止行为具有自动性。因为本案中妻子妹妹给知宏打电话时身处另一个城市，对于知宏的行为其并无相关阻止和报警行为。甚至对于知宏想杀害妻子的行为，妻子妹妹也并未事实上发现，其仅仅是产生了一定心灵感应而已。因此，在此种情况下，知宏客观上仍可以继续实施杀害妻子的行为，但他放弃了犯罪并采取了有效的措施防止犯罪结果的发生，属于自动放弃犯罪，应成立中止。

　　综上，由于中国法和日本法对于犯罪中止的成立条件存在不同理解，二者对于本案知宏的行为是否属于犯罪中止得出不同结论。

[①] 参见张明楷:《刑法学(第六版)》(上)，法律出版社2021年版，第469—477页。

6 "密室"

6.1 剧情介绍

新进刑警岸谷美砂参加了 NTC 制作所（知名科技研发公司）主任研究员野木祐子主办的登山健行活动，这是她初次尝试登山活动，一同参加的还有野木祐子的下属篠田真希。篠田真希早早到达了野木祐子预订的民宿，因为睡眠不足选择到房间休息并反锁了房门。到了晚饭时间，野木祐子去叫篠田真希与大家一同就餐，反复敲门后却无人回应。于是，野木祐子让岸谷美砂一同前往篠田真希屋外，试图从窗户处查看篠田真希的状况，但两人发现房间的窗帘是拉上的，并且窗户是"锁着"的。两人没有太在意，回到了屋内继续吃饭。

晚上轮流洗澡时，野木祐子第一个洗完，并对岸谷美砂说自己泡了一个非常舒服的澡，差点就在浴缸里睡着了。岸谷美砂在泡澡的时候却发现了不对劲的地方。

第二天，篠田真希的尸体在吊桥下的小溪下游被发现。当地警方初步调查后发现，篠田真希身上没有打斗留下的伤痕，手指甲中也没有残存他人的皮屑等物质。再结合证人证词，警方推断，篠田真希在死亡前都处于密室环境中，她在晚上独自打开窗户穿上拖鞋来到吊桥，接着坠落而亡。当地警方认定篠田真希是自杀。

认为事有蹊跷的岸谷美砂就此事向物理学家汤川学求助，汤川学此时正带领着自己的学生与助手进行有关低温超导物质的磁悬浮实验。汤川学一开始对这个案件并不感兴趣，岸谷美砂选择投其所好，强调这是一个密室杀人案件。虽然当地警方认定篠田真希是自杀，但岸谷美砂认为野木祐子才是真凶，并且宣称自己的怀疑是有科学依据的。汤川学在初步了解到野木祐子的情况后，也开始对此产生兴趣，并答应和岸谷美砂一同前往民宿进行实地调查。

到了民宿后，岸谷美砂说出了自己的科学依据，原来只是简单的水在过饱和状态下受到刺激会释放气泡的科学知识。道理虽然简单，却也足够戳破野木祐子说自己泡了澡的谎言。如果野木祐子真的泡了澡,那么第二个泡澡的岸谷美砂就不会在自己手臂上发现大量的小气泡。汤川学本着一切假设都需要经由科学实验验证的原则,立刻对野木祐子在二十分钟内完成杀人操作的假设进行验证。然而,最终得出的结论却是,野木祐子没有可能在洗澡的二十分钟时间里将篠田真希带到吊桥处杀害并返回到民宿中。这使得他们的调查陷入了困境,汤川学希望能当面问野木祐子几个问题。

在岸谷美砂的陪同下,汤川学当面见到了野木祐子,并知道了她正在研究的方向。同时,汤川学询问野木祐子在案发前天晚上是否泡了澡,稍稍迟疑后,野木祐子说自己没有泡澡只是淋浴。"野木祐子到底泡没泡澡"以及"就算她没泡澡,是如何在二十分钟内完成杀人行动的"这两个疑问,使汤川学和岸谷美砂之间产生了矛盾,汤川学认为岸谷美砂过于相信直觉,并中止了对她的帮助。岸谷美砂只能独自进行调查,虽然通过走访得知了野木祐子有可能因嫉妒篠田真希天赋而形成杀人动机,但这一过程中她也受到了案发当地警方的警告,让她不要干预他们的工作。这一度使得岸谷美砂不能继续调查案件真相。

碰巧撞见野木祐子在奢侈品店大肆消费的汤川学感到案子必有端倪,意识到野木祐子很有可能在是否泡澡问题上撒了谎,对真相的渴望驱使他联系岸谷美砂并表示愿意再次证明她的假设。在翻阅野木祐子既往研究课题时,敏锐的汤川学发现,野木祐子曾研究过"运用量子点的量子相干性调节"的课题。他立刻将此内容与这次案件联系起来,在经过一番演算之后终于得出了答案。当岸谷美砂到达汤川学实验室时,见到了汤川学制作的全息图,才明白在特定的光线下足以以假乱真。

案件的真相原来是,野木祐子在篠田真希休息时用手机联系了她,谎称有事找她,并让她从窗户出来,到吊桥找自己。在吊桥上,野木祐子趁篠田真希不注意,将之推下了吊桥。杀害篠田真希后,野木祐子来到窗户前,摆好事前准备好的拖鞋,制造了篠田真希没有离开房间的假象,同时在窗户对应位置贴上预先准备好的全息图,完成之后若无其事地进入民宿,好像自己刚到一样。在吃饭过程中,野木祐子拉着岸谷美砂来检查窗户情况,野木祐子走在前面,找准位置,用手电筒的光线使窗户上锁的全息图完全掩盖窗户没锁的事实,让岸谷美砂误以为窗户处于反锁状态从而营造密室的假象。

野木祐子也确实没有泡澡,在那二十分钟里,她从浴室的窗户溜到室外,到篠田真希房间窗户前撕下了先前粘贴的全息图,处理了残留痕迹,并取走了那双拖鞋。面对岸谷美砂近乎完美的案情还原,饱受良心折磨的野木祐子放弃了无谓的抵抗,最终伏法认罪。

6.2 技术分析

- 过饱和

处于过饱和状态的气体并不稳定,如果受到扰动或出现水汽凝结时的吸附物,如尘埃等,会部分液化或凝华而回到饱和状态。由于形成的液滴很小,相应的饱和蒸气压就很大,因此有时蒸气压超过平面上饱和蒸气压几倍也不凝结,这种现象叫过饱和,这种蒸气叫"过饱和蒸气"。处于过饱和状态的蒸气一旦出现凝结核,部分蒸气就会凝结成液体,其余蒸气就回到了饱和蒸气的状态。由于蒸气中充满了尘埃和杂质等小微粒,它们起着凝结核的作用,当这些微粒表面凝上一层液体后,便形成半径相当大的液滴,凝结就容易发生。在有凝结核时,蒸气压只要超过饱和蒸气压1‰,即可形成液滴带电的粒子和离子,它们都是很好的凝结核,静电吸引力使蒸汽分子聚集在它们周围而形成液滴。高能量带电基本粒子在其运动过程中会形成离子,这些离子就成为凝结核。云室中的过饱和水蒸气凝结在它上面,而形成雾状踪迹,由此可观察粒子的轨迹,因而过饱和蒸气在高能物理的研究方面有重要的作用。岸谷美砂正是通过在泡澡时发现存在气泡附着在皮肤上这一现象,才意识到自己应该是第一个用浴缸泡澡的,从而推定野木祐子在说谎。

- 全息影像

由于人类的双眼是横向观察物体的,且观察角度略有差异,图像经视并排,两眼之间有6厘米左右的间隔,神经中枢的融合反射及视觉心理反应便产生了三维立体感。根据这个原理,可以将3D显示技术分为两种:一种是利用人眼的视差特性产生立体感;另一种则是在空间显示真实的3D立体影像,如基于全息影像技术的立体成像。全息摄影采用激光作为照明光源,并将光源发出的光分为两束,一束直接射向感光片,另一束经被摄物的反射后再射向感光片。两束光在感光片上叠加产生干涉,感光底片上各点的感光程度不仅随强度也随两束光的位相关系而不同。所以,全息摄影不仅记录了物体上的反光强度,也记录了位相信息。首先通过CCD等器件接收参考光和物光的干涉条纹场,由图像采集卡将其传入电脑记录数字全息图;其次利用菲涅尔衍射原理在电脑中模拟光学衍射过程,实现全息图的数字再现;最后利用数字图像基本原理再现的全息图进行进一步处理,去除数字干扰,得到清晰的全息图像。第一步是利用干涉原理记录物体光波信息,此即拍摄过程:被摄物体在激光辐照下形成漫射式的物光束;另一部分激光作为参考光束射到全息底片上,和物光束叠加产生干涉,把物体光波上各点的位相和振幅转换成在空间上变化的强度,从而利用干涉条纹间的反差和间隔将物体光波的全部信息记录下来。记录着干涉条纹的底片经过显影、定影等处理程序后,便成为一张全息图,或称全息照片。第二步是利用衍射原理再现物体光波信息,这是成像过程:全息图犹如一个复杂的光栅,在相干激光照射下,一张线性记录的正弦型全息图的衍射光波一般可给出两个象,即原始象(又称初始象)和共轭像。再现的图像立体感强,具有真实的视觉效应。全息图的每一部分都记录了物体上各点的光信息,故原则上它的每一部分都能再现原物的整个图像,通过多次曝光还可以在同一张底片上记录多个不同的图像,而且能互不干扰地分别显示出来。本案中,野木祐子就是运用全息影像这一技术,伪造出了密室杀人的假象,从而瞒天过海。

- 超导磁悬浮的定义与原理

在岸谷美砂初次向汤川学求助时,正好撞见汤川学和学生们在进行超导磁悬浮实验。所谓超导磁悬浮,主要是利用低温超导材料和高温超导材料实现悬浮的一种方式,低温超导技术采用在列车车轮旁边安装小型超导磁体,在列车向前行驶时,超导磁体则向轨道产生强大的磁场,并和安装在轨道两旁的铝环相互作用,产生一种向上浮力,消除车轮与钢轨的摩擦力,起到加快车速的作用。高温超导磁悬浮是一项利用高温超导块材磁通钉扎特性,而不需要主动控制就能实现稳定悬浮的技术。超导在运载上的其他应用可能还有用作轮船动力的超导电机、电磁空间发射工具及飞机悬浮跑道。

作用原理可以如下简单阐述:把一块磁铁放在超导盘上,由于超导盘把磁感应线排斥出去,超导盘跟磁铁之间有排斥力,结果磁铁悬浮在超导盘的上方。这种超导悬浮在工程技术中是可以大大利用的,超导悬浮列车就是一例。让列车悬浮起来,与轨道脱离接触,这样列车在运行时的阻力降低很多,沿轨道"飞行"的速度可达 500 km/h。

日本所研制的低温超导磁悬浮在 2015 年 4 月 21 日创造了地面轨道交通工具载人时速 603 千米的世界新纪录,并计划于 2027 年修建中央新干线磁浮线。这条低温超导磁浮商业运营线旨在连接东京、名古屋和大阪三大城市,全程 498 千米,运行时速 505 千米。

与普通磁悬浮比较,利用超导磁体实现磁悬浮具有以下优点:悬浮的间隙大,一般可大于 100 mm;速度高,可达到 500 km/h 以上;可同时实现悬浮、导向和推进;推进直线同步电机效率高达 70%—80%;能实现低能耗的客运和货运;不需要铁心,重量轻,因为是永久电流工作不需要车上供电系统,耗电少。当然,这些优点是对需要复杂的低温系统的低温超导而言的,若高温超导能实现工程运用,则各方面的性能将大为提高。

高温超导体发现以后,超导态可以在液氮温区(零下 196 度以上)出现,超导悬浮的装置更为简单,成本也大为降低。在我国,2000 年,西南交通大学超导技术研究所研制成功了世界首辆载人高温超导磁悬浮实验车"世纪号",证明了高温超导磁悬浮车在原理上的可行性。

1911 年,荷兰科学家翁纳斯在测量低温下水银电阻率的时候发现,当温度降到零下 269 摄氏度附近,水银的电阻竟然消失了！电阻的消失叫作零电阻性。所谓"电阻消失",只是说电阻小于仪表的最小可测电阻。也许有人会产生疑问:如果仪表的灵敏度进一步提高,会不会测出电阻呢？用"持久电流"实验可以解决这个问题。

由正常导体组成的回路是有电阻的,而电阻意味着电能的损耗,即电能转化为热。这样,如果没有电源不断地向回路补充能量,回路中的电能在极短时间(以微秒计)里全部消耗完,电流衰减到零。如果回路没有电阻,自然就没有电能的损耗。一旦在回路中激励起电流,不需要任何电源向回路补充能量,电流可以持续地存在下去。

超导态是一个宏观量子相干态,其载流子是库珀对,在没有外加磁场和电流的时候,这些库珀对的运动行为用统一的波函数 $\psi=\psi 0 \mathrm{ei}\varphi = \psi 0 \mathrm{ei}\varphi$ 进行描述,其相位 φ 在宏观尺度上是相同的。当磁场低于一定值的时候,在超导体的边界处穿透深度内会出现一个屏蔽电流来对抗外磁场的侵入,样品处于迈斯纳态。然而,当磁场超过一定值的时候,磁场会进入到超导体中,迈斯纳态被破坏掉,在超导体内形成超导区和正常区及其相应的界面。根据此时这个界面处能量的正负,把超导体分成Ⅰ类和Ⅱ类超导体,分别对应正和负界面能。目前发现的绝大多数超导体都是Ⅱ类超导体,因为界面能为负值,所以进入到超导体的磁场会分离成最细小的单元,以保证最大的界面面积,降低系统能量。该最小的磁通束被称为磁通量子。这些磁通线之间有一定的排斥力,会形成点阵。当外加输运电流的时候,这些磁通线会受到一个洛伦兹力作用而运动。但只要是运动,就会造成能量的损耗,超导体会因此失去电阻为零的优良品质。通过在超导体中引入一些缺陷、杂质或位错,就可以把磁通钉扎住,超导体仍然可以有零损耗特性,而这个特性可以用于超导体的强电应用。

综上分析,本案技术上的逻辑基本成立,没有明显不符合物理原理的情况。

6.3 法律分析

【争议焦点】

本案中岸谷美砂是否构成伪证罪?

1. 日本法视角下的分析

A. 关联法条

《日本刑法典》

第169条:依照法律宣誓的证人,作虚伪供述的,处三个月以上十年以下有期徒刑。

第199条:杀人的,处死刑、无期或者五年以上有期徒刑。

B. 具体分析

本案事实真相在汤川学的演算下已经明晰：野木祐子趁着篠田真希不注意时将其推下吊桥，最终导致篠田真希死亡，该行为应构成故意杀人罪并无争议。笔者认为，本案值得讨论的是岸谷美砂误以为窗户处于反锁的状态，并将该情况告诉给当地警方，最终导致当地警方认定篠田真希是自杀，此行为是否构成伪证罪？

依据《日本刑法典》第169条规定，伪证罪的主体仅限于依法宣誓的证人（即伪证罪是一种身份犯）。本罪行为是作虚假陈述。那么，何为作虚假陈述？主观说认为，虚假陈述以证人的主观记忆为标准，是指作不同于自己的体验、经历的陈述。因此，只要证人依据自己的记忆进行陈述，即便该陈述有违客观事实也并不构成伪证罪；相反，即便符合客观事实，如果该陈述有违自己的记忆，也依然构成伪证罪。客观说则认为，陈述内容有违客观事实就属于虚假陈述，即便证言与证人的记忆相反，如果最终符合客观事实，则不构成伪证。日本判例一直采取的是主观说的立场。[①] 同时，本罪的成立要求行为人主观是故意作虚假陈述的。

具体至本案，笔者认为，尽管在野木祐子的干扰下，岸谷美砂对于窗户是否被锁这一事实产生错误认知，最终做出了错误的陈述，但其仍不构成伪证罪。因为：（1）岸谷美砂是依据自身的主观记忆作出的真实陈述，尽管该陈述在经过调查之后与事实真相不符，但不能据此认定是虚假陈述行为。（2）岸谷美砂在陈述时并不具有作虚假陈述的故意。在认定伪证罪时，要明确证言作为证据的意义在于通过证人正确再现自己的五官所实施感知的事项，而从中判别证人的错觉部分，进而作为发现真实的材料。因此，只要如实陈述了自己的体验，就能否定伪证罪的成立。

2. 中国法视角下的分析

A. 关联法条

《中华人民共和国刑法》

第305条：在刑事诉讼中，证人、鉴定人、记录人、翻译人对与案件有重

[①] 参见〔日〕西田典之：《日本刑法各论（第三版）》，刘明祥、王昭武译，中国人民大学出版社2007年版，第364—367页。

要关系的情节,故意作虚假证明、鉴定、记录、翻译,意图陷害他人或者隐匿罪证的,处三年以下有期徒刑或者拘役;情节严重的,处三年以上七年以下有期徒刑。

B. 具体分析

依据《中华人民共和国刑法》第 305 条,伪证罪是指在刑事诉讼中,证人、鉴定人、记录人、翻译人对与案件有重要关系的情节,故意作虚假证明、鉴定、记录、翻译,意图陷害他人或者隐匿罪证的行为。本罪的行为主体必须是证人、鉴定人、记录人或翻译人。同时,成立本罪要求行为人必须作了虚假的证明、鉴定、记录、翻译。"虚假"一般包括两种情况:一是捏造或者夸大事实以陷人入罪;二是掩盖或者缩小事实以开脱罪责。我国主流观点认为,虚假应是违反证人的记忆与实际体验且不符合客观事实的陈述,如果违反证人的记忆与实际体验但符合客观事实,就不可能妨害司法活动,不成立伪证罪;如果符合证人的记忆与实际体验但与客观事实不相符合,则行为人没有伪证罪的故意,也不成立伪证罪。例如,行为人将耳闻的事实陈述为目睹的事实,如果所陈述的事实与客观事实相符合,则不宜认定为虚假陈述;反之,行为人将耳闻的事实陈述为目睹的事实,且所陈述的事实与客观事实不相符合,则应认定为虚假陈述。本罪的成立亦要求行为人主观上具有故意,即行为人明知自己作了虚假陈述。证人因记忆不清作了与事实不相符合的证明、鉴定人因技术不高作了错误鉴定、记录人因粗心大意错记漏记、翻译人因水平较低而错译漏译的,均不成立本罪。[①]

具体至本案,笔者认为在中国法视角下,也不应认定岸谷美砂构成伪证罪。因为:(1)岸谷美砂所作的陈述是依据自己的记忆和实际体验,虽然最终查明不符合真相,但仍不符合我国刑法学界对于虚假的认定;(2)岸谷美砂在作陈述时相信自己是依据亲身的记忆和实际体验作出的,其主观上并不具有作虚假陈述的故意。

综上,尽管我国和日本在认定伪证罪中的虚假内涵时存在不同理解,但针对本案岸谷美砂的行为,无论在中国法视角下还是在日本法视角下均不成立伪证罪。

[①] 参见张明楷:《刑法学(第六版)》(下),法律出版社 2021 年版,第 1419—1421 页。

7 "伪装"

7.1 剧情介绍

一个雨天,汤川学的一位学生美崎建议大家顺道去她的家乡游玩,并且讲述了家乡的神庙,该神庙里面祭供着一具鸦天狗的死尸,这立刻引起了汤川学和另一位学生栗林的好奇心。三人决定驾车前往美崎的家乡。阴雨天泥泞的道路本就难以行驶,快到目的地时,他们的车胎不凑巧坏掉了。焦头烂额之时,道路后面开来一辆红色轿车,善良的车主声称自己正好带了两把伞,借给他们一把雨伞后便匆匆离开。

三人到达神庙,却发现神庙早已被封闭。一位自称就职于上贺警署的合田警官神色匆忙地前来请求汤川学帮忙调查,栗林和汤川这才意识到美崎骗了他们。原来,他们所到之处确实是一座历史悠久的古庙,也确实流传着关于鸦天狗的传说,甚至这里也真的祭供过一具鸦天狗的尸体。但神官在三周以前突然宣称要将神庙封闭,还用混凝土加固了祠堂,他还曾经说过有人将会盗取鸦天狗的尸体。两周前,神官死在庙前,身旁放着一块包裹干尸的碎布。警察们对此感到疑惑,希望身为物理学家的汤川学能够检测下那混凝土中是否留有鸦天狗的尸体。这时,美崎的童年玩伴小岛结衣突然到来,原来她就是刚才在半路送伞的好心车主,并且她也是最后与神官进行交谈的人。根据小岛结衣的话语以及对混凝土的检测,汤川学做出了一个猜测——神官看守的鸦天狗尸体被盗,但他不愿为大家所知,便自说自演,又一边与偷窃者交易,妄图改变现实。

令人难以预料的是,小岛结衣与美崎开车回家后,发现结衣的父母惨死家中。母亲被人掐着脖子窒息而亡,父亲身上也留有一个明晃晃的枪伤,母亲的脖子上还留有父亲的血迹。由此推测,死亡顺序应该先是父亲后是母亲。最让人恐惧的是,结衣父亲尸体背后的墙上,写着血淋淋的"鸦天狗"三个大字。父亲死时坐在一张摇椅上,凶器是一把霰弹枪,被凶手掷于结衣家的院子里。合田警官观察到,通往院子的窗户是被锁上的,凶手没有其他途径进入,加上血淋淋的"鸦天狗"三个大字,大家又开始了对于鬼神之说的想象。

汤川学留下来调查此事,他联系了实验室的学生们,让大家根据照片上的案发现场进行模拟。学生们通过模拟发现,男主人死时坐在摇椅上,如果有人在房间内用霰弹枪对他进行近距离射击,子弹运动产生的巨大冲击力会使人向后倾斜,而这把材质尚佳的摇椅应该会在反作用力的作用下将人弹出椅子,但事实是结衣的父亲死亡时仍是向后倾斜躺在摇椅上的,理论与事实显然不相符合。进一步推导,必须要有两个方向的力同时作用,才能出现霰弹枪射击后男主人仍躺在摇椅上的现象。因此,汤川学推测,结衣的父亲小岛太一是自杀的。他用脚趾扣动了扳机,产生了一个与子弹射击方向相反的作用力,而他自杀的原因是错手杀害了自己的妻子,畏罪自杀。

院子里的枪、墙上的字以及结衣母亲脖子上的血迹,毫无疑问都是案件中第三人所为。结衣与小岛太一其实是继女和继父的关系,当结衣的母亲背负债务、无力偿还时,太一站了出来。合田警官口中的太一是一个奸诈狡猾的商人,只重利益不在意感情,在结衣母女二人最危难的时候站出来施以援助之手,无疑对他的名声有了一定程度的改善。恶习难改,太一依旧蛮横地对待母女俩,暴力对待家人,控制结衣,迫使她不得不放弃梦想。汤川学拜托岸古调查父女二人,却发现两人在法律层面毫无关系。更让人怀疑的是,之前在行驶的路上,结衣明明有伞,可仍旧被淋湿了。直到汤川学在结衣家里发现一把带有雨水的红色大伞,一切才水落石出。

原来,一开始回家的结衣的确打着雨伞,看到两具尸体后,她十分悲伤。想到太一平时对母亲的种种恶行,结衣决定用自己的方式让他"死不瞑目"。她在母亲脖子上涂上太一的血迹,将霰弹枪丢入院内,营造出一种母亲后死的假象。这样按照法律的遗嘱继承顺序,结衣母亲将作为妻子继承太一的遗产,而由于母亲死后,结衣作为母亲唯一的孩子,可以继承这笔遗产。做完一切后,结衣匆忙去到神庙,却忘记带雨伞,以致被打湿。在神庙听到有关"鸦天狗"的传闻后,她一回家便在墙上写上大字,造成一种被鬼报复的假象。

7.2 技术分析

本案中涉及的物理知识如下:

- 动量守恒定律

被枪杀后死者没有向前跌离摇椅遵循了动量守恒定律：一个系统不受外力或所受外力之和为零时，这个系统的总动量保持不变。因此，在正常情况下，向后大幅度倾倒的摇椅，在反作用下会再向前倾，尸体也会被向前抛出。而如果死者是自杀身亡，开枪的同时自身会受到向前的枪的后坐力以及向后的子弹产生的作用力，二者抵消，摇椅没有受力，从而死者没有向前跌离摇椅。

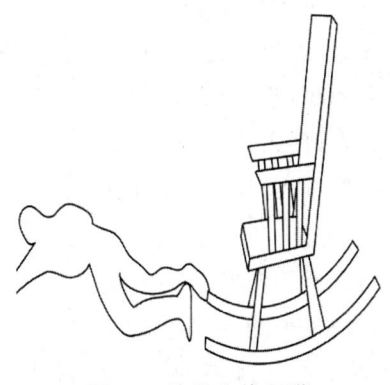

图 15　他杀身体反弹

图 16　自杀动量守恒

- 力矩和杠杆原理

本案中，摇椅上小岛太一所坐的摇椅是自杀环节重要的一环。摇椅的物理原理和不倒翁是一致的，可以借助不倒翁进一步探讨摇椅其中的物理原理。

第一，不倒翁平衡的受力情况。不倒翁在桌面上，受到两个外力的作用：一个是重力G，地球对不倒翁的吸引力；另一个是支撑力，桌面对半球体的反作用力。根据物体的平衡条件，只要这两个力大小相等、方向相反、作用在一条直线上，不倒翁就能够保持平衡的状态。

第二，不倒翁倾斜的受力情况。不倒翁倾斜时受到两个力矩的作用，我们称外力的作用为干扰，外力形成干扰力矩；还有一个叫抵抗力矩，由自身的重力形成。本来不倒翁是直立的，由于外力的作用，外力对不倒翁与支撑面的接触点产生力矩，使不倒翁倾斜，打破原来的平衡。此外，本来重力是不产生力矩的，因为不倒翁是直立的，重力的作用线和支点位于同一直线上，力矩为零。由于外力的作用，不倒翁倾斜，半球体向一侧滚动，接触点随之移动，形成了新的接触点，即形成了新的支点。此时重力的作用线和原支点不在同一直线上，因而形成力矩，这就是抵抗力矩。正是由于抵抗力矩的形成和发展，抵抗和制止了外力的干扰作用。抵抗力矩的方向和干扰力矩的方向正好相反，同时随着不倒翁倾斜的角度不断增大，重心作用线的偏移量也不断增大，抵抗力矩的量值也不断增大，当抵抗力矩等于干扰力矩时，不倒翁就进入新的平衡状态——倾斜的平衡状态，此时外力的干扰作用也就宣告停止。由此可知，不倒翁受到外力干扰后，原有的平衡被破坏了，但新的平衡随之形成，不倒翁可以接续地保持平衡，虽然平衡的方式不同，但平衡的本质不变，这便是动态平衡。

第三，不倒翁复原的受力情况。从势能角度考虑，势能低的物体比较稳定，物体一定会向着势能低的状态变化。从杠杆原理来说，不倒翁倒下时，重心的作用点一直处于端部，不管支点在哪里，不倒翁还是会因为底座那头力矩大而回复到原来位置。此外，不倒翁底部为圆形，摩擦力小，便于回到原来位置。在以上的整个过程中，建立新的平衡是其中主要的问题，因为只有如此才能抵制外力的干扰；而恢复原有的平衡是次要问题，因为此时外力的干扰已经消除。在整个过程中，不倒翁始终保持平衡的属性，这便是"平衡的稳定性"。

综上所述，不倒翁不倒原理的要点在于：使重力的作用线偏离支点，使重力对支点产生力矩，即抵抗力矩。不倒翁倾斜的角度不断增大，重力作用线的偏移量随之增大，抵抗力矩也随之增大，最终实现和外力力矩的平衡。

不倒翁抵抗外力干扰、保持平衡的能力就是这样形成的。

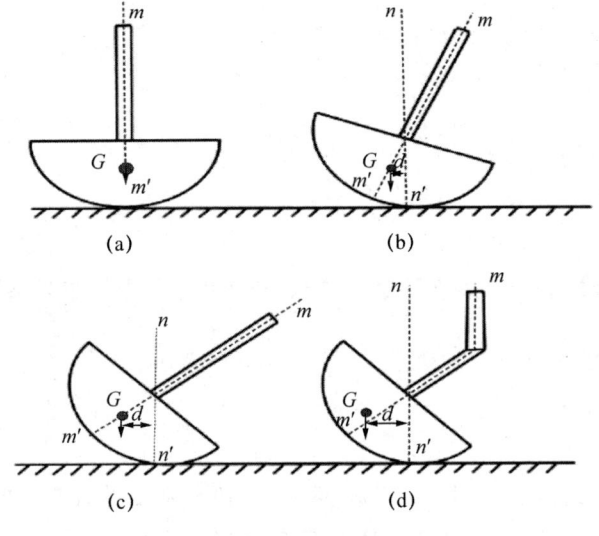

图 17　不倒翁原理图

- 电磁波雷达

我们常说的雷达，是英文 Radar 的音译，是 radio detection and ranging 的缩写，意思为"无线电探测和测距"，也就是用无线电的方法发现目标并测定它们的空间位置：雷达发射电磁波对目标进行照射并接收其回波，由此获得目标至电磁波发射点的距离、距离变化率（径向速度）、方位、高度等信息，其中测量距离原理是测量发射脉冲与回波脉冲之间的时间差，测量速度原理是雷达根据自身和目标之间有相对运动产生的频率多普勒效应。

- 工业用内窥镜

工业用内窥镜由冷光源、光导纤维管和纤维光学内窥镜三部分组成。

冷光源由变压、调压装置、冷却风扇、金属碘钨灯及涂有冷光材料的反射镜和一组透镜组成。当接通电源时，金属碘钨灯亮，通过调压装置可以调整其发光强度。冷光反射镜将冷光反射到一组透镜上，经透镜聚焦后，光线到达导光孔。内窥镜由目镜、物镜和导光探管组成。导光探管内的传像束和导光束由数万根细小的玻璃纤维组成。当光导纤维管将光源发出的光线传给内窥镜时，光线通过导光束到达机器内部的观察部位。装在导光探管头部的物镜,将机器内部的几何形状及颜色通过传像束传给目镜并放大成像。

综上分析,本案技术上的逻辑基本成立,没有明显不符合物理原理的情况。

7.3 法律分析

【争议焦点】

本案中结衣重新布置犯罪现场的行为是否构成犯罪?

1. 日本法视角下的分析

A. 关联法条

《日本刑法典》

第104条:就他人的刑事案件,隐灭、伪造或者变造证据,或者使用伪造或者变造的证据的,处三年以下有期徒刑或者三十万日元以下罚金。

第105条之二:对于被认为具有调查或审判自己或他人刑事案件所需知识的人或其亲属,在没有正当理由的情况下,强行要求见面或进行强谈威迫行为的人,处以二年以下有期徒刑或三十万日元以下的罚款。

第169条:依照法律宣誓的证人,作虚伪供述的,处三个月以上十年以下有期徒刑。

第172条:以使他人受刑事或者惩戒处分为目的,作虚假的告诉、告发或者其他申告的,处三个月以上十年以下有期徒刑。

B. 具体分析

本案中结衣的继父小岛太一错手杀死结衣母亲的行为构成过失致人死亡罪并无争议,本案值得讨论的是结衣在发现小岛太一杀死母亲后畏罪自杀时,故意更改犯罪现场,使犯罪现场的相关证据表明母亲死在小岛太一之后,此行为是否构成犯罪?如果构成犯罪的话,又构成何罪?

首先,需要判断的是结衣是否构成伪证罪。伪证罪的主体仅限于依法宣誓的证人(即伪证罪是一种身份犯),而证人是指知道案件事实并向司法行政机关提供证言的人。本案中结衣并未目睹小岛太一的犯罪经过,其仅是最先发现了犯罪现场,因此其对相关案件事实并不知晓,无法成为本案的证人。此外，成立伪证罪要求证人作虚假陈述，而本案中结衣不存在虚假陈述行为，其行为仅包括改变了犯罪现场，但改变犯罪现场的行为不等同于虚假陈述行为，因此结衣的行为不构成伪证罪。

其次，需要判断的是结衣的行为是否构成隐灭证据罪。依据《日本刑法典》第104条，隐灭证据罪的客体限于他人的刑事案件证据。本罪的行为包括以下三种：隐灭证据，伪造、变造证据，使用伪造、变造的证据。其中，伪造是指实际上某种证据并不存在却将其制作出来，从而让人以为其似乎真的存在。伪造是指对现有的证据施以篡改，而改变其作为证据的效力。[1] 笔者认为，结衣的行为构成隐灭证据罪。因为本案中结衣在发现了犯罪现场后将小岛太一的血迹抹在其母亲脖子上，使其母亲和小岛太一的死亡时间变换，该行为属于伪造证据的行为，目的是使警方错误认定其母亲和小岛太一的死亡时间，扰乱了司法秩序。同时，结衣主观上也明知自己的行为属于伪造证据，具有伪造证据的故意。因此，应认定结衣构成隐灭证据罪。

最后，需要判断的是结衣的行为是否构成虚假告诉罪。依据《日本刑法典》，虚假告诉罪的行为为虚假的告诉、告发以及其他申告。所谓告诉、告发，是指犯罪的被害人、其他人申告犯罪事实，并要求处罚犯人的意思表示，其中其他申告包括要求施以刑事处分或施以惩戒处分等。虚假申告必须是向搜查机关、拥有惩戒权者或者有可能发动惩戒权的机关进行，且行为人主观上要具有虚假告诉的故意，即要求认识到所申告事实的虚假性。另外，成立虚假告诉罪，还必须存在使他人受刑事或惩戒处分这一目的。[2] 具体至本案，笔者认为，结衣改变犯罪现场的行为不构成虚假告诉罪。因为本案中结衣改变犯罪现场的目的仅仅是改变警方对其母亲和小岛太一的死亡时间的认定，其事实上并未采取相关行为向搜查机关进行申告，即并未实施虚假告诉罪的实行行为。

综上，笔者认为结衣重新布置犯罪现场的行为，在其母亲脖子上抹上小岛太一血迹的行为，应构成隐灭证据罪，但并不成立伪证罪或者虚假告诉罪。

---

[1] 参见〔日〕西田典之：《日本刑法各论（第三版）》，刘明祥、王昭武译，中国人民大学出版社2007年版，第359页。
[2] 同上书，第369—371页。

2. 中国法视角下的分析

A. 关联法条

《中华人民共和国刑法》

第243条：捏造事实诬告陷害他人，意图使他人受刑事追究，情节严重的，处三年以下有期徒刑、拘役或者管制；造成严重后果的，处三年以上十年以下有期徒刑。

国家机关工作人员犯前款罪的，从重处罚。

不是有意诬陷，而是错告，或者检举失实的，不适用前两款的规定。

第305条：在刑事诉讼中，证人、鉴定人、记录人、翻译人对与案件有重要关系的情节，故意作虚假证明、鉴定、记录、翻译，意图陷害他人或者隐匿罪证的，处三年以下有期徒刑或者拘役；情节严重的，处三年以上七年以下有期徒刑。

第307条：以暴力、威胁、贿买等方法阻止证人作证或者指使他人作伪证的，处三年以下有期徒刑或者拘役；情节严重的，处三年以上七年以下有期徒刑。

帮助当事人毁灭、伪造证据，情节严重的，处三年以下有期徒刑或者拘役。

司法工作人员犯前两款罪的，从重处罚。

B. 具体分析

我国刑法同样规定了帮助毁灭、伪造证据罪，且我国本罪的犯罪构成与日本刑法典类似。因此，笔者认为，在中国法视角下也应认定结衣构成帮助毁灭、伪造证据罪，具体分析不作赘述。下面仅具体分析结衣是否构成诬告陷害罪和伪证罪。

依据《中华人民共和国刑法》第305条，伪证罪主体也仅限于证人、鉴定人、记录人、翻译人，且行为人必须作了虚假的证明、鉴定、记录、翻译。而如上所述，笔者认为在本案中，结衣并不具有证人的身份，并且其也未对警方作出虚假陈述，因而不构成伪证罪。

依据《中华人民共和国刑法》第243条，诬告陷害罪是指故意向公安、监察、司法机关或有关国家机关告发捏造的犯罪事实，意图使他人受刑事追究，情节严重的行为。而如上所述，本案中结衣事实上并未向公安、监察等国家有权机关进行告发。就案件事实来看，结衣所做的行为是在其母亲脖子上涂上小岛太一的血迹，试图混淆其母亲和小岛太一的死亡时间，难以说该行为属于告发行为，因此也不应认定其构成诬告陷害罪。

综上，无论在日本法视角下还是在中国法视角下，结衣在本案中仅构成帮助毁灭、伪造证据罪。

8 "演技"

8.1 剧情介绍

某日，岸谷美砂因为无法解决一桩密室杀人案而来到帝都大学找汤川学。案件情形如下：剧团 CONCARO 的团长驹田良介被人发现死于家中，死因为被刀刺死，发现者为剧团内的著名女演员神原敦子和女服装师安部。两人于案发当天 19 时 31 分左右在距离驹田公寓 4.8 千米的餐厅会面，安部收到了驹田打来的电话，但接通后电话那边并没有声音，而后神原发现自己的手机在 19 时 31 分也收到了驹田打来的电话。两人于 19 时 50 分来到驹田家中并发现尸体，尸体被发现时房间门窗全锁上了，唯二的钥匙一把锁在家中，另一把则由正和驹田交往的神原携带。如此看来唯一有嫌疑的只有神原一人，但驹田的死亡时间应该是在 19 时 31 分左右，此时的神原有着完美的不在场证明（从驹田的公寓到餐厅打的要 15 分钟）。

汤川学觉得岸谷美砂的到来打扰了学生们做实验，便让她回去。岸谷美砂没有气馁，决定约谈神原。谈话时，岸谷美砂对神原和驹田二人的关系产生怀疑，打算以此为突破口找出可能存在的杀人动机。但是，神原却很伤心地哭了起来，认为自己和驹田心心相印，不可能想杀他。岸谷美砂只得另找突破口，询问神原，为什么驹田会给安部打电话。照理来说，人濒死时肯定会想向最亲近的人求助，但驹田和安部交情不深，要说打电话，怎么也不会轮到安部。神原说自己也不知道，可能是因为安部是驹田通讯录的第一个人（安部的首字母为 A），岸谷美砂一时无法反驳，外加神原再次哭了起来，审问便这样不了了之。

走投无路的岸谷美砂再次找到汤川学，却遭到了栗林的冷嘲热讽。岸谷美砂依旧觉得神原有问题,而且神原作为一个演员,说谎时肯定能做到脸不红心不跳。但问题是,岸谷美砂无法推翻神原的不在场证明。在岸谷美砂和栗林就此事展开辩论时,汤川学实在忍受不了二人的聒噪,便邀请岸谷美砂一人去喝咖啡。岸谷美砂被带到一个空教室里,咖啡是汤川学在自动贩卖机那儿买的。汤川学让岸谷美砂不要再把她的工作带到自己的实验室来,作为交换,自己会帮她解决此次案件。随后,岸谷美砂收到了栗林的电话,但接通后那边却没有声音,汤川学也说自己刚刚接到了电话但那边没声音,并出示了通话记录——与神原、安部的经历如出一辙。汤川学开始解释手法:神原在19时10分杀死驹田,处理完现场后将驹田的手机带走,在19时31分先用驹田手机打电话给自己并挂断,留下通话记录,随后与安部会面。会面途中,神原继续通过衣服包里的驹田手机拨通安部电话,二人到达现场时,神原让安部去报警,自己则趁机把手机放回原先的地方(报警人的确是安部),这样就能为自己留下完美的不在场证明。正如汤川学把栗林的手机"偷"来后的所作所为一样。不过,岸谷美砂觉得像神原这样聪明的人肯定还会设下障眼法,但是汤川学让她自己解决。

岸谷美砂有了头绪后通过调查成功发现,驹田手机里还有两个本该存在的A开头名字的联系人被删除了,还有神原19时15分出现在驹田家楼下打车的照片。岸谷凭借这些证据再次审问神原,神原又哭了起来,解释说自己只是害怕被怀疑才做了这些事情。岸谷没直接证据证明神原是杀人凶手,只得作罢。此时,警方从被害者手机中又查到了一项不得了的证据——被害者的手机里存着一张案发当日19时10分拍摄的烟花的照片,此照片中还出现了月亮。驹田家里北边、南边都有窗户,但案发当日北边的窗户有烟花无月亮,南边的窗户无烟花有月亮,唯一能拍摄到二者的地方离案发现场很远。而对应时间,神原还在驹田家楼下。因此,先前用来推翻神原不在场证明的照片反而成了她最完美的不在场证明。汤川学觉得这就是先前岸谷美砂提到的障眼法,并感受到了这起案件的有趣。

汤川学来到剧团找神原谈话,得知神原是一位习惯在和别人交谈时录音,以便于为表演提供参考的人,同时她还是一位喜欢从实际经历中找到表演所需感情的怪人。汤川学向剧团的人告别,临走前还买了一张演出门票。

随后汤川学与岸谷美砂来到现场进行调查。观察了两边的窗子和电视后，汤川学捡起地上的棒球丢向了一面墙，球的反射让他明白了全部手法。汤川学和岸谷美砂来到烟花工厂，汤川学告知岸谷美砂烟花大会的烟花什么时候放都是电脑计算好的，并不是随意燃放的，并对她说自己要再放一次烟花。

当晚，神原被邀请到案发现场，外面放起了汤川学早已安排好的烟花，汤川学一边重现现场一边揭露了神原的障眼法。驹田家里的电视表面有一层膜可使得电视不开时屏幕宛如镜子一般，案发当晚19时10分，神原在驹田家杀死驹田后便拿起驹田的手机开启照相机对准南边的窗子，北边窗户放烟花的景象会经电视反射投影到南边的窗子上，如此便能拍下有烟花有月亮的照片。事后处理现场时，电视的膜也被神原撕下带走了，这就是两边的窗子有灰尘而电视屏幕却一尘不染的原因。伴随着汤川学拍下了一张一模一样的照片，此案告破，动机还是因为情。

神原对此次杀人没有任何悔意，甚至还期待之后的监狱生活会为自己带来更多演戏上的灵感，甚至幻想起了自己出狱后还能作为一名著名女演员存在。汤川学无情地击破了神原的幻想，认为像她这样贪图自我满足的人演的戏是不值得被观看的，说完后，汤川学将原先买的演出门票放在桌子上，头也不回地离开了。

8.2 技术分析

本案主要用到的物理原理如下：

- 镜面成像原理

电视机屏幕上贴着保护膜，形成镜面反射。南方的月亮和北方的烟花在同一时间在位于中间的电视机屏幕上显现，便能用手机拍照记录。

光的反射定律是指，反射光线与入射光线、法线在同一平面上，反射光线和入射光线分居在法线的两侧，反射角等于入射角，可归纳为三线共面，两线分居，两角相等，光路可逆，太阳或者灯的光照射到人的身上，被反射到镜面上，平面镜又将光反射到人的眼睛里，因此可以看到自己在平面镜中的虚像。镜子成像的特点为：物体在平面镜内成正立、等大的虚像；像和物的连线与镜面垂直；像到平面镜的距离等于物到平面镜的距离；像和物关于平面镜对称；虚像不能用光屏承接。

- 烟花原理

烟花中的焰色反应是物理变化。焰色反应中,当碱金属及其盐在火焰上灼烧时,原子中的电子吸收了能量,从能量较低的轨道跃迁到能量较高的轨道,但处于能量较高轨道上的电子是不稳定的,很快跃迁回能量较低的轨道,这时就将多余的能量以光的形式放出。而放出的光的波长在可见光范围内(波长为 400 nm～760 nm),因而能使火焰呈现颜色。在焰色反应实验中,不同金属或它们的化合物在灼烧时会放出多种不同波长的光,在肉眼能感知的可见光范围内,因不同光的波长不同,呈现的颜色也就存在差异。本案中汤川学带着岸谷美砂去到烟火工厂,观看三重芯烟花的爆炸,其中第一段上升为镁铝合金的燃烧,第二段为氯化铜 450 nm 燃烧的绿色,第三段为 650 nm 的锶发光。

- 灰尘的来源与去除

本案中,汤川学发现电视表面没有灰尘,其他地方有灰尘,发现了电视屏幕表面可能"做了手脚",从而找到案件侦破的突破口,破解了神原伪造的不在场证明。那么,灰尘是从哪里来的?我们又该如何去除这些"恼人"的灰尘?

澳大利亚麦考瑞大学的一项研究称,家里的灰尘有 1/3 是室内产生的,包括人或宠物的皮肤细胞脱落而产生的碎屑,人在室内生活产生的"颗粒",如食物残渣,地毯、床单、衣服上的纤维微粒等。其余约 2/3 是通过空气、衣服、宠物、鞋子等从外部迁移到室内,如衣服、鞋子上的泥土、污垢,以及打开门窗飘入室内的尘土和颗粒等;一些极端天气,如沙尘暴、暴风雨等,则可能会"搬运"更多尘土进入家中。电视屏幕上总有灰尘,一般情况是由静电造成的。电视在工作过程中电子击打在屏幕背后荧光类的材料上显示出不同色彩,造成屏幕带有静电。而静电对空气中的灰尘粒子具有强吸附作用,就与静电除尘器是一样的。

家中有灰尘,可以用以下几个方法去除:(1) 安装纱窗,不仅能够挡住部分的灰尘,而且还能有效防止蚊虫进入;(2) 栽种绿植。可以在家里放置一些比较好栽种的绿植,不仅能够帮助家里吸附灰尘、净化空气,而且还能起到装扮的作用;(3) 门口放地毯。家里很多的灰尘都是由自己从外面带回来的,尤其是鞋底,所以可以在家门口放一张地毯,回家的时候擦擦脚,这样能够有效减少室内灰尘的产生;(4)增加空气湿度。如果空气比较干燥,那么灰尘就会大面积地飘浮在空气中,这样会非常不利于打扫。可以放一台加湿器,还能改善空气质量。①

- 行车记录仪

本案中,神原"故意"横穿马路的场景被出租车的行车记录仪记录了下来,证明了她所处的位置和时间,结合先前伪造的照片证据,行车记录仪的画面成了她的第二份绝妙的不在场证明。那么,行车记录仪是如何工作的呢？行车记录仪是一种把景物光像转变为电信号的装置。结构大致可分为三部分:光学系统(主要指镜头)、光电转换系统(主要指摄像管或固体摄像器件)以及电路系统(主要指视频处理电路)。

光学系统的主要部件是光学镜头,它由透镜系统组合而成。这个透镜系统包含着许多片凸凹不同的透镜,其中凸透镜的中间比边缘厚,因而经透镜边缘部分的光线比中央部分的光线会发生更多的折射。当被摄对象经过光学系统透镜的折射,在光电转换系统的摄像管或固体摄像器件的成像面上形成"焦点"。光电转换系统中的光敏元件会把"焦点"外的光学图像转变成携带电荷的电信号。这些电信号的作用是微弱的,必须经过电路系统进一步放大,形成符合特定技术要求的信号,并从行车记录仪摄像机中输出。

光学系统相当于行车记录仪摄像机的眼睛,与操作技巧密切相关,在本章以后的小节里将详细叙述。光电转换系统是行车记录仪摄像机的核心,摄像管或固体摄像器件便是行车记录仪摄像机的"心脏",有关这一部分的内容,将在第三章里介绍。家用行车记录仪摄像机大多是将摄像部分和录像部分合为一体,当行车记录仪摄像机中的摄像系统把被摄对象的光学图像转变成相应的电信号后,便形成了被记录的信号源。录像系统把信号源送来的电信号通过电磁转换系统变成磁信号,并将其记录在录像带上。如果需要行车记录仪摄像机的放像系统将所记录的信号重放出来,可操纵有关按键,把录像带上的磁信号变成电信号,再经过放大处理后送到电视机的屏幕上成像。

---

① 参见《家中有灰尘怎么办?》,https://m.idongde.com/c/f23a7539c7fdfb6b.shtml?s=pqiza-vu,2024 年 10 月 30 日访问。

综上分析，本案技术上的逻辑基本成立，没有明显不符合物理原理的情况。

8.3 法律分析

【争议焦点】

本案中神原进入驹田家中是否构成侵入住宅罪？

1. 日本法视角下的分析

A. 关联法条

《日本刑法典》

第130条：无正当理由，侵入他人住宅，他人看守的建筑物或者其有围墙的附属地，他人看守的船舶或者航空器的，或者经要求退出但仍不从这些场所退出的，处三年以下有期徒刑、十万日元以下罚金或者拘留。

第132条：第一百三十条之罪的未遂犯，应当处罚。

第199条：杀人的，处死刑、无期或者五年以上有期徒刑。

B. 具体分析

本案经过汤川学和岸谷的调查，神原杀害驹田的真相已水落石出。针对神原杀害驹田的行为，毫无疑问其符合故意杀人罪的构成要件，应成立故意杀人罪。笔者认为，本案值得讨论的是神原作为驹田的女友，进入驹田家中是否构成侵入住宅罪。

如"梦见"案所述，针对侵入住宅罪所侵犯的内容，日本判例采取的学说是居住权说，即侵入住宅罪侵犯的内容是对居住的事实上的支配与管理权。依据居住权说，本罪中的"侵入"是指违反居住权人的意思进入住宅。因此，只要是有居住权人的同意，即便进入的形式侵害居住安稳，也不成立侵入。本罪中的无正当理由是指无阻却违法的事由，有正当理由的，即便违反居住权人的意思，也不构成本罪。正当理由包括根据刑事诉讼法为搜查、扣押检查而进入，还有正当争议行为等。本罪的客体是他人的住宅，即就居住者以外的人而言的住宅。因此，现实居住者不能成为本罪主体，但是已经脱离居住的人不在此限。如日本判例就认为，丈夫侵入分居中的妻子所住的住宅时,应构成侵入住宅罪。① 此外,由于"他人"不包含已死亡的人,因此杀害唯一的居住者之后,即使侵入其住宅,也不能构成侵入住宅罪。侵入住宅罪不仅包括积极的侵入行为,还可由不作为构成,即征得居住权人同意进入住宅后经要求退去而不退去的。

具体至本案,笔者认为,神原进入驹田家中的行为不构成侵入住宅罪,因为:(1)从本案事实来看,神原和驹田为男女朋友关系,且神原拥有驹田家中的钥匙。由此可见,案发时驹田住宅内的居住者有两人,即驹田本人和神原。既然神原是驹田住宅的居住人,那么其进入驹田的住宅不属于侵入行为。(2)即便驹田后面想要和神原分手,且对神原有明确的意思表示,但其还并未收回神原手中的住宅钥匙,表明其还依然默认同意神原享有住宅的居住权。因此,神原进入驹田家中的行为不构成侵入住宅罪。

2. 中国法视角下的分析

A. 关联法条

《中华人民共和国刑法》

第232条:故意杀人的,处死刑、无期徒刑或者十年以上有期徒刑;情节较轻的,处三年以上十年以下有期徒刑。

第245条:非法搜查他人身体、住宅,或者非法侵入他人住宅的,处三年以下有期徒刑或者拘役。

司法工作人员滥用职权,犯前款罪的,从重处罚。

B. 具体分析

如"梦见"案所述,我国主流观点认为,非法侵入住宅罪的保护法益是个人利益中的居住平稳或者安宁,行为内容是"侵入住宅",判断行为是否构成侵入,与保护法益具有直接联系。根据安宁说,侵入不仅违反住宅成员的意志,而且是以侵害他人住宅安宁的形式进入或者进入住宅后侵害住宅安宁。同时,"侵入"行为必须具有非法性,法令行为、紧急避险行为阻却违法性。此外,在主观上,本罪的成立要求行为人为故意,即行为人必须明知自己侵入的是"他人"的"住宅"。一方面,将他人住宅误以为是自己的住宅或者自己有权进入的住宅而进入的,不成立本罪。另一方面,"住宅"属于规范的构

---

① 参见〔日〕西田典之:《日本刑法各论(第三版)》,刘明祥、王昭武译,中国人民大学出版社2007年版,第78—80页。

成要件要素,不要求行为人认识到自己"住宅"在刑法上的含义,只要行为人认识到自己侵入的是他人进行日常生活的场所即可。

具体至本案,笔者认为在中国法视角下,神原的行为也不构成非法侵入住宅罪,因为:(1)神原侵入的行为不具有非法性。本案中神原持有驹田家的钥匙,且案发前神原和驹田是男女朋友关系,据此可推定驹田在案发前是允许神原进入自己家中,且同意神原居住在自己家中(可认定此种同意并非一次性同意,而是处于长期的、稳定的同意状态)。而在征得住宅主人的同意下进入他人住宅,并不具有非法性。(2)如上所述,驹田后续和神原分手,但他并未直接要求神原交出家中钥匙,在明知神原拥有家中钥匙而不要求她交出的情形下,可视为驹田对神原进入自己家中的同意还处于持续状态。因此,不可将"分手"与"拒绝神原"进入等同。

综上,无论是在日本法视角下还是在中国法视角下,神原的行为均不构成(非法)侵入住宅罪。

9 "扰乱"

9.1 剧情介绍

6月3日,警视厅收到了来自"恶魔之手"的警告信,信上言明要与帝都大学的汤川学教授比一比,"谁,才是真正的天才科学家"?与此同时,汤川学也收到了与"恶魔之手"内容相似的预告信。

当天,高层玻璃窗清洁员上田重之在清扫品川弹珠店的玻璃时坠楼而亡。案件发生后,凶手向警察和汤川学寄出了声明信,信中表示,"恶魔之手"如预告所言进行犯案,使上田重之坠楼而亡。信的背面有一个电影官网的网址,网址的留言区有被害人于6月2日发布的留言,该留言和高空坠落的案件事实相吻合,被认为是凶手的作案预告。

岸谷美砂和汤川学来到案发现场,发现在坠楼的对面有一座停车场可以清楚地看到正在作业的工人。

凶手再次向警方寄信,要求警方召开记者发布会将"恶魔之手"的存在广而告之,且信件附上了一份乱数表作为暗号,并预告最近会进行第二次作案。

6月7日晚上,在大田区大森,石塚清司倒在道口被电车碾死。警方于6月11日收到了来自"恶魔之手"的声明信,信的背面是职业棒球队Earth-Leads的官网,上面有被害人于6月6日曾发布的留言,时间和地点都与案件相符。但根据调查,被害人在秋天即将结婚,并且是忠实的足球迷,自杀动机与事实形成矛盾。

汤川学指出,凶手运用网络的方式发布预告信息的疑点,这样的做法很有可能会使其暴露身份,但到目前为止,警方还未查出发信的地址。栗林推测,凶手可能使用了海外的代理服务器。汤川学重申疑问,如果只是为了达到向警方发预告信的目的,只需要在案发前寄出信,并保证在案发后信被送到就可以了,这样的方式更为安全,大可不必运用网络这种极容易暴露自己的办法。

栗林去拜访朋友高藤英治(后续可知其为凶手),并在他家喝酒聊天,无意中向高藤透露出汤川学对"恶魔之手"没有兴趣,警方也没有把其当回事,并无视了其"被公之于众"的要求。栗林的话语激怒了高藤,高藤直接将"恶魔之手"的声明信寄给了媒体,社会不安的言论出现,警方不得不召开记者见面会。"恶魔之手"的相关事件煽动了大众的情绪,假冒"恶魔之手"的作案报告不断出现。

高藤用公用电话给汤川学打电话挑衅,在电话中不断念乱序表上的暗号,证明自己的要求已得到满足,十分猖狂。

岸谷美砂和汤川学来到第二起案件的案发地点,寻找两起案件的共同点。汤川学再次提出先前的疑问:为什么作案预告要通过网络发布,作案声明却是用书信的方式寄给警方?他进一步提出疑点:事故发生是在7号,凶手寄出石塚清司的作案声明是在10号,距离作案时间已过3天,这期间凶手在做什么?更让汤川学疑惑的是:一般来说,应该是先有作案预告再有作案声明,凶手却反其道而行之。岸谷美砂解释说,案件发生后,石塚清司一直处于病危状态,凶手可能是在网络上得知石塚10号当天去世后,才寄出的作案声明。由此,汤川学发现其中有不可控的因素存在,凶手声称"他可以随便制造事故致人死亡"的说法是不成立的。

汤川学到媒体中心搜索"恶魔之手"的痕迹,根据推测,凶手是通过新闻确认受害者的死亡和姓名,然后才发送声明书的。也就是说,凶手先在 BBS 在线论坛上发布作案预告,第二天再照预告作案。但是,并非每次作案都能成功,如果凶手没有造成事故或者造成了事故但受害者没死,他就不给警方寄声明书,也不会透露作案预告的存在。由此可以得出结论,那些没有死亡的受害者,可能知道关于"恶魔之手"的某些线索。

于是,汤川学通过网络搜索到 BBS 上发布的相似留言——樱花学院堀内真里菜的后援网上有被害人在 6 月 4 日发布的留言,并且是与石塚清司案相同的网名。汤川学推测,这条留言是"恶魔之手"犯罪失手后所留下的内容。通过调查 6 月 5 日通往银座的高速公路上发生的所有没有死亡的事故,汤川学找到了原本的第二个受害人。经受害人描述,在行驶过程中,他感到高速公路看上去波动起伏,并伴随有目眩、耳鸣,所幸他最后安全地将车停到侧道上,避免了事故的发生。

汤川学听后立马明白了事情的起末,并独自联系电视台,表示凶手的作案声明里写的被害人姓名是通过新闻得知的,犯人所用的手段也只不过是单纯的既有科学。这让凶手联想到,十年前,汤川学也是用相同的话评价了他的研究没有脱离既有科学的领域,凶手被彻底激怒了。

6 月 16 日,汤川学有一场关于磁性物理和核磁共振的研究会,需要他驾车前往叶山校区做讲座。于是,汤川学打算以自己为诱饵,引出凶手,并希望警方配合,合力逮捕凶手。

6 月 16 日下午,由栗林开车,汤川学坐在副驾驶上,两人一同前往叶山校区。凶手尾随在两人车后,找准时机,将设备瞄准栗林,使栗林失去平衡感,意欲造成事故,好在汤川学及时躺下免受影响,而后为栗林戴上了微电流耳机,使栗林恢复了平衡感。汤川学迅速确认了凶手的车辆,通知警方前往拦截逮捕。警方打开凶手车门,果然发现了车上的设备。最后,伴随着刺耳的喇叭声长鸣,凶手被缉拿归案。

此外,警方在审讯中还发现,半年前,凶手因与未登记的妻子发生争吵,将其杀害并埋在了奥多摩的山里。

9.2 技术分析

- 超指向性扬声器。

超指向性扬声器又简称为 SDL 或者参量阵扬声器、音频聚光灯,最早由韦斯特维尔特(Westervelt)于 1962 年提出，美国、德国在 2006 年前实现了它真正意义上的商品化，而我国在之前尚未见有成熟的商品化技术报道。传统的扬声器传播的声波具有一定的发散性，而 SDL 传播的声波发散角很小，具有很高的指向性。随着经济和科技的发展，超指向性扬声器会在社会中发挥更多的作用。

超指向性扬声器采用的理论基础是超声波在空气介质中传播时产生的非线性效应。日常生活中，多人同时说话并不会使得某人的话"变质"，这是由小振幅声波遵循线性声学的传播规律决定的。而高频率高强度的超声波在空气中传播时，则出现了非线性效应，与传统的扬声器比较，它的超指向性可谓是相当的精准。但是，在实际的应用中，还需要解决可听频段的失真度、消除声波旁瓣等问题，才可以真正实现技术的产品化。

除了具有超指向性的特点之外，超指向性扬声器还具有低衰减度的特性。基于超声波的定向传输原理，超指向性扬声器可以实现在指定方向上的功率聚集，从而实现更远的传输距离，最终实现集音成束的效果。在产品化过程中，需要通过产品的高度一致性来实现。超声传感器发出 f_1、f_2 两个频率相差不大的超声信号时，会新出现差频信号 f_1-f_2 与和频信号 f_1+f_2。由于高频信号被介质吸收强烈，在一定距离外，只剩下低频的差频信号 f_1-f_2。

- 高频辐射致人头晕的原理

耳朵分为外耳、中耳和内耳。内耳位于颞骨内，由骨迷路和膜迷路构成，膜迷路位于骨迷路内。迷路内充满淋巴，骨迷路与膜迷路之间的叫外淋巴，膜迷路内的叫内淋巴。迷路由前向后分为三部分，即耳蜗、前庭和半规管。耳蜗是听觉感受器，前庭和半规管是位觉感受器。前庭为骨迷路的中部，位于半规管与耳蜗之间，其中有两个相通的膜性小囊，较大的叫椭圆囊，较小的叫球囊。两囊各有一个囊斑，毛细胞在囊斑内，囊斑表面有钙质结晶体，称为耳石。当人体做直线运动（加速或减速）或头的位置发生改变时，由于惯性及重力作用，耳石会牵拉并刺激毛细胞，使其兴奋。神经冲动传入延脑及小脑，反射性地引起姿势反射，以保持身体平衡。同时还有神经冲动传入大脑皮质，以产生位置感觉或变速感觉。半规管共有三条，分别位于三个相互垂直的平面上，各呈半圆形，开口于前庭。每个半规管均有一个较大的膨大部分,称为壶腹,其中各有一个隆起,称壶腹嵴,嵴上有毛细胞。当头部做旋转变速运动时,内淋巴刺激毛细胞使其兴奋,神经冲动经前庭神经传入中枢,一方面引起姿势反射,以维持身体平衡;另一方面还有神经冲动传入大脑皮层,引起旋转感觉。前庭及半规管过敏的人,在从事直线或旋转变速运动时,传入冲动(受到超指向性扬声器高频辐射)使前庭核和小脑产生强烈反应,引起姿势反射障碍和植物性机能紊乱,如头晕、恶心、呕吐、出汗等反应,这就是通常所说的晕车、晕船。[①]

- 汤川学给栗林所使用的抗干扰耳机

科学家发现晕动症状可以使用电流刺激大脑的某些部分来治疗[②],据伦敦帝国理工学院的一个团队表示,这种方法会产生和药物类似的作用,但不会带来困倦感。微弱的电流可以阻断从人耳控制平衡区域传递的信息。伦敦帝国理工学院的研究表明,在头皮上施加微弱的电流可以抑制大脑的回应能力,从而防止晕动症的出现。

无论是哪种方式所产生的晕动症都被认为是由眼睛和耳朵所传递的混合信息而引发的。这种情况下,大脑无法判断是什么导致了头痛和恶心。伦敦帝国理工学院运动和平衡小组的阿尔沙德(Arshad)博士表示,内耳受损的人不会受晕动症影响。因此,其团队使用了"经颅直源电流刺激",尝试控制大脑中的某一个部分,该部分在人们感觉恶心时负责解读从控制平衡感的器官所传来的信息。

相关实验的经过是:20个志愿者被带到"呕吐椅"上,这种椅子类似游乐场那种按一定角度旋转的机动游戏,保证在5分钟之内能让几乎所有人感到恶心,如果转更长时间,就可能会感到身体不适。所有参与者都上去坐了一次,一个小时后,一半的人接受经颅骨的轻微电流刺激以改变大脑活动,另一半则只受到了模拟治疗。平均而言,在接受过刺激治疗后,参与者能够多坚持207秒,之后才会感到眩晕。然而,接受了假治疗的参与者则比第一次还要短57秒(要知道一阵眩晕过后让人很难再重复同样的运动)。

---

① 参见《〈神探伽利略的苦恼〉里的科学》,https://baijiahao.baidu.com/s?id=1719126248498779924&wfr=spider&for=pc,2024年10月30日访问。

② 参见《治疗晕动症又有新招 微弱电流刺激大脑或是解药》,https://www.kepuchina.cn/kjcg/xnsy/201604/t20160416_8741.shtml,2024年10月30日访问。

该结果进一步表明电流刺激缩短了恢复时间。

　　阿尔沙德博士表示，脑部刺激并没有任何已知的副作用，并且这种疗法实施起来比较容易。他还表示，这种设备在未来几年就可以为人所使用，其团队将进一步研究刺激大脑的增强现实和虚拟现实设备在化疗后导致头痛/恶心的可能性。

　　综上分析，可以运用抗干扰耳机传送微弱电流到内耳，使被辐射对象平衡感恢复正常。

- 随机数表

随机数字表是由0～9的数字随机排列（没有任何规律的）的表格，表中有各自独立的数字2500个，从左到右横排为行，从上至下竖排为列。表格形式多样，用法也很多，使用时可根据研究对象总体所含的个体数来确定使用几位随机数字，也就是可以根据需要把它当成任何数字来使用。而随机数表法是用随机数字表代替签号或签筒的一种随机取样的方法，其优点是：一是简单可行，抽样前只需对研究对象进行顺序编号，然后根据随机抽出的编号与研究对象对号入座即可。二是能保证符合抽样的"随机化"原则。所谓"随机化"原则，是指在抽样时使总体的每一个个体都有同等的机会被独立地抽到样本中来，即"机会均等"的原则。抽中与否全都是偶然的，从而使抽取的样本更具代表性。

　　因此，凶手随信附上随机数表作为加密暗号，不会引起一些冒牌"凶手"的恐慌。

- 反心理陷阱

反心理陷阱就是指打心理战时想到对方会怎么样想，而为对方这种想法设下的陷阱。也就是利用逆向思维，为对手留下明确的陷阱指向，迷惑对手。本案中，汤川学在凶手引起群众恐慌后，在媒体上说："大家完全不用担心会被恶魔之手报复，凶手只能在特定地点引发事故，无法让特定对象意外身亡。凶手根本不知道自己杀死之人是谁，只是在事故后对号入座，犯罪手段也是随处可见的，技术是相当低级的案件。"汤川学猜到了凶手的想法，这对凶手的心理产生了较大的打击，从而对破案成功起到了很大作用。

　　综上分析，本案技术上的逻辑基本成立，没有明显不符合物理原理的情况。

9.3 法律分析

【争议焦点一】

本案中凶手高藤利用长射程声波设备干扰被害人平衡，从而造成被害人死亡的行为是否属于故意杀人罪？

1. 日本法视角下的分析

A. 关联法条

《日本刑法典》

第199条：杀人的，处死刑、无期或者五年以上有期徒刑。

B. 具体分析

本案中判断高藤是否构成故意杀人罪，关键是判断其行为是否具有致人死亡的危害性，以及其行为与被害人的死亡结果之间是否具有因果关系。

首先，需要分析高藤向被害人发射长射程声波设备从而干扰被害人平衡的行为是否为故意杀人罪的实行行为。实行行为是指各构成要件所预定的行为，针对实行行为的判断，日本学界存在不同观点。如"幻惑"案中所述，西田典之教授认为，实行行为是与既遂结果发生的具体性危险即未遂结果之间具有相当因果关系的行为。但前田雅英教授指出，在结果犯中，实行行为是具有发生各种犯罪类型中所规定的结果的危险性的行为。作为杀人罪的实行行为，把人杀死的行为必须是类型性地导致人死亡的行为。凡不具有使人死亡的危险性的行为，不能说是杀害行为。[①]

虽然以上两位学者对于实行行为的解读有所不同，但本质上他们对于实行行为的判断都是集中于行为的危险性（尽管西田典之教授是从因果关系角度切入，但能够合乎规律地引起危害结果发生的行为必然具有发生危害结果的危险性）。具体至本案，笔者认为，高藤向被害人发射长射程声波设备从而干扰被害人平衡的行为是故意杀人罪的实行行为。因为从案发情形来看，平衡感对于正在进行高空作业的工人以及在轨道旁边行走的人来

---

① 参见〔日〕前田雅英：《刑法总论讲义（第6版）》，曾文科译，北京大学出版社2017年版，第66—67页。

说至关重要,而高藤利用超声波设备干扰两人的平衡,其带来的危险相当于射击正在高速运行的车辆轮胎,危害巨大。虽然在一般情形下,高藤的行为不具有致人死亡的危险,但具体至本案,结合案发时的客观因素和被害人的相关情况,应认定高藤的行为具有致人死亡的危险,属于故意杀人罪的实行行为。

其次,需要分析高藤向被害人发射长射程声波设备从而干扰被害人平衡的行为与被害人死亡结果之间是否存在因果关系。如"灵动"案所述,按照日本的通说与判例的一般观点,因果关系的判断可分为以下两个阶段:第一个阶段是判断是否存在条件关系,第二个阶段是在此基础上再判断是否存在相当因果关系。条件关系是指行为与结果之间是否存在事实上的关联;相当因果关系则是以存在条件关系为基础,进一步就客观归责的范围作出规范性限定,即行为与结果之间的关系必须在经验法则上具有相当性。针对条件关系的判断,日本通说采取必要条件说,即"如果没有这种行为,便不会发生那种结果"。针对相当因果关系的判断,应坚持以下路径:无论是行为之时的危险,还是行为之后的危险,只要属于经验法则上罕见的情况、通常不可能出现的情况,均不得成为因果关系判断的素材。也就是说,如果行为时的罕见危险实现于结果,或者行为时的危险经过罕见的因果过程而实现于结果,均不具有相当性,应否定因果关系的成立。具体至本案,笔者认为,高藤向被害人发射长射程声波设备从而干扰被害人平衡的行为与被害人死亡结果之间存在因果关系,因为:(1)没有高藤的行为,本案中两位被害人便不会死亡,行为与结果之间存在条件关系。(2)高藤的行为影响了本案中两位被害人的平衡感,基于当时的客观情况,在高空中或者轨道边失去平衡感而从空中掉落或者跌入车轨,属于正常的事物发展路径,这一因果进程符合通常的经验法则,并非罕见或异常的情况。因此,高藤的行为与本案中两位被害人的死亡结果具有因果关系。

由于高藤的行为具有致人死亡的危险,属于故意杀人罪的实行行为,且高藤的行为与本案中两位被害人的死亡结果之间具有因果关系,因此本案中高藤构成故意杀人罪,且存在两个故意杀人罪,应并罚。

2. 中国法视角下的分析

A. 关联法条

《中华人民共和国刑法》

第232条：故意杀人的，处死刑、无期徒刑或者十年以上有期徒刑；情节较轻的，处三年以上十年以下有期徒刑。

B. 具体分析

如"灵动"案所述，由于我国传统的必然—偶然因果关系理论采取哲学式的话语体系和理论范式，缺少法律层面的价值考量，没有创设出较为明晰的判断规则，在面对复杂的因果关系情形时适用乏力，日渐式微，日本通说相当因果关系说逐渐在我国成为主流学说。可见，在因果关系的判断立场上，我国与日本一致。

而如"幻惑"案所述，我国刑法主流学说认为，实行行为是指符合刑法分则所规定的构成要件的行为，如故意杀人罪的实行行为就是"杀人"。实行行为的认定不仅是形式上符合构成要件的行为，而且是具有侵害法益的紧迫危险的行为。至于某种行为是否具有侵害法益的紧迫危险，应以行为时存在的所有客观事实为基础，并对客观事实进行一定程度的抽象，同时站在行为时的立场，原则上按照客观的因果法则进行判断。具体至本案，笔者认为，本案中高藤的行为属于故意杀人罪的实行行为。因为故意杀人罪的保护法益是人的生命权，基于案发时的客观情况（被害人上田重之正在进行高空作业、被害人石塚清司正在轨道边行走），高藤的行为造成两被害人失去平衡感，使得被害人上田重之从空中跌落、石塚清司跌入轨道，从而对两被害人的生命造成巨大威胁。因此，高藤的行为是具有侵害故意杀人罪保护法益的紧迫危险，在本案中可认定为故意杀人罪的实行行为。

综上所述，无论是在日本法视角下还是在中国法视角下，高藤利用长射程声波设备干扰被害人平衡，从而造成被害人死亡的行为均属于故意杀人罪。

【争议焦点二】

本案中高藤将犯罪声明信寄给媒体的行为是否犯罪？

1. 日本法视角下的分析

纵观日本刑法典,其并未就故意传播恐怖信息的行为规定成犯罪,而依据日本现行刑法,也并未有合适的罪名将此行为进行规制,因此在日本法视角下,无法将高藤把犯罪声明信寄给媒体的行为视为犯罪。

2. 中国法视角下的分析

A. 关联法条

《中华人民共和国刑法》

第291条之一:投放虚假的爆炸性、毒害性、放射性、传染病病原体等物质,或者编造爆炸威胁、生化威胁、放射威胁等恐怖信息,或者明知是编造的恐怖信息而故意传播,严重扰乱社会秩序的,处五年以下有期徒刑、拘役或者管制;造成严重后果的,处五年以上有期徒刑。

编造虚假的险情、疫情、灾情、警情,在信息网络或者其他媒体上传播,或者明知是上述虚假信息,故意在信息网络或者其他媒体上传播,严重扰乱社会秩序的,处三年以下有期徒刑、拘役或者管制;造成严重后果的,处三年以上七年以下有期徒刑。

B. 具体分析

不同于日本刑法典,《中华人民共和国刑法》第291条之一第2款规定了编造、故意传播虚假信息罪。本罪是指编造虚假的险情、疫情、灾情警情,在信息网络或者其他媒体上传播,或者明知是上述虚假信息,故意在信息网络或者其他媒体上传播,严重扰乱社会秩序的行为。"险情"是指可能造成重大人员伤亡或者重大财产损失的危险情况;"疫情"是指传染病与重大疾病的发生、蔓延等情况;"灾情"是指火灾、水灾、地质灾害等灾害情况;"警情"是指引起警察采取重大措施的情况。本罪中的编造行为不仅包括完全凭空捏造的行为,而且包括对某些信息进行加工、修改的行为。传播是指将虚假恐怖信息传达至不特定或者多数人的行为,向特定人传达且怂恿其向其他人传达的行为,也应认定为传播。编造与传播行为,只有造成了扰乱社会秩序的结果时,才成立犯罪。编造与传播行为必须出于故意,以为是真实信息而传播的,不成立本罪。同时,成立本罪,以发生"严重扰乱社会秩序"的结果(如引起了公众的严重恐慌,导致公安机关花费大量人力、物力排除虚假物质或者消除影响等)为要件。单纯使特定人员产生恐惧心理的恐吓、胁迫行为,没有严重扰乱社会秩序的,不能认定为本罪。①

具体至本案,笔者认为,在中国法视角下,高藤将犯罪声明邮寄给媒体导致社会产生不安的行为应构成编造、传播虚假信息罪,因为:(1)高藤将自己故意杀人行为美化成"恶魔之手",但事实上根本不存在恶魔之手,属于编造虚假的信息。(2)高藤编造"恶魔之手"这一虚假信息,将引起警方采取重大措施对本案中相关被害人的死亡真相进行调查,该信息属于虚假的警情信息。(3)高藤将犯罪声明邮寄至媒体,经媒体报道而使社会公众对此信息知晓,属于传播行为。(4)高藤的这一行为煽动了大众情绪,激发了社会不安的言论,使许多假冒是"恶魔之手"的作案报告频出,迫使警方不得不采取相关措施稳定社会秩序,表明发生了"严重扰乱社会秩序"的结果。(5)高藤明知"恶魔之手"并不存在,却积极传播该虚假信息,造成社会恐慌,说明其主观上具有编造、传播虚假信息的故意。因此,高藤的行为符合编造、传播虚假信息罪的构成要件,应成立本罪。

综上,高藤将犯罪声明信寄给媒体的行为在中国和日本将面临不同的评价,其在日本不被认定为犯罪,而在中国可被认定为编造、传播虚假信息罪。这主要是由于我国和日本的社会环境存在差异,立法者在规定罚与不罚时存在取舍。但不可否认,故意、传播虚假信息造成社会恐慌的行为具有严重的社会危害性,日本刑法典也应将该行为规定为独立的罪名,以稳定社会秩序。

10 "圣女的救赎"

10.1 剧情介绍

真柴绫音是一位模范妻子,她任劳任怨地辅佐丈夫,精心照顾他的起居

---

① 参见张明楷:《刑法学(第六版)》(下),法律出版社2021年版,第1391—1392页。

饮食。她婚后一年便放弃了自己挚爱的事业，斩断了所有社交并且一年都没有回过娘家。这次她久违地回到北海道和阔别一年的好友们相聚，正当绫音开心地跟旧友们分享幸福的婚姻生活时，她接到电话，被告知丈夫真柴义孝中毒死在了东京的家中。

警方第一时间赶到案发现场，地上散落着咖啡杯碎片以及咖啡残液、两张使用过的咖啡滤纸，垃圾桶里有一瓶喝光了的纯净水瓶，厨房台上放着烧水壶。经过检测机构鉴定，义孝的咖啡中还有足量的砒霜，这让绫音悲痛欲绝。恢复平静之后，绫音仍然打理好了家中的一切，去给楼上的花儿们浇水，一想到这是丈夫最喜欢的玫瑰花，她忍不住再次失声痛哭。

案件的疑点难住了负责此案的女警官岸谷，不得已之下，她再次来到汤川学的实验室。她描述道，案发当天，死者在上午十点和同事们开视频会议的时候，已经在喝咖啡了，但当时没有任何的中毒征兆。下午两点左右，义孝的家门口突然出现一个撑着伞的女人，此时家中的报警器也响了起来。义孝还和安保公司的工作人员解释，是自己忘记关闭警报器就去开门才触发了报警器。因为缺席了公司的视频会议，义孝被发现失联是下午四点左右，也就是说死者遇害是在下午2:00~4:00之间。检测人员在地板上的咖啡、咖啡杯、滤纸、水壶中均检测到了砒霜的成分，但奇怪的是，在纯净水和第一张滤纸中并没有发现砒霜的痕迹。凶手到底是以怎样的方式下毒才能悄无声息地毒害死者呢？更重要的是，监视器里显示，在妻子绫音离开家后，丈夫义孝一直都是一个人待在家里，其间没有任何人进入。

尽管如此，汤川学并没有兴趣接受这个案件，但就当他马上要拒绝岸谷的邀请时，意外发现死者的家属真柴绫音就是自己的中学同学三田绫音。汤川学还是去见了阔别二十多年的旧识绫音。当绫音得知汤川学会协助警方调查她丈夫的案件时，面露惊讶。

汤川学与绫音来到案发现场时，汤川学也注意到了门口盛开着的鲜艳的玫瑰花，因为他清楚地记得中学时代的绫音说过，她讨厌一切带刺的花，无论它们多么美丽。得知一直是绫音打理这片义孝最喜欢的玫瑰花园时，汤川学在心中感叹绫音为丈夫所做的牺牲。原来，作为公司社长的义孝对自己的健康极为重视，对饮用水的要求尤其严苛，家里就连煮饭烹饪用的水都要是纯净水，即使没有纯净水，他也会让绫音用净水器里面的水。此时，汤川学打开水池下方的净水器,发现周围布满了灰尘,很明显没有任何人为留下的痕迹。同时,他也注意到绫音家的客厅挂着一张壁毯,绫音说这是她花费一年的时间编织而成的。

岸谷找到之前与绫音同在一家幼稚园工作的老师了解到,一年前绫音怀孕后,便立刻结婚了。但没过多久,绫音因为一场意外失去了肚子里的宝宝,也许是因为太过珍惜爱人和家庭,自那以后绫音便断绝了一切社交,放下事业,专心回归家庭,辅佐丈夫。老师也毫不避讳地说出自己的怀疑,她认为绫音的事故是有人故意为之。

岸谷又找到了义孝的公司同事,他们说社长在和绫音结婚之前,的确有一个交往过很久的前女友,但是女人分手后因大受打击已经离开人世,所以并不可能是杀害义孝的凶手。岸谷只好重新回到绫音出事的案发现场进行调查,那场事故的主治医生说出的一番话震惊了岸谷。原来义孝并不是人们想象中的好丈夫,也不值得绫音一直生活在悲痛中走不出来。在绫音出事入院后,义孝来到医院,首先关心的竟然不是妻子的身体状况,而是问主治医生妻子能否在接下来的一年内生出孩子,甚至还放言,如果一年内没有孩子就会和绫音离婚。对义孝而言,与绫音的婚姻只是为了有一个带有良好基因的孩子,在他眼里,妻子只是生育工具。

绫音逐渐走出了丧夫之痛,她来到汤川学的实验室,请求汤川学为幼稚园的小朋友上一节实验课。出于二人的情谊,汤川学答应了。汤川学给孩子们做的实验看起来颇为简单,实际却蕴含深意,甚至可以说,这就是他猜想中凶手的作案手法。实验中,汤川学将纯净水倒入电水壶中煮沸,倒在第一个杯子里面呈现透明色,再用同样的操作煮沸第二次和第三次倒入的纯净水,这两次分别倒出了红色和紫色的水(理论分析放在第二部分)。此时,绫音也意识到汤川学在怀疑自己。面对汤川学的质疑,绫音表示自己并没有杀害丈夫义孝的动机。但是,一向感情迟缓的汤川学却一语道破真相:一个女人为了丈夫和家庭放弃自己的一切,甚至愿意去悉心照料自己最不喜欢的玫瑰花,如果这样还被告知离婚的话,她的心里一定会因爱生恨。

当汤川学的助理栗林得知汤川学目前的怀疑对象就是绫音时,他与汤川学发生了激烈争吵。人们早在绫音的诱导下将她排除在嫌疑人的范围外。与此同时,一直因心疼绫音而帮助其浇花的光头警官发现,阳台上的一盆花总是枯萎,即使从花市重新更换一株也是好景不长。岸谷也意外找到了案发当天撑伞的女人,原来她是一个传教士,当天只是来到义孝家里分发传单,被拒之门外后就离开了。目前为止,可怀疑的对象就只有绫音一人。

汤川学和岸谷再一次来到案发现场,案发当天,冰箱里只剩下足够冲一杯咖啡的纯净水,那么导致义孝中毒的第二杯咖啡就可能来自净水器,但是鉴证科已经检验过死者家的自来水和净水器的过滤芯,它们之中都没有类似于砒霜的成分,而且净水器周边布满的灰尘没有被破坏的痕迹,证明近期并没有人碰过净水器。但当汤川学看见绫音使用净水器的水浇花时,他明白了一切。同时,岸谷从治疗绫音的医生那里得知,绫音一直在吃避免怀孕的药物,并且在案发前两天,绫音家附近的超市送了绫音6瓶纯净水,但案发当天,家里却只剩下一个空瓶。

原来一年前,绫音就悄悄地把一张塑料薄膜放置在净水器的过滤器上,然后再用小勺轻轻地将砒霜放置在薄膜上面。自此以后,她再也没用过净水器里面的水。这一年,绫音时时刻刻坐在客厅的沙发上缝制地毯,不让任何人进入她的厨房,甚至连丈夫夜里起身去卫生间,她都要在此守候,丈夫喝杯水,她都要立即起身亲自去厨房为丈夫倒水。这一年,她放下了事业和家人,全心全意地待在义孝身边照顾他,希望丈夫能够回心转意。但是结果未能如愿,丈夫在一年之后依旧向她提出离婚。绫音提出,在离婚前自己要回一趟北海道的老家。在她回北海道的前一天晚上,趁着丈夫义孝熟睡,她悄悄地将家里剩余的几瓶纯净水倒掉,只在冰箱里留下足够冲泡一杯咖啡的水量。在出门之前,她确认了丈夫会一整天待在家里,并开启了安保程序。绫音出门的一瞬间,便在心底彻底宣判了丈夫的死刑。

一切如绫音所料,义孝冲泡了第一杯咖啡之后,发现家里再无纯净水,十分在意健康的他,在冲泡第二杯咖啡时使用了净水器。但还没有喝完第二杯咖啡,义孝便毒发身亡。而这一切都在绫音的掌控之中,甚至她的犯罪证据,也在浇花的过程中渐渐毁灭了。绫音用她惊人的意志力蓄谋了一年,不留痕迹地杀害了自己的丈夫。

汤川学将一切的猜想写在留给岸谷的信件中,最后一句话写的是"无法被证实的假设就不能成为真相"。案发后,绫音第一次给花浇水时,含有砒霜的水浸入了玫瑰花中,所以那盆玫瑰花总是枯萎难以养活,而它也最终成为给绫音定罪的关键。

10.2 技术分析

• 砒霜

本案的关键技术逻辑不成立,作为植物的玫瑰花并不会因为接触到带有砒霜的水而凋零。

1. 砒霜的性质

砒霜是三氧化二砷的俗称,是一种无机化合物,化学式为 As_2O_3,无臭,表现为白色粉末或结晶。砒霜有三种晶形:单斜晶体相对密度 4.15,193 ℃升华;立方晶体相对密度 3.865;无定形体相对密度 3.738,熔点 312.3 ℃。单斜晶体和立方晶体溶于乙醇、酸类和碱类;无定形体溶于酸类和碱类,但不溶于乙醇。工业品因所含杂质不同,略呈红色、灰色或黄色。砷进入体内以后,可以与血中的蛋白质、氨基酸结合,随着血流分布到全身各个脏器。砷的毒性作用是与体内的酶、蛋白质分子结构中的巯基以及羟基结合,使酶失去活性,从而干扰细胞的正常代谢,影响呼吸和氧化过程,使细胞发生病变,还可以抑制细胞的分裂和增殖。砷还可以直接损伤小动脉和毛细血管壁,作用于血管收缩中枢,导致血管的渗透性增强,引起血容量的降低,加重胀气的损害。砷中毒主要的临床表现是口服以后即出现恶心、呕吐、腹痛、腹泻、水样血便,引起脱水以及循环的衰竭,中枢神经系统会表现出烦躁不安、谵妄、四肢肌肉痉挛、意识模糊,甚至昏迷,最后因呼吸中枢麻痹而死亡。急性砷中毒还会引发急性肾衰竭,以及中毒性肝炎、中毒性心肌炎等,慢性的砷中毒主要是以神经衰弱症状为主。

2. 砒霜对于动物的毒性

砒霜的毒性是由于砷对体内酶蛋白的巯基具有特殊的亲和力,可与许多含巯基的酶结合,使其失去活力,从而影响细胞的正常代谢,最终导致细胞死亡。砷进入血液循环后一方面麻痹血管运动中枢,另一方面直接作用于毛细血管,使毛细血管发生麻痹和扩张,造成渗透性变化,使腹腔脏器严重充血。血液滞留于腹腔毛细血管中,且管壁渗透性增加,体液渗出进入肠内可引起剧烈腹泻。同时,由于砷对胃黏膜的刺激,内服后能引起剧烈呕吐。人体口服中毒量为 0.005 g 至 0.05 g,致死量为 0.1 g 至 0.3 g。

中毒症状为典型的急性中毒,可在口服 2 到 3 小时乃至数日后出现恶心、呕吐、腹痛、便血、四肢痛性痉挛、少尿、无尿昏迷、抽搐等霍乱样中毒症状,并最终导致呼吸麻痹而死亡。在急性中毒的 1 到 3 周内可发生周围神经病中毒性心肌炎、肝炎。大量吸入亦可引起急性中毒,但消化道症状较轻指(趾)甲上会出现 M 氏纹。慢性中毒主要是消化系统症状,如肝肾损害,皮肤色素沉着、角化过度或疣状增生以及多发性周围神经炎,可致肺癌、皮肤癌。

不同剂量的砒霜会出现不同的症状和结果,大剂量的砒霜会出现急性肠胃炎、剧烈呕吐和严重的腹泻,数小时以后出现皮肤湿冷、血压下降等,最终导致死亡,小剂量的砒霜导致的慢性中毒会引起恶心、呕吐、头痛头晕、局部麻痹等,持续数周甚至数月。最后死亡多是因为多器官功能衰竭,但电影里面那种砒霜吃下去一分钟毙命可能性极小,若服用后感到不适,当事人依旧存在较多自救的可能性。

3. 砒霜对于植物的毒性

但对于植物,砒霜有没有毒性取决于土壤中的浓度,低浓度的砒霜还有助于植物生长,在农学和环境科学领域里,土壤的砷污染研究是一个非常重要的课题。无论是砷还是砷,虽然在土壤中微量存在时会促进植物的生长,但在过量时对植物都有毒性,而且二者在土壤这样的天然化学反应容器里还可以互相转化。砷中毒的植物会有非常明显的外观症状,即根条数减少,根系发黑、发褐,同时植株矮小,根重和根体积下降,叶片发黄,生长发育延迟;严重时则不能开花结实,直至死亡。砷可以从很多方面影响植物的生理代谢。最关键的问题是随着土壤砷含量的增大,会影响叶绿素的合成。植物的叶绿素含量会不断地降低,茎叶的蔗糖酶的活性不断地下降,从而严重抑制光合作用的进行,造成植物本身的营养不良。砷还会直接抑制植物细胞的线粒体的呼吸作用。原形态的砒霜会破坏线粒体内膜的电位差,干扰 ATP 的合成,而砷酸盐则会抑制氧化磷酸化过程,使得植物细胞无法获得正常生理活动所需的足够能量。至于原因,其实现在学界尚未达成共识。部分科学家认为,砷会与植物中蛋白质的巯基结合使蛋白质变性,尤其影响一些关键酶的活性,干扰植物正常的生理代谢。还有科学家则认为,砷和磷同族,化学性质相近,会拮抗植物对磷甚至氮的利用。但究竟哪种作用是关键,仍待研究。

从本案过程可知,净水器当中的砒霜含量是相当低的,如此低的砒霜不足以让植物玫瑰死亡。

10.3 法律分析

【争议焦点】

本案中绫音在家中饮水机中下砒霜的行为构成何罪?

1. 日本法视角下的分析

A. 关联法条

《日本刑法典》

第199条:杀人的,处死刑、无期或者五年以上有期徒刑。

B. 具体分析

本案经过汤川学的调查之后,案件真相已经明晰:绫音在家中的净水器管道中加入砒霜,并倒光其他无毒的饮用水,迫使丈夫义孝只能接有毒的饮用水冲咖啡,从而中毒身亡。从案件结果来看,绫音构成故意杀人罪并无争议。但笔者认为,本案不同于普通的投毒案,绫音故意杀人的行为内容值得进一步讨论。

众所周知,砒霜是剧毒性物质,对人具有致命性危害。那么,是否就能认定绫音在净水器过滤器中投入砒霜就属于故意杀人行为呢?笔者认为,绫音在一年前把砒霜放入净水器的行为并不属于故意杀人行为。因为如前所述,故意杀人罪的实行行为要求行为具有致人死亡的危险。而本案中绫音在投毒后采取了严密的防护措施以防止丈夫中毒,正是在其防护下,丈夫并没有接触到含有砒霜的水,故此时其行为并不具有致丈夫死亡的危险,不能认定绫音实施了故意杀人行为。由于绫音先前投放砒霜的行为,该行为具有导致死亡结果发生的可能性,因此其在后续的时间里一直具有防止危害结果发生的义务。而在一年后,绫音停止了该防止行为,致使义孝饮用了含有砒霜的纯净水而中毒身亡。而此时真正对义孝的生命产生危险的行为是其停止防护措施的行为(抑或称为未继续履行防护措施),该行为属于一种不作为,才是绫音故意杀人罪的实行行为。

2. 中国法视角下的分析

A. 关联法条

《中华人民共和国刑法》(2023年修正)

第 125 条：非法制造、买卖、运输、邮寄、储存枪支、弹药、爆炸物的,处三年以上十年以下有期徒刑;情节严重的,处十年以上有期徒刑、无期徒刑或者死刑。

非法制造、买卖、运输、储存毒害性、放射性、传染病病原体等物质,危害公共安全的,依照前款的规定处罚。

单位犯前两款罪的,对单位判处罚金,并对其直接负责的主管人员和其他直接责任人员,依照第一款的规定处罚。

第 232 条：故意杀人的,处死刑、无期徒刑或者十年以上有期徒刑;情节较轻的,处三年以上十年以下有期徒刑。

B. 具体分析

由于中国刑法典和日本刑法典关于故意杀人罪的规定并无较大差异,因此在中国法视角下绫音在家中净水器中投放砒霜的行为亦构成故意杀人罪,其实行行为为后续中止防护的行为(即不作为)。具体分析笔者不再赘述。

然而,《中华人民共和国刑法》第 125 条规定了非法储存毒害性物质犯罪,与本案绫音的行为类似。因此,笔者下面想讨论绫音在家中净水器中存放砒霜的行为是否构成犯罪。依据我国通说,成立非法储存毒害性物质罪,必须危害公共安全。而公共安全是指不特定或者多数人的生命、身体的安全以及公众生活的平稳与安宁。在本案中,绫音是将砒霜放在家中的净水器中,并用隔膜包裹住。该净水器管道并不对接外界,即净水器中的水是无法流向外界的。因此,绫音虽然非法储存了毒害性物质,但其行为并不会导致社会不特定或者多数人的生命、身体的安全遭受侵害,不会危害公共安全。因此,绫音不构成非法储存毒害性物质犯罪。

综上分析,在日本法视角下和中国法视角下,绫音的行为均只构成故意杀人罪,且其故意杀人罪的实行行为为后续中止防护行为,属于不作为的故意杀人罪。

第三章 《神探伽利略》特别篇[①]

1 "操纵"

1.1 剧情简介

这部特别篇讲述的密室杀人案件发生于刑警内海薰和汤川学教授认识的三年之前,也就是 2004 年。

案件发生在日之江岛,主要人物友永幸正由于脑梗引发瘫痪,不得不放弃自己原来公司社长的职务,在家中静养,由女儿奈美惠照顾日常起居。在一个夜里,他的社员来看望他,问及他的日常生活时,他主动向他们展示了自己的一些新的"发明":瓶中船以及自制的拐杖——一个由折叠伞改造的手杖,可以方便地伸缩来勾取远处的物品,也可以用激光指示器射向自己想要的物品,然后让奈美惠帮忙拿取。而正当友永幸正欣喜地介绍自己的发明时,其中一个社员不小心说错了话,提到"回到第一线",友永幸正这才想起自己残疾的事实,落寞中推辞自己要上楼休息了。

友永幸正离开后,社员们向奈美惠询问他近来的生活状况。期间,通过他们的谈话得知——由于积极的恢复,友永幸正现在凭借拐杖已经可以基本站立,但其他的生活事务还需要奈美惠尽心照顾。而当其中一个人问到对面小屋住的人时,众人陷入沉默,气氛显得十分诡异和尴尬,其中一位回答道,对面小屋住的是"社长的儿子",然后便草草结束了这个话题,奈美惠也以"去拿冰块"为由离开了人们的视线。提到"社长的儿子"时,从奈美惠和两位知情的社员讳莫如深的样子来看,这是不方便或者不愿意被提及的话题。

而此时,所谓"社长的儿子"即 31 岁的友永邦宏,正在不远处的小屋内

[①] 除《神探伽利略》第一、二季电视剧外,其他围绕汤川学推出的特别版、剧场版等均归入"特别篇"。

打着电动游戏。从这个细节上也能看出社长的儿子实际上是不受欢迎或者是没有尽到儿子的义务的，因为类似于这种家中来客人的场合，一般情况下家庭正式成员都会到场，他却始终没有露面。这时，小屋内的电话铃响起，友永邦宏拿起电话接听时，心脏突然被击穿，血流不止倒地身亡，但此时小屋的房门紧锁，现场也没有任何他人进入的痕迹。那友永邦宏的心脏是怎样被击穿的呢？画面一转，主宅的社员们听到了玻璃碎裂的声音，走到窗边查看，可还没能看清楚究竟是哪的玻璃碎了，就只见对面的小屋内突然燃起了熊熊大火。画面再一转，同一时刻，在远处礁石上钓鱼的渔夫恰好发现自己的渔线莫名其妙断掉了。

接到报警的刑警草薙在机缘巧合下正与自己的大学同学汤川学会面，便邀请汤川学与自己一起调查。草薙告知了汤川学此次案件的基本信息——死者是遭刺杀而亡的，伤口大小横3厘米、竖0.5厘米，贯穿了整个胸背部。汤川学听后产生了兴趣，决定帮助草薙调查。

之后草薙一行人来到案发现场，在调查中发现，案发现场留下的电话并没有通话记录，便怀疑是死者在想要打电话时被杀害（这就与之前所说的被害者听到电话铃声，为了接电话来到窗前有出入）。同时，已查明被害者是因背后刺杀而亡的，且发生火灾的原因是屋内的烟花被引燃。但根据现场对于房屋构造的观察，凶手无法在作案后从紧锁的屋内逃出。那么，这个密室杀人案究竟是如何完成的呢？调查完回警局的路上，草薙告知汤川学，死者友永邦宏实际上是相当不受欢迎的角色。警方通过对周围邻居走访了解到，友永邦宏实际上是社长30年前已经离婚的前妻的儿子，而这名前妻在友永邦宏1岁时便带着他离开了友永幸正。现在照顾社长的奈美惠是其第二任因车祸意外去世的妻子的女儿，而社长的脑梗也是在第二任妻子车祸去世时落下的疾病。就在社长遭遇重大变故、瘫痪于轮椅上时，30年未见的友永邦宏因社长第一任妻子的去世再次出现，并且强制要求瘫痪的社长承担所谓的"抚养责任"，并自顾自住进了对面的小屋，之后甚至让社长变卖土地替自己偿还了1000多万日元的债务。友永邦宏这种不管不顾、肆意妄为的行径也招致了街坊邻里的不满。

之后，草薙和汤川学便来到友永社长之前任职的公司，对当晚在主屋的社员进行询问。根据社员们的描述，友永社长原来任职的公司主要是运用溶解和溶射技术对金属进行加工，而溶射就是在金属表面进行涂层以达到强化产品的技术。公司主要经营的是净化泵和飞机引擎,同时也做一种爆炸成形的特殊金属加工工作。友永幸正不仅自己努力钻研金属加工技术,也成功将原来的工厂做成了现在的公司。友永幸正此前任职的公司中关于宇宙开发领域的成形炸药是他本人发明的,这一技术甚至能为美国航天局提供技术支持,而他本人也因对于金属成形技术的熟练掌握被称为"金属魔术师"。而经过了解,草薙又告知汤川学,实际上友永社长和其第一任妻子的离婚是无效的,而由于奈美惠并非社长亲生,也不是其养女,在其去世后便不能拥有遗产的继承权,因此奈美惠有了高度嫌疑。

汤川学再次来到案发现场附近,却碰巧遇到了盐野谷,盐野谷分享了自己在路上发现玻璃碎片这一重要线索。二人再次回到案发现场,但小屋并无玻璃窗,于是二人便在小屋周围寻找,又再次发现玻璃碎片。沿着小路上的玻璃碎片,汤川学发现地上断口平整的树枝,沿着山壁向上攀,则发现了更大的断口平整的树枝。突然间汤川学仿佛了解了一切,他来到当天晚上渔夫所在的岩石圈上分析案件,之后跳入海水。

做完上述行为后,汤川学来到实验室为草薙等人讲解杀人原理。当汤川学利用金属爆炸成形的技术为草薙等人再现了友永邦宏被害当晚的情况,再将友永幸正 20 年前所写的《关于爆炸成形中金属流体行动的解析》文章交给草薙后,凶手是谁终于不言而喻。

知晓一切后,草薙和汤川学等人来到友永幸正的住宅。随着汤川学的推理,我们知道了奈美惠案发之前和友永幸正曾来到对面小屋取瓶中船。而在此期间,友永幸正就趁机将金属爆炸装置放在了面对窗户的柜子上,并用烟花做掩盖。案发当晚,友永幸正回到房间休息后,就用内线电话打给友永邦宏(这就是为什么电话里没有通话记录),骗他到窗边确认自己的快艇,然后趁机按下按钮,爆炸成形的金属发出清脆的玻璃破碎声后,迅速地穿过邦宏的心脏,割断了树枝和鱼线,最后沉入海底,同时炸药的高温引燃了屋内的烟花,将房子一把火烧了。就这样,友永幸正成功在住宅内完成了对自己儿子的远距离射杀。

事后,友永幸正对犯罪事实供认不讳,对这样的结果奈美惠愧疚不已,认为父亲是为了让她可以继承遗产才决定杀害友永邦宏,又为了不拖累她接下来的生活才让警察识破诡计,主动将自己送进了监狱。汤川学也受到了这个案件的影响，开始发觉人心也是值得研究的，于是在接下来的日子里帮助草薙侦破了一个又一个的案子。

1.2 技术分析

- ER流体加石蜡产生大量泡沫的原理

本案中，装有ER流体的实验装置中滴入液体石蜡，产生了大量泡沫。泡沫是不溶性气体在外力作用下，进入到低表面张力的液体中，并被液体隔离所造成的，而在液体泡沫中，液体薄膜——液体和气体的界面——起着重要的作用。仅有一个界面的叫气泡，具有多个界面的气泡聚集体则叫泡沫。笔者查阅相关资料后，猜测液体石蜡在此次实验中是作为表面活性剂而存在。液体石蜡的主要成分为 $C_{16}-C_{20}$ 正构烷烃，是从原油分馏所得到的无色无味的混合物。它可以分成轻质矿物油及一般矿物油两种，其中轻质矿物油的比重及黏稠度较低。液体石蜡性状为无色透明油状液体，在日光下观察不显荧光，室温下无臭无味，加热后略有石油臭；不溶于水、甘油、冷乙醇，溶于苯、乙醚、氯仿、二硫化碳、热乙醇；与除蓖麻油外的大多数脂肪油能任意混合，樟脑、薄荷脑及大多数天然或人造麝香均能被溶解。

液体石蜡能够稳定气泡的原因有以下几点：

(1)由于双吸附层的覆盖，气泡膜中的液体不易挥发，并且由于活性剂分子间的吸力，使双吸附层具有一定的强度。

(2)活性剂分子中的极性基在水中水化，使液膜中水的黏度增大、流动性变差，从而保持液膜具有一定的厚度而不易破裂。

(3)活性剂分子中的亲油链之间的吸引，会提高吸附层的机械强度。

- 大气压强

本案中，汤川学为了证明有一种不直接动手就能使人摔死的方法，精心设计了一个关于大气压强的实验：首先在锅里倒入少量的热水，然后加热，等水开始沸腾并冒出大量蒸汽后，再关闭煤气。接着，他一口气冷却锅中的水，并用冰块堵住锅子的蒸汽孔，利用大气压强使锅盖无法掀开。接下来，他将吸尘器电线缠绕在受害人身上，并将另一端固定在锅盖上。当锅盖上的冰块随着时间的推移开始融化，气孔中的空气渗入锅内，造成锅内的气压升高，从而锅盖被大气压力强行掀开。

地球被厚厚的大气层包围,这些空气被称为大气。空气像水一样能够自由流动,同时也受重力作用。因此,空气内部向各个方向都有压强,这个压强称为大气压。1654年5月8日,德国马德堡市的市长、发明抽气机的奥托·格里克,进行了著名的"马德堡半球实验"。他将两个直径35.5厘米的空心铜半球紧贴在一起,两半球的接合面有密闭环以防止气体泄漏,之后抽出半球内的空气,然后用两队马(每队八匹)向相反方向拉两个半球。当这十六匹马竭尽全力将两个半球拉开时,发出了巨大的响声,证明了大气压力的巨大。大气压不是固定不变的,为了比较大气压的大小,科学家对大气压规定了一个"标准":在纬度45度的海平面上,当温度为0℃时,760毫米高的水银柱所产生的压强称为1标准大气压,约为1013.25百帕。

在一开始烧水时,水分子受热后活跃度增加,通过蒸汽孔从锅里逸出,导致锅内的分子数少于常温下同体积单位内的分子数。在相对密闭的锅中,体积和物质的量不发生改变时,锅内气体压强与温度成正比(即压强随着温度降低而减小)。当封闭气孔后,开水变冷,温度降低,再加上之前的操作使锅内的分子数量减少,锅内气压会比锅外的气压明显低。锅外的大气压强会牢牢将锅盖压住,从而使锅盖无法被掀开,直到冰块融化并让空气渗入锅内,气压逐渐恢复,锅盖才会被掀起。

• 门罗效应

门罗效应也称聚能效应,英文名称为Gathering Energy Effect(Munroe Effect),源于1888年美国人门罗(Charles E. Munroe)在炸药试验中发现的定律:炸药爆炸后,爆炸产物在高温高压下基本是沿炸药表面的法线方向向外飞散的。因此,带凹槽的装药在引爆后,在凹槽轴线上会出现一股汇聚的、速度和压强都很高的爆炸产物流,在一定的范围内使炸药爆炸释放出来的化学能集中起来。从定义中可以发现,锥孔处爆轰产物向轴线汇聚时,有两个因素在起作用:第一,爆轰产物质点以一定速度沿近似垂直于锥面的方向向轴线汇聚,使能量集中;第二,爆轰产物的压力本来就很高,汇聚是在轴线处形成更高的压力区,高压迫使爆轰产物向周围低压区膨胀,使能量分散。由于这两个因素的综合作用,气流不能无限地集中,而在离药柱端面某一距离处达到最大的集中,以后则又迅速飞散开了。

- 聚能效应

当装药凹槽内表面衬上一个药型罩时,装药爆轰后,凹槽附近炸药爆炸的能量就会传递给药型罩,使药型罩以很大的速度向轴线运动。此时,药型罩在高温高压的爆轰产物的作用下,形成金属杆,可以看作流体。其中,药型罩的内表面形成细长的金属射流,外表面形成杵体。药型罩压垮并产生射流的过程中,射流吸收的爆炸能量不会像爆炸产物那样再散失掉。金属杆在轴向上存在速度梯度,从而引起了金属射流在飞行过程中拉断现象。炸药性能和重量、装药结构、起爆方式、药型罩材料及其几何尺寸等,对金属流的形成和侵蚀具有显著影响。

圆柱形药柱爆轰后,爆轰产物沿近似垂直原药柱表面的方向,向四周飞散,作用于钢板部分的仅仅是药柱端部的爆轰产物,作用的面积等于药柱端面积。带锥孔的圆柱形药柱则不同,锥孔部分的爆轰产物飞散时,先向轴线集中,汇聚成一股速度和压力都很高的气流,称为聚能气流。爆轰产物的能量集中在较小的面积上,在钢板上就打出了更深的孔,这就是锥形孔能够提高破坏作用的原因。

- 空心装药

空心装药是一种专门设计用于破甲的战斗部结构,其特点是弹头内部包含一个空腔。破甲弹头的前部通常装配一个圆锥形的金属罩,常见的材料是紫铜合金,锥口朝前,尖端朝后。金属罩的后部被炸药填充,而前部则留有空腔。当破甲弹头爆炸时,炸药产生的高温高压环境会使金属罩熔化,并转化为高速的金属射流。这些射流不仅具备极高的温度和压力,还能像凹面镜一样聚焦,将其能量集中到空心部分的中心。

这种集中效应使得金属射流能够以极高的速度射向敌方的装甲,并造成极强的穿透力。具体来说,射流的高速金属液体会冲击坦克装甲,迅速穿透装甲并形成一个洞口,进而破坏装甲内部的机械结构、电子设备,甚至可能导致人员伤亡。由于射流的高温和速度,装甲板受到的冲击极为剧烈,破坏性远超传统的爆炸冲击力。

这种原理与日常生活中使用高压水流冲击沙土的现象有些相似。高压水流能够通过强大的水压,将沙堆中的物质冲刷成洞,同样地,金属射流通过其巨大的动能和高温,将敌方装甲"切开",造成洞口和结构性损坏。这种设计使得空心装药的破甲弹头在现代反坦克武器中具有显著优势,尤其在面对厚重装甲时,它能高效且精准地破坏目标。

此外,空心装药技术的性能不仅与金属罩的材料和形状有关,还与炸药的类型、弹头的设计以及爆炸时金属射流的聚焦角度等多种因素密切相关。随着技术的发展,空心装药逐渐应用于不同种类的反坦克武器中,并成为现代战争中重要的战术装备之一。[①]

• 马赫反射

马赫反射是一种在激波反射过程中出现的独特现象,当冲击波(比如爆炸产生的冲击波)以较大角度撞击到物体表面时,常规的反射模式将不再是简单的"镜面反弹",而是会形成一种复杂的多重波结构。这种现象通常发生在高速度、高压的情况下,主要用于解释爆炸和冲击波在战斗中对装甲和结构物的穿透和破坏作用。

在马赫反射中,当激波以一定角度撞击到物体表面后,激波并不会直接反弹,而是会形成多个激波的交汇点,这些激波相互作用,汇集在一个特殊的点(马赫点)上,从而产生一个局部高压的区域。这个交汇的区域会出现极高的压强,能够增加爆炸的穿透性和破坏力,使得激波的冲击作用在目标上更加集中,从而带来更强的破坏效果。

为了实现类似于马赫反射这种极高的破坏力,我们可以利用单炸药和双炸药这两种爆炸模型,不同的模型设计能够产生不同的威力效果。

(1) 单炸药模型

单炸药模型是指使用一个单独的炸药装置,通常用于需要较为直接冲击的场合。引爆炸药后,爆炸会产生一个冲击波,以近乎球形的形式向外扩散,这种冲击波会沿着各个方向均匀地传播,逐渐将能量传递给周围的空气和物体。在战斗部或破甲弹头的设计中,单炸药装置的爆轰波能够对目标表面产生强烈的冲击,并利用爆炸的冲击波传递动能,对目标造成破坏。

单炸药模型的冲击力主要集中在初始的爆炸点附近,因为爆轰波从中心向外扩散,能量会逐渐减少。这种均匀扩散的冲击波结构比较适合近距

---

① 参见《〈神探伽利略的苦恼〉里提到的门罗效应》,https://baijiahao.baidu.com/s?id=1718946129653993762&wfr=spider&for=pc,2024年10月30日访问。

离的爆破目标,例如对掩体的直接摧毁或对坦克装甲的冲击。单炸药模型的设计相对简单,但它的威力在一定范围内较为有限,因为冲击波的能量会随距离迅速衰减,距离越远,爆炸的影响力越小。

(2) 双炸药模型

双炸药模型则使用了两个炸药装置,这两个炸药装置相互配合来放大爆炸的威力。在双炸药模型中,两个炸药装置通常会布置在一定的距离或角度,以实现爆轰波的叠加效果。引爆时,两个炸药产生的爆轰波会在空间中相遇,并发生碰撞,这种碰撞会产生更大的冲击压力。

双炸药模型中的两个爆轰波不仅会正面碰撞,还会发生一种称为"斜反射"的现象:当两道爆轰波在一定角度下相撞,波浪会沿着不同方向反射并形成高压的区域,产生类似马赫反射的效应。这种反射现象会使得两道爆轰波的压力在某个交汇区域集中,进一步增加了爆炸冲击的强度。在这种情况下,爆炸的能量并不会在空气中快速扩散,而是会通过反射和叠加,产生一个局部区域的高压区,从而实现更高的穿透力和破坏力。

如果我们继续增大两道冲击波之间的夹角,当角度达到某个临界值时,反射的爆轰波会完全离开碰撞点,形成一个类似马赫反射的现象。这时爆炸产生的压力和冲击力将显著增加,甚至达到普通单炸药模型的几倍,这种现象被用于设计高穿透性的战斗部,使得它在较远距离的目标上也能产生强大的冲击效果。

(3) 单炸药和双炸药的威力对比

单炸药模型的威力主要集中在爆炸的初始位置,随着冲击波的传播,爆炸能量逐渐减弱。这种模型的冲击力较为均匀,适合在近距离内的破坏目标,但由于缺少后续的能量叠加,它的威力较双炸药模型更为有限,尤其在远距离穿透和破坏方面,其影响较小。

双炸药模型则通过两个炸药装置的爆轰波相互碰撞和反射,形成了局部高压的集中效应。双炸药模型不仅能够将两个爆炸波的能量叠加起来,产生一个高压区域,还可以通过反射和碰撞的多重效果,形成类似于马赫反射的高压区域。相较于单炸药模型,双炸药的威力显著增强,尤其在穿透力和远程破坏方面表现突出。这种威力的提升得益于双炸药模型中冲击波的多重反射作用,使得能量在特定区域集中,从而增加了破坏效果。

因此,双炸药模型比单炸药模型在威力上更具优势,尤其适合用于高穿透力、高破坏性的战斗场景,例如反坦克导弹、穿甲弹等。通过利用双炸药的碰撞和马赫反射效应,设计出的双炸药战斗部能够在远距离内也实现对装甲的强力穿透,这种威力是单炸药模型难以匹敌的。

本案中,友永幸正为了达到聚能效应的最大化,采取了双炸药起爆,运用马赫反射原理,达到碰撞动能的最大化,这也解释了为何残留的玻璃碎片距离房子如此之远的原因。

1.3 法律分析

【争议焦点】

本案中友永幸正的财产究竟由谁继承?

1. 日本法视角下的分析

A. 关联法条

《日本民法典》

第766条:父母在协议上离婚时,应当监护子女的人、父亲或母亲与子女的会面及其他交流、子女监护所需费用的分担及其他子女监护的必要事项由该协议规定。在这种情况下,必须优先考虑子女的利益。

前款协议未达成或无法协商时,由家庭法院决定该项的事项。

家庭法院认为有必要时,可以变更前两款规定的规定,对其他子女的监护下达相当的处分。

根据前三款的规定,在监护范围外,父母的权利义务不发生变更。

第882条:继承因死亡而开始。

第883条:继承于被继承人的住所开始。

第887条:子女及其代位人:

(一)被继承人的子女为继承人。

(二)被继承人的子女于继承开始前死亡,或因符合第八百九十一条规定或因废除而丧失其继承权时,其子女代位其成为继承人。但是,非被继承人的直系卑亲属者,不在此限。

(三)前款规定,准用于代位人于继承开始前死亡或因符合第八百九十一条规定或因废除而丧失其代位继承权情形。

第 889 条：

（一）无第八百八十七条规定的继承人时，下列人依下列顺位成为继承人：

1. 直系尊亲属。但是，亲等不同者之间，以亲等近者为先。

2. 兄弟姐妹。

（二）第八百八十七条第二款的规定，准用于前款第二项情形。

第 890 条：被继承人的配偶恒为继承人。于此情形，有前三条规定的继承人时，配偶与这些人为同顺位继承人。

第 891 条：下列人不得为继承人：

1. 因故意致被继承人或继承在先顺位或同顺位者死亡或过失致其死亡，而被处刑者。

2. 知被继承人被杀害而不告发或不告诉者。但是，于其不辨是非时，或杀害人系自己的配偶或直系血亲时，不在此限。

3. 以欺诈或胁迫，妨碍被继承人订立、撤销或变更关于继承的遗嘱者。

4. 以欺诈或胁迫，使被继承人订立、撤销或变更关于继承的遗嘱者。

5. 伪造、变造、破弃或隐匿被继承人关于继承的遗嘱者。

B. 具体分析

本案中友永幸正设计杀死友永邦宏的真相已被查清，其行为构成故意杀人罪并无争议，笔者认为本案值得讨论的是引发友永幸正设计杀死友永邦宏的导火索，即友永幸正财产的继承权，该继承权是该属于奈美惠还是该属于友永邦宏？

《日本民法典》规定了继承人的范围和位阶，子女、配偶为继承的第一位阶，直系尊亲属和兄弟姐妹为继承的第二位阶。但《日本民法典》并未明确能够继承遗产的子女范围。继子女是否属于法定继承人的范围并不明晰，日本通说是认为继子女属于能够继承遗产的子女。

具体至本案，友永邦宏是友永幸正的亲生儿子，而奈美惠并非友永幸正的亲生子女，同时也不是其养女，她是友永幸正第二任妻子的女儿。依据草薙的调查，友永幸正和第一任妻子的离婚是无效的，但是当时二人离婚无效并不影响认定现在友永幸正和第一任妻子的婚姻终止，因为第一任妻子已经死亡（依据《日本民法典》的相关规定，夫妻一方死亡的，婚姻关系终止）。

但友永幸正与第二任妻子的婚姻现在是否有效仍存在疑问,因为当时其与第二任妻子缔结婚姻时其与第一任妻子的离婚无效。笔者认为,友永幸正与第一任妻子的婚姻关系终止并不当然地使其与第二任妻子的婚姻生效。婚姻生效必须经过法定的登记手续,而当时其与第二任妻子登记时,其与第一任妻子的婚姻关系并未终止,因此其当时的登记程序并无效力。由于友永幸正与第二任妻子的婚姻仍无法生效,奈美惠就无法成为其继女,也就无法继承其财产。而友永邦宏是友永幸正的亲生儿子,属于法定继承人范围,虽然其并未赡养友永幸正,甚至让友永幸正以贩卖土地的代价替自己偿还1000多万日元的债务,但是依据《日本民法典》第891条,其仍未满足继承人的欠格事由,仍有继承权。而由于本案中友永幸正的第一任妻子死亡,且剧情未提及其还尚存其他亲属(直系尊亲属和兄弟姐妹),因此就本案事实看,友永邦宏是友永幸正唯一的法定继承人。

2. 中国法视角下的分析

A. 关联法条

《中华人民共和国民法典》

第1125条:继承人有下列行为之一的,丧失继承权:

(一)故意杀害被继承人;

(二)为争夺遗产而杀害其他继承人;

(三)遗弃被继承人,或者虐待被继承人情节严重;

(四)伪造、篡改、隐匿或者销毁遗嘱,情节严重;

(五)以欺诈、胁迫手段迫使或者妨碍被继承人设立、变更或者撤回遗嘱,情节严重。

继承人有前款第三项至第五项行为,确有悔改表现,被继承人表示宽恕或者事后在遗嘱中将其列为继承人的,该继承人不丧失继承权。

受遗赠人有本条第一款规定行为的,丧失受遗赠权。

第1127条:遗产按照下列顺序继承:

(一)第一顺序:配偶、子女、父母;

(二)第二顺序:兄弟姐妹、祖父母、外祖父母。

继承开始后,由第一顺序继承人继承,第二顺序继承人不继承;没有第一顺序继承人继承的,由第二顺序继承人继承。

本编所称子女,包括婚生子女、非婚生子女、养子女和有扶养关系的继子女。

本编所称父母,包括生父母、养父母和有扶养关系的继父母。

本编所称兄弟姐妹,包括同父母的兄弟姐妹、同父异母或者同母异父的兄弟姐妹、养兄弟姐妹、有扶养关系的继兄弟姐妹。

B. 具体分析

不同于日本,我国民法典直接规定了婚生子女、非婚生子女、养子女和有扶养关系的继子女属于法定继承人的范围。我国通说认为,继子女是指形成继父母子女关系时未成年的子女。但关于婚姻效力的判断,我国和日本的立场保持一致,因此,在中国法视角下,友永幸正与第二任妻子的婚姻并不具有合法效力,奈美惠无法成为友永幸正的继女(具体分析路径见上)。况且,我国民法典还规定并非所有继子女都能成为继父母的法定继承人,其仅限于形成继父母子女关系时还处于未成年的子女,而本案中即使承认友永幸正第一任妻子死亡后其与第二任妻子的婚姻生效,奈美惠与友永幸正形成继父母子女关系时其也已成年,仍不属于法定的拥有继承权的子女范围。

综上分析,无论在日本法视角下还是在中国法视角下,奈美惠都无法成为友永幸正的法定继承人。

2 "嫌疑人X的献身"

2.1 剧情简介

某日,一具裸体男尸被警方在河边发现,死者面容被毁,指纹也被烧掉,身份难以辨认,但通过对河底进行打捞以及对案发现场的再搜查,警方找到了死者的指纹信息,最终判定死者为无业者富悭慎二,并确定其死亡时间为12月2日。由于尸体颈部存在明显的勒痕,可以证明死者显然系他杀,贝冢北警署的警察内海薰和草薙于是对此凶案展开了调查。

警方首先将嫌疑锁定于被害人的前妻花冈靖子身上。靖子和女儿美里一起居住,经营着一家便当店,在和前夫富悭慎二离婚之后,为躲避前夫的纠缠搬家。在警方看来,靖子因与死者的感情纠葛有着较强的杀人动机,但是靖子声称搬家后根本没有见过慎二,并提出自己12月2日和女儿美里一起去电影院看了电影,随后又在KTV唱歌,同时美里的同学也佐证12月2日确实看到靖子和美里一同看了电影。自此,案件的最大嫌疑人靖子拥有了一个完美的不在场证明。那么,案件的真凶是谁呢?一个人能够同一时间出现在不同地方吗?案件陷入了迷雾之中。

  内海薰向汤川学求助,当汤川学发现住在靖子隔壁的是自己当年的大学同学、同为天才的数学家石神哲哉时,开始对案件产生兴趣。汤川学和石神同为帝都大学的毕业生,两人虽然专业不同,但是都对各自的专业有着不同常人的天赋,彼此惺惺相惜,一向自视甚高的汤川学甚至称石神为"真正的天才"。汤川学前往石神住所拜访了如今在中学教数学的旧友,在与石神接触的过程中,汤川学发现了案情的疑点,他认为石神正是利用了其擅长的方法——盲点制造,将一个实质是函数的问题构造出一个看似是几何问题的假象,从而使得案件如此扑朔迷离。天才物理学家汤川学由此向天才数学家石神哲哉设下的谎言、盲点、心理交锋等难题发起挑战。

  随着案件的深入,汤川学逐渐洞察了石神的计划。这个计划的核心就是由石神哲哉在12月2日再杀一个人,并将这个倒霉蛋伪装成靖子在12月1日失手杀死的前夫富樫慎二。只要在12月2日倒霉蛋死亡的时间段靖子母女可以制造出不在场证明就能完美脱罪了。为此,石神选中了一个流浪汉充当这个倒霉蛋。20世纪的日本户籍制度较为松散,流浪汉又相对是人口流动频繁的群体,因而一两个流浪汉的失踪并不会引起太大的注意。石神先是花钱请这位流浪汉前往12月1日富樫慎二预订的旅馆居住一晚,留下毛发和其他生活痕迹,之后在12月2日残忍杀害流浪汉,并砸烂他的脸,烧毁指纹。警方在缺乏面容和指纹信息的情况下,只能通过毛发和其他线索顺藤摸瓜,排查到了富樫慎二预订的旅馆,并通过预订信息确认毛发拥有者的身份为"富樫慎二"。由此,警方彻底被石神误导,认定12月2日被杀害的流浪汉即为富樫慎二。而在12月2日流浪汉被杀害的时间点,靖子母女在石神的授意下前往电影院观看电影,并留下了票据,因此拥有了牢靠的不在场证明。

  为了使警方彻底相信靖子母女的清白,石神在时机成熟后选择向警方

"自首"。他在对警方的供述中将自己描绘成花冈靖子的变态狂热追求者,每天都会跟踪,并且偷窥、监听她的生活,甚至写匿名警告信给她身边的男性,威胁他们远离靖子。在一次偶然会晤中,石神得知了富樫慎二就是屡屡纠缠靖子的前夫,遂设计杀害了富樫,杀害富樫的凶器现在还完好地保存在自己家里。在这一"自首"陈述中,石神的犯罪动机清晰,犯罪证据充分,警方没有理由不相信这一说辞。这样,富樫慎二被害一案就将以嫌疑人石神哲哉投案自首而终结,花冈靖子和女儿美里也将会彻底洗脱嫌疑。

汤川学将石神做出的牺牲原原本本地告知了靖子,并将如何去做的决定权交给了靖子。最终,靖子难以承受石神如此沉重的爱与馈赠,选择了向警方自首。本案最唏嘘的一幕出现在这里,石神在警局见到了前来自首的靖子,当得知自己为靖子打造的"幸福"未来随着靖子自首而不复存在时,一直沉着冷静、算无遗策的他忍不住崩溃痛哭。

2.2 技术分析

- 游艇爆炸案原理[①]

动量守恒定律是物理学中的一个核心原则,说明在没有外力作用的系统中,总动量始终保持不变。动量是物体质量和速度的乘积,反映了物体运动的"动感"。当系统内的物体相互作用或发生碰撞时,虽然单个物体的动量可能发生变化,但所有物体的动量之和保持不变,这就是动量守恒。

例如,在两物体碰撞过程中,碰撞前的总动量和碰撞后的总动量相等。无论是子弹从枪口射出,还是汽车发生碰撞,系统的动量始终守恒。如果一支火箭在太空中喷射燃料,火箭获得的向前动量与喷出的燃料向后动量之和也保持不变。通过这个定律,可以解释和预测许多运动现象,这是物理学理解相互作用的一条基本法则。

要解释如何利用多个核磁共振(MRI)装置中的磁场让铁球加速到极高速度,我们可以将这一过程与直线加速器的原理进行类比。在直线加速器中,带电粒子被一系列沿直线排列的电磁场逐段加速,每经过一个电磁段,粒子都会获得额外的动能,从而逐步加速。类似地,如果铁球可以在多个

[①] 本案开头有一个小案件作为引子,即一艘游艇在市区河道中被击中发生爆炸。

MRI 装置中的强磁场中逐次加速，就可以达到很高的速度。MRI 装置的磁场是极其强大的静态磁场，当铁球接近这些磁场时，会受到巨大的磁吸引力。这种吸引力源于铁球的铁磁性材料特性，铁球在磁场作用下被拉向磁场的中心。通过多个 MRI 装置依次排列，并且让磁场按合适的方式设计和配置，铁球可以在每一个装置的磁场中加速，逐步获得动能。

假设有一系列 MRI 装置按一定距离依次排列在一条直线上。铁球进入第一个 MRI 装置的磁场区域时，会被强磁场拉向磁场中心，迅速加速。在铁球从第一个装置的磁场中心通过并离开后，它会继续以较高速度向前移动。在进入下一个 MRI 装置的磁场时，铁球会再次受到强磁场的吸引，朝着第二个磁场中心继续加速。在这一过程中，每当铁球通过一个 MRI 装置的磁场中心并进入下一个装置，它都会被新的磁场进一步加速，就像直线加速器中粒子在不同的电磁场段中被逐段推动一样。这样，铁球在每个 MRI 装置中都会被加速一次，从而不断增加速度。

由于每一个 MRI 装置的磁场都对铁球施加吸引力，因此铁球在每个阶段都会获得额外的动能。在经过一系列 MRI 装置之后，铁球的速度会逐步增加，因为它在每一阶段都受到了磁场的持续加速。每个 MRI 装置对铁球的加速效果叠加在一起，最终使铁球达到极高的速度。

为了让铁球在多个 MRI 装置下稳定加速，需要精确控制 MRI 装置之间的间隔。每个 MRI 装置应当排列在铁球运动的直线路径上，使得铁球在离开一个装置后立即进入下一个装置的磁场范围。这样可以确保铁球在整个过程中不会有速度损失，能持续接受新的加速，达到类似直线加速器中逐段推力增加的效果。通过这一设计，铁球在每次进入 MRI 装置时都会被磁场吸引并加速。在多个 MRI 装置的叠加效果下，铁球会获得极高的速度，类似于直线加速器中的粒子达到的高能状态。这个过程的能量来源于 MRI 装置提供的强磁场，随着铁球不断被加速，它的速度将成倍提升，直到达到非常高的动能。

通过多台 MRI 装置顺次排列，并利用每台装置的强磁场吸引力对铁球进行逐段加速，可以使得铁球不断获得动能，从而加速到极高的速度。MRI 装置在此过程中扮演了类似于直线加速器中"加速段"的角色，使铁球在每个磁场中加速并持续增加速度。

- 毛发确认嫌疑人的原理

基因检测就是应用现代生物医学技术对构成 DNA 的脱氧核糖核苷酸的种类、数量和顺序进行测定,尤其是对特定的基因位点的脱氧核糖核苷酸的精确定量检测。DNA 检测已被广泛用于身份识别、亲缘关系确认、一些临床疾病诊断和指导药物治疗以及动植物检疫等。在国际上,目前基因检测在鉴定名贵动物植物等方面提供了最权威的判断。由于 DNA 上的基因数量非常大(人类现已探明的基因就有大约 2 万个),因此生物个体的后代所获得的基因形态几乎不可能完全相同。这就是为什么除同卵双生的孪生子外,全世界没有任何两个人具有完全相同的外在相貌和内部生理特征。这就是 DNA 检测用于个体识别的生物学基础。

头发在刑侦过程中的作用和血液是一样的,可以为警方提供犯罪嫌疑人的 DNA 信息,所以警察在勘查现场时要收集头发进行 DNA 指纹鉴定。一根完整的头发由毛乳头、毛囊、毛根和毛干四部分组成。有研究表明,越粗、毛囊越大的头发,从上面提取到的 DNA 数量就越多,头发根部约 0.5 cm 部分为提取 DNA 的有效部分。也有一些不可控因素会对 DNA 检测产生影响。一般情况下,犯罪现场的头发都是自然脱落的,而自然脱落的头发要比外力拔下的带根部毛囊的头发的 DNA 含量小。

本案中,石神刻意让流浪汉提前去富坚的订住的旅馆,就是为了让警方误以为流浪汉就是富坚。流浪汉在旅馆住一晚,其身体的毛发自然会不自觉地在房间内脱落,留下一定的生活痕迹,将旅馆房间内的毛发与流浪汉偷来的自行车上的指纹一对照,便可以确认嫌疑人的身份。石神也正是利用此毛发检测的技术实现了瞒天过海的第一步。

- 电线圈杀人的原理

本案中富坚的死亡是由于电线圈缠绕其脖颈,导致其无法呼吸,此种死亡属于机械性窒息死亡。据法医学者的观点,引起机械性窒息的方式很多,如缢颈、勒颈、扼颈、闷压口鼻或压迫胸腹部以及异物或溺液进入呼吸道等。

勒颈致死是较为常见的杀人手段,属于机械性窒息中的压迫性窒息。有关实验表明,只需要 2 kg 压力就足以导致颈静脉闭塞,3～5 kg 就可以导致颈动脉闭塞,而颈动脉和颈静脉是大脑供血的主要来源,特别是颈动脉可以供应大脑所需的 90% 以上血液。因此,勒颈致死的真正原理是:异物在外力作用下压迫颈动脉,颈动脉和颈静脉受压,导致送向大脑的血液大量减少,接着脑缺氧而失去意识,最终死亡。勒杀致死一般须经历以下流程:第一阶段:勒颈→颈部供血不足→中枢神经供血不足→大脑皮层丧失机能。这个阶段之后人体会丧失活动能力和意识,陷入昏迷当中。第二阶段:继续勒颈→大脑皮层下的脑干呼吸中枢和心血管中枢麻痹→死亡。要达到第一阶段结束需要的时间很短,一般而言一分钟之内就可以达到,但是要做到真正致死,则需要数分钟才能做到,这就导致了很多意在故意杀人的案件最后却没把人杀死——凶手看到死者晕厥便以为其已经死亡。而在本案中,靖子用力拉扯电线圈,即便在富悭没有动静的情况下也没有立即松手,属于一种长时间持续性的杀人手段。

2.3 法律分析

【争议焦点】

靖子和美里杀死富悭慎二是否属于正当防卫?

1. 日本法视角下的分析

A. 关联法条

《日本刑法典》

第36条:为了防卫自己或者他人的法益,对于急迫的不正当侵害不得已所实施的行为,不处罚。

防卫行为超过限度的,可以根据情节减轻或者免除刑罚。

B. 具体分析

经过警方的调查,富悭慎二是由靖子和美里杀死的。但靖子和美里杀死富悭慎二的情形是:富悭慎二对美里进行侮辱,美里为了反抗用水晶球敲打富悭慎二,激怒了富悭慎二,其意图对美里实施殴打,靖子为了保护女儿情急之下用电线勒住富悭慎二的脖子,美里一起帮助母亲最终导致富悭慎二窒息死亡。笔者认为这里值得讨论的是:靖子和美里是不是基于正当防卫杀死富悭慎二?

如"梦见"案所述,正当防卫的成立条件包括:(1)防卫自己或者他人的权利;(2)存在不法侵害,其中"不法"是指针对法益的、违法的攻击。不法侵害是指客观上违法即可,对于并无故意过失者以及无责任能力的行为,只要该行为属于违法行为,也可实施正当防卫。(3)侵害具有紧迫性,即不法侵害现在已经存在,或者正在迫近。针对过去的侵害以及将来的侵害,都不可以实施防卫行为。(4)存在防卫行为,防卫行为必须具有防卫效果。同时,防卫行为要具有防卫意思,防卫意思不排除攻击加害者的意思。(5)防卫行为具有必要性和相当性。相当性要求行为和结果均具有相当性。[①]

具体至本案,笔者认为,靖子和美里杀死富悭慎二的行为属于正当防卫,因为:(1)靖子用绳子勒死富悭慎二是为了保护女儿美里不受其侵害,是为了防卫他人的身体健康权利,而美里帮助母亲是为了保护自己不受富悭慎二的暴力伤害,是为了捍卫自身的身体健康权利。(2)本案存在不法侵害。富悭慎二一开始对女儿进行侮辱属于不法侵害,以及后续他意图对女儿实施暴力伤害也属于一种侵害。(3)本案不法侵害具有紧迫性。针对富悭慎二侮辱女儿的侵害,虽然已经发生,但富悭慎二实际上并未得逞,仍有可能继续对女儿实施侮辱,所以该不法侵害并不能视为结束。针对富悭慎二意图对女儿实施暴力侵害,虽然还未开始,但结合当时案情,富悭慎二已被美里的行为激怒,极有可能对美里进行暴力侵害,该迫害已经迫近。(4)靖子用绳子勒住富悭慎二属于防卫行为,该行为是对不法侵害人的反击。同时,靖子在进行防卫时具有防卫意思,能认识到来自富悭慎二的不法侵害,并且主观上是为了制止这一不法侵害。至于本案中靖子是否具有加害富悭慎二的意思,笔者认为可能存在,但这并不影响正当防卫的认定。(5)靖子的防卫行为虽然最终导致富悭慎二死亡,但笔者认为该行为并没有超出必要性和相当性。本案中,富悭慎二一开始对美里实施了侮辱行为,之后在被美里激怒后,又欲对美里实施暴力犯罪,对美里生命权构成巨大威胁。而富悭慎二是一名成年男子,美里作为未成年人,即使靖子在现场,仅靠母女二人也难以抵抗富悭慎二的侵害,况且在此前,富悭慎二一直对母女二人实施恐吓和殴打。对于靖子和美里二人来说,唯一能够反抗富悭慎二侵害的行为就是对其实施反击甚至杀人行为。因此,在本案中即使出现富

---

① 参见〔日〕西田典之:《日本刑法总论(第2版)》,王昭武、刘明祥译,法律出版社2013年版,第132—148页。

悭慎二的死亡结果，也不应认定靖子和美里的反抗行为超出了必要限度。

2. 中国法视角下的分析

A. 关联法条

《中华人民共和国刑法》

第20条：为了使国家、公共利益、本人或者他人的人身、财产和其他权利免受正在进行的不法侵害，而采取的制止不法侵害的行为，对不法侵害人造成损害的，属于正当防卫，不负刑事责任。

正当防卫明显超过必要限度造成重大损害的，应当负刑事责任，但是应当减轻或者免除处罚。

对正在进行行凶、杀人、抢劫、强奸、绑架以及其他严重危及人身安全的暴力犯罪，采取防卫行为，造成不法侵害人伤亡的，不属于防卫过当，不负刑事责任。

B. 具体分析

如"梦见"案所述，我国成立正当防卫必须具备以下条件：（1）必须存在现实的不法侵害行为，不法侵害包括犯罪行为与其他一般违法行为，对于未达到法定年龄，不具有责任能力的人的法益侵害行为，同样可以进行正当防卫。（2）不法侵害正在进行，即不法侵害已经开始且尚未结束。（3）我国传统刑法理论认为，只有具有防卫意识（包括防卫认识与防卫意志）时，才成立正当防卫。防卫认识是指防卫人认识到不法侵害正在进行，防卫意志是指防卫人出于保护国家、公共利益、本人或者他人的人身、财产和其他权利免受正在进行的不法侵害的目的。但是，防卫意识的重点在于防卫认识。换言之，只要行为人认识到自己的行为是与正在进行的不法侵害相对抗，就应认为具有防卫意识，即使行为人的防卫行为出于兴奋、愤怒等因素。（4）必须没有超过必要限度造成重大损害。[①] 我国正当防卫的成立条件与日本类似，故在本案中判断靖子的行为是否符合正当防卫的其他条件笔者不再赘述，在此仅详细讨论一下靖子成立正当防卫的限度因素，因为限度条件对本案正当防卫的认定至关重要。

司法实践中之所以出现正当防卫认定难的问题，除了司法者主观方面

---

① 参见张明楷：《刑法学（第六版）》（上），法律出版社2021年版，第258—274页。

的原因,更多是因为现实情形中经常会掺入多种不法侵害人与防卫人竞合在一起的因素等客观原因,尤其是在"反杀型"案件当中,虽然事端由先害人挑起,其也实施了暴力侵害行为,但在其暴力程度尚不足以导致防卫人重伤或者死亡时,防卫人由于惊恐、紧张等原因将先害人反杀(或致重伤),此时如果仅仅对防卫行为与不法侵害行为进行程度上的对比来判断防卫行为是否超过了必要限度,得出的结论往往不利于防卫人。[1] 因此,为了贯彻落实正当防卫的立法目的、鼓励公民同违法犯罪做斗争,在确立正当防卫限度条件的判断标准时应该遵循以下两个基本的价值立场。第一,坚持有利于防卫人的司法场域。与部分国家的刑事立法不同,我国刑法中的正当防卫制度不是一种应对不法侵害的最后手段或救济措施,而是公民的一项基本权利。这便决定了正当防卫不要求像紧急避险那样必须在迫不得已的情况下才能实施。换言之,面对不法侵害,行为人没有躲避或回避的义务,即便其当时有其他可以选择的方法来躲避不法侵害,也仍旧可以选择通过正当防卫的方式来维护自身的合法权益。这一现实决定了公民在行使防卫权时,是从自身防卫的需要与现实情况出发来判断的,这也同时决定了在判断防卫行为是否超过必要限度时,应该遵循有利于防卫人的分析立场。[2] 多数情形下的防卫行为都是公民在面对突如其来的不法侵害、在精神高度紧张的状态下做出的,这就决定了对防卫行为的准确度不能有过高的要求。防卫行为的强度刚好既可以抵御不法侵害,又可以不对先害人造成不必要损害的情形只存在于书本当中,我们不能苛求每一起正当防卫案件中的防卫人都是"完美防卫人",即要克服以往司法实践中在判断防卫行为是否超过必要限度时的"道德洁癖"。[3] 此外,不能刻意追求"完美防卫人"与克服正当防卫判断中的"道德洁癖",还决定了对于防卫行为是否超过必要限度的判断不能采用"事后诸葛"的判断立场。换言之,不能以事后的、第三人的视角来审视防卫人的行为是否超过了必要限度,而应充分"考虑到防卫人遭受突如其来的不法侵害,精神上和身体上处于一种紧张的状态,在慌乱和惊恐

---

[1] 参见陈家林、姚畅:《从"反杀型"案件看正当防卫限度条件的判断标准》,载《湘潭大学学报(哲学社会科学版)》2021年第5期。
[2] 参见高铭暄:《正当防卫与防卫过当的界限》,载《华南师范大学学报(社会科学版)》2020年第1期。
[3] 参见陈璇:《克服正当防卫判断中的"道德洁癖"》,载《清华法学》2016年第2期。

的情况下实施防卫,不可能对防卫限度具有理智的把握"①。若要求防卫人在紧急情况下还应保持一个"理性人"应该具备的冷静判断,这不仅对防卫人提出了过于严苛的要求,也是对鼓励公民同违法犯罪行为作斗争的立法目的的违背,显失公平正义。此外,要坚持"正遏制恶"的价值定位。如果说不法侵害是对法秩序的反击,那么正当防卫就是对不法侵害的反击,法秩序的有效性和权威性也就在"对反击的反击"中得以确证,"正当防卫不仅保护被侵犯的本人或者他人的权利,而且还叠加确证个人权利赖以存在的法秩序的现实存在与不容侵犯"②。正当防卫的行使如同国家刑罚的运用一样,都旨在维护法秩序,确保法的有效性,只不过正当防卫是通过个人来确保法秩序的有效性,而刑罚则通过国家来确保法秩序的有效性。③

因此,既为了落实正当防卫的立法目的,也考虑到正义终将战胜邪恶的普遍价值,对于正当防卫限度条件的认定应本着从宽并有利于防卫人的基本立场。此外,在认定防卫限度时,要分析该行为是否同时具备"明显超过必要限度"和"造成重大损害"两个阶层,赋予行为过当以独立于和优先于结果过当的地位。换言之,行为要件是更为前置性的判断因素,即是否成立正当防卫的司法判断需要将防卫行为是否具有必需性作为优先考虑的因素,防卫后果的意义退居其后,"唯结果论"的实践做法亟须修正。唯有如此,才能依次从行为和结果这两个角度出发,对防卫过当的成立形成有效的双层检验关卡。④ 2020年最高人民法院、最高人民检察院、公安部联合印发的《关于依法适用正当防卫制度的指导意见》也指出,要切实防止"谁能闹谁有理""谁死伤谁有理"的错误做法,坚决捍卫"法不能向不法让步"的法治精神,立足具体案情,依法准确把握防卫时间、限度等条件,确保案件符合人民群众的公平正义观念,实现法律效果与社会效果的有机统一。为贯彻相关政策精神,应避免"唯结果论",不能将只要出现了先害人"被反杀"结果的案件都认为是防卫过当甚至故意犯罪。此外,应避免刻意追求绝对的"力量对

---

① 陈兴良:《赵宇正当防卫案的法理评析》,载《检察日报》2019年3月2日第3版。
② 〔德〕克劳斯·罗克辛:《德国刑法学总论》(第1卷),王世洲译,法律出版社2005年版,第438页。
③ 参见欧阳本祺:《正当防卫认定标准的困境与出路》,载《法商研究》2013年第5期。
④ 参见陈璇:《正当防卫、维稳优先与结果导向——以"于欢故意伤害案"为契机展开的法理思考》,载《法律科学(西北政法大学学报)》2018年第3期。

等",不应苛求防卫人只能对先害人进行绝对对等的反击。

就本案来看,在面对富悭慎二的伤害危险时,靖子和美里母女二人作为女性,体力明显不如富悭慎二,二人在制止富悭慎二的不法行为时,不应苛求其防卫行为的限度刚刚好,不能刻意追求"完美防卫人",应克服正当防卫判断中的"道德洁癖",对于防卫行为是否超过必要限度的判断不能采用"事后诸葛"的判断立场。因此,应认定即使靖子和美里的行为造成富悭慎二的死亡,也并没有超出必要限度。

综上分析,无论是在日本法视角下还是在中国法视角下,靖子和美里的行为均属于正当行为。

3 "食人鼠事件"[①]

3.1 剧情简介

本案发生在新年前夕。深夜,一名乔装男子在女主人真由美洗澡之际偷偷潜入公寓之中。真由美洗完澡后,从冰箱中拿出瓶水喝了一口,走进卧室时忽然发现一只小白鼠,因为觉得可爱,真由美便把它捧在手里,却没想到小白鼠忽然发狂,当场咬死了她,而这一切都被躲在壁橱里的柳泽尽收眼底。

与此同时,贝冢北警察署办公室里,情报管理课巡查员柿坂和门松卷,正在和弓削警官讨论发生在三年前的鼠男事件。那起事件的初步结论是:人类服用药品后散发体味,从而引起老鼠兴奋攻击人类。一名叫森下的男子来到警局求助警察,并指出凶手是一名叫坂卷的人,但后续的追捕行动因坂卷服药自杀而不了了之,鼠男事件也就此陷入了僵局。

奇怪的是,在三个月前,警察署内关于鼠男事件的资料和数据全部被人为删除,经初步调查,篡改数据的嫌疑人锁定为警察署情报管理员青柳,但后来又出现其他证据证明了青柳的清白,自此删除资料的案件也陷入僵局。而就在弓削在办公室吵着要回家过新年时,他们接到了一起与三年前鼠男事件如出一辙的案子,也就是真由美被咬致死事件。

[①] 本案虽没出现汤川学,但也围绕其身边人展开,属于《神探伽利略》番外,在《神探伽利略》系列中标注为"完结篇"。

在真由美家里，弓削发现真由美的字条，其自供鼠男事件的数据是她篡改删除的，也坦白自己参与了鼠男事件的犯罪。故事发展到这里，数据篡改的嫌疑人已水落石出，但为何真由美作为鼠男事件的共犯，自己却也死于食人鼠呢？就在此时，推动整个案件进展的关键人物柳泽因非法闯入真由美住宅而被捕，又因目睹了被害人死亡的全过程，正作为目击证人接受调查。从柳泽口中，弓削警官得知一个震惊的消息：三年前鼠男事件的凶手是森下而非坂卷。警方立即开启了对森下的调查，但意外的是森下早在三个月前就如人间蒸发一般消失得无影无踪。调查过程中，警方从柳泽口中得知一家叫"pure heart"的高级女仆咖啡店，便指派女警官乔装打扮成咖啡店的服务员。在便衣行动中，警员从顾客和服务员口中得知了真由美和森下的关系，还找到一卷录音磁带，证实了森下是鼠男事件的凶手、真由美是森下共犯以及真由美篡改数据资料三件事实，由此警局重启对鼠男事件的侦查并全国通缉森下。

此刻，对于柳泽，警方认定其只是个变态跟踪狂，似乎已然与鼠男事件没有任何关系，但弓削警官发挥出了不同于他人的主角光环，凭着刑警的直觉，他认定这背后肯定藏有内幕，柳泽绝非简单之人。因此，弓削警官决定继续调查柳泽，他从音像店调取监控，在三名搭档帮助下，一起连看了数小时的监控，就在最后时刻，弓削警官在监控中发现了柳泽的身影。柳泽在警局时称其左手瘫痪，一直都使用右手，但监控画面显示，柳泽一直用左手吃面，而森下在之前的调查中被查明就是左撇子。弓削警官抓住这点，确定了柳泽就是森下，最终逮捕了柳泽。由此，鼠男事件与真由美事件全部被侦破。

原来，三年前森下利用坂卷杀害两人，为了消除警察对自己的怀疑，佯装惶恐向警局供出坂卷，又利用为他做咖啡服务的真由美，向警察透露有关药的线索，误导警察将凶手锁定为坂卷，最后再杀掉坂卷，造成坂卷自杀假象。之后森下与真由美发生矛盾，真由美为了保全自己，便删除数据资料、篡改指纹，然后一并嫁祸同事。随后，真由美在和森下通电话时怒称要和其彻底断绝关系，森下认为真由美背叛了自己，便起了杀心，整容并化名为柳泽，在新年前夜潜入真由美公寓，于水中投入了能让老鼠狂暴的药，随后放出小白鼠，杀掉了真由美。好在柳泽的伪装没能骗过弓削警官，警方最终成功将之绳之以法。

3.2 技术分析

- 镜像原理

太阳或者灯的光照射到人的身上,被反射到镜面上平面镜又将光反射到人的眼睛里,因此我们看到了自己在平面镜中的虚像。当你照镜子时可以在镜子里看到另外一个"你",镜子里的"人"就是你的"像"(image)。在镜面成像中,你的左边你看到的还是在左边,你的右边你看到的还是在右边,但如果是两个人面对面,你的左边就是在对方的右边,你的右边就是在对方的左边。这样的效果也叫镜像。

光的反射定律是:反射光线与入射光线、法线在同一平面上,反射光线和入射光线分居在法线的两侧,反射角等于入射角,可归纳为三线共面,两线分居,两角相等,光路可逆,太阳或者灯的光照射到人的身上,被反射到镜面上,平面镜又将光反射到人的眼睛里,因此可以看到自己在平面镜中的虚像。

镜子成像的特点是:物体在平面镜内成正立、等大的虚像;像和物的连线与镜面垂直;像到平面镜的距离等于物到平面镜的距离;像和物关于平面镜对称;虚像不能用光屏承接。

- 医疗技术——整容

整容在犯罪行为中并不少见,一般出现在犯罪分子正在逃脱警方追捕的途中。利用整容来逃避追捕的案犯有很多,如在劳荣枝案件中,劳荣枝在犯案后就进行了面部改造。在日本,一名男性犯罪人员市桥达在逃亡的两年中一直在进行整容手术,通过将嘴唇变薄割去脸上的痣等手段,将自己的一些特征点消去,借此达到"换一张脸"的目的。同样在日本,有一位同样是换了整整7张脸的女人福田和子,为了逃避警方的追捕,她在15年中,换了7次面容,但是最后还是被发现。

整容是逃犯的常用手段之一,但现今的整容技术还远不如《神探伽利略》中的那样完全毫无痕迹。在刚刚提到的后两件案件中,日本的两位逃犯均是由于民众举报被抓,在福田和子案中,福田和子在杀人逃亡后整容,又与一名男子结婚并生下孩子,与福田和子共同生活的邻居等人都隐隐觉察到其相貌与警方的通缉中的女子有点相似,产生怀疑后报警,只是被福田和子每次提前察觉出来事先逃跑。在市桥达一案中,市桥达在整容医院复诊的途中被医生发现,根据医生回答,他们拥有丰富的整容经验,所以一眼就能看出这名男子经历过多次整容。其中去除脸部痣的手法十分粗糙,而且嘴唇进行手术以后,还是留下了明显的伤痕,只要是有手术经验的人可以一眼看破。可见,现代医学的整容手术还并没有完全成熟到不留痕迹,只要是有过整容的痕迹,近距离肉眼也是可见。

而"劳荣枝案"更是通过现代侦查技术,为那些想要投机的犯罪分子上了一课。劳荣枝以为整个容、换个名字就万事大吉了,但是她怎么也不会想到最终竟然是被"天眼"抓到的,她明目张胆地出现在公共场所,却没想到先进的人脸识别技术还是在20多年后把她"抓"了出来。

整容只是外表的变化,但人脸识别技术并不仅仅是靠外貌,更多的则是靠骨架结构和瞳孔间距等诸多的识别信息,生物信息是不会因为整容而改变的。当"天眼"发现劳荣枝后,发现她与通缉犯的相似度达到了97.33%,于是警方展开调查暗访,最终在2019年11月将其抓捕归案。

- 老鼠咬人原理(仅限推测)

(1) 气味激发鼠类攻击性的前提:鼠类的嗅觉系统

鼠类的嗅觉十分灵敏,对外界气味感知能力极强。所有脊椎动物都有类似的嗅觉系统,包括接收气味分子的鼻子、检测这些分子的受体、将信号从受体传递到大脑的神经以及解释信号,并将其传递到大脑其他相关部分的专门大脑区域。

鼻子内部的黏液捕获进入鼻孔的气味分子。这些分子在黏液中四处移动,直到它们与某种受体结合。这些受体如何识别特定的气味分子仍不确定,但似乎涉及分子形状和化学性质的结合,类似于酶如何识别它们的底物。鼻腔壁是一层上皮,是一层被称为纤毛的微小毛发覆盖的细胞。气味分子受体嵌入这些纤毛的细胞膜中,而纤毛又附着于鼻腔壁后神经元的树突上。

当气味分子结合时,纤毛将化学信号转换为电脉冲,沿树突向下传播,触发嗅觉神经元的动作电位。转导是通过第二信使系统,特别是G蛋白偶联受体和CAMP进行的。嗅觉神经元在鼻后部会聚于嗅觉神经纤维上。信号沿着嗅觉神经通过一种称为筛窦骨的骨进行传输,筛窦骨将大脑与鼻子分开。在这里,它们到达嗅球,这是大脑额叶底部负责处理气味信息的区域。嗅球包含多种肾小球,每种肾小球均处理来自同一类型受体的信息,形成一种嗅觉图谱。

最终,嗅球将处理后的气味信息发送到大脑中与相关行为和认知能力相关的其他部分。例如,嗅球可以将信息传递到海马体,在那里它将与某些情景记忆相关联。或者,信息可能会传到眶额皮层,在那里它会成为实际决策的因素。[1]

(2) 嗅皮层细胞对气味的选择性反应机制

在嗅皮层上,大约有 1/4 的主神经元可以被分子结构不同的气味广泛激活,有 1/4 的主神经元被分子结构不同的气味广泛抑制,而其他约 1/2 的主神经元对实验中用到的大部分气味没有任何反应,有非常高的气味选择性。我们还发现,GABA 神经元对实验中用到的气味选择性较低,且很少会被气味抑制。其他非 GABA 的中间神经元则被许多气味强烈抑制。总的来说,这些数据显示在清醒小鼠的嗅皮层上气味信息是被众多选择性不同的神经元表征和编码的,这些反应调谐曲线不同的神经元很可能在气味感知和编码中发挥着不同的作用。所以,不同气味被鼠类不同的神经元感知,并且部分气味会激活主神经元,在不同程度上刺激小鼠的兴奋性反应。

(3) 引起老鼠兴奋的行为机制

科学家们利用一种光遗传技术,发现通过控制小鼠颅内的神经元活动,就能激起老鼠的猎杀行为。实验内容是:科学家们把光敏感蛋白放到了杏仁中央核(the central nucleus of the amygdala)中,同时在小鼠颅内埋入光纤,只要按下开关,一束蓝色激光就会顺着光纤射入小鼠脑中,非常精确地激活那片脑区的神经元。结果发现,激光关闭时,小鼠的怕事本性暴露无遗,会被小小的机器虫吓得四处鼠窜。可当研究人员按下开关,小鼠马上就变成了致命猎手。

此项研究发现,小鼠大脑里一个叫杏仁中央核的脑区,正是它们的"猎杀中心"所在的地方。

刺激小鼠的杏仁中央核激发出了在小鼠中本来就存在的猎杀行为。小

---

[1] 参见占成:《清醒小鼠嗅皮层细胞对气味反应的研究》,华中科技大学 2011 年博士学位论文。

鼠的"猎杀中心"给两条不同的神经通路下达着命令,一条负责调控小鼠的追逐行为,另一条负责杀戮。当研究者损伤或者用神经阻断剂抑制了负责"咬杀"的神经通路时,小鼠就只会表现出追逐行为,而不会去用力撕咬"猎物"。而考虑到无论是杏仁中央核还是那些下游通路,都会受到包括疼痛、情绪以及视听觉等多种因素的影响,猎杀行为的神经机制很复杂。

(4)服药后人体散发气味的原理

人摄取外界物质后,在酶的作用下在体内转化成能量,为人体正常运行提供能量,再将剩余的物质排出体外,新陈代谢导致人体形成特殊的气味。例如,有些异常味道有可能是某些疾病引起的,比如身体如果出现烂苹果味,说明可能是糖尿病引起的酮症酸中毒,身体出现大蒜味还有恶臭味,则可能是有机磷农药中毒。

人体代谢的物质大致可分为三类:第一类来源于脂质物质的代谢,主要是皮脂和皮肤分泌的汗液。皮脂在长时间暴露于空气中时会形成氧化脂质,氧化脂质就是会散发出独特味道。汗水除了水和无机盐以外,还包含脂质物质和少量其他有机物质,它们也会在这个过程中散发出独特的味道。第二类来自蛋白质物质的代谢,主要存在于消化道,并且发酵过程中蛋白质的味道比脂质的味道要强得多。第三类则属于糖类的代谢,比如呼吸时呼出的二氧化碳,还有一些是有机酸。这三种主要物质在不同环境、不同个体的情况中会最终形成700多种不一样的味道。

因此,人类服药后产生引起老鼠兴奋的体味是由新陈代谢引起。简而言之,是人类通过服用相关药物,新陈代谢和汗液的分泌导致人体散发出相关气味,该气味由小鼠的特定编码的嗅觉细胞接收。嗅觉细胞接收气味兴奋之后,激活了小鼠大脑的杏仁中央核,在不同程度上刺激小鼠的兴奋性反应。

至于饮料当中含有哪种气味的物质,本案中没有给出答案,笔者猜测可能是三甲基噻唑(trimethylthiazole,简称TMT)[1],是一种模拟天然捕食者的气味的物质。目前有研究发现,急性暴露于TMT会导致啮齿类动物产生

---

[1] 参见陈琳等:《利用气味分子TMT建立大鼠条件性位置偏恶模型》,载《中国药物依赖性杂志》2018年第4期。

焦虑样行为,重复暴露也会诱导长期的焦虑反应。

以上是笔者根据案情推测的依赖原理,不构成本案真实的技术逻辑。本案中没有透露饮料当中添加的药物成分,因而也不存在技术是否合理的问题。

3.3 法律分析

【争议焦点】

森下利用狂暴的老鼠咬死多人的行为是否属于故意杀人行为?

1. 日本法视角下的分析

A. 关联法条

《日本刑法典》

第199条:杀人的,处死刑、无期或者五年以上有期徒刑。

B. 具体分析

普通的杀人案件中,杀人行为是由行为人直接实施的。而本案中多人死亡的直接原因是被狂暴的老鼠咬死,咬死人的狂暴老鼠又是森下对正常的老鼠体内投入能让其狂暴的药物而产生的。那么,此案中能否认定森下的行为属于故意杀人行为呢?

笔者认为,判断本案中森下的行为是否属于故意杀人罪,关键还是看其行为是否符合故意杀人罪的构成要件,即客观上具有杀人的实行行为、主观上具有杀人的故意,且具有被害人死亡的结果(或者产生死亡结果的具体危险)、杀人实行行为与死亡结果之间具有因果关系。本案中森下的行为包括:(1) 利用使老鼠兴奋的研究成果,将会令老鼠兴奋的药物投入老鼠食用的水中,从而使该药物进入老鼠体内;(2) 将食用了兴奋药物的老鼠放到被害人身边。分析森下是否具有杀人的实行行为以及何种行为属于杀人的实行行为,应根据行为的危险性进行具体判断。首先,森下利用兴奋药物使老鼠狂暴,这一行为本身并不当然地具有危险性,不应视为故意杀人罪的实行行为。因为如果该老鼠被关在密闭空间内,并不会对人体进行攻击,很难说其具有致人死亡的危险。其次,森下将狂暴的老鼠放在仅有被害人活动的区域内,使狂暴的老鼠与被害人具有接触的可能性,该行为才应视为故意杀人罪的实行行为。因为老鼠吃下兴奋剂后会变得狂暴，具有攻击性，将其放在被害人自由活动的区域，且该区域仅有被害人一人活动时，狂暴的老鼠会根据被害人散发的气味对其进行攻击，这一行为具有致人死亡的危险。同时，本案中森下明知自己对老鼠喂食的药物具有使老鼠狂暴的作用，明知人体散发的气味对狂暴的老鼠具有吸引力，且狂暴的老鼠对人体具有攻击性，但其仍然实施了相关行为，说明其能认识到自己的行为具有致人死亡的危险性，而其继续实施此行为，表明其主观上具有杀人的故意。

同时，本案中出现了被害人被狂暴的老鼠咬死的结果，且被害人的死亡结果与森下的行为具有因果关系，因为：(1) 经警方调查，被害人的直接死因是被狂暴的老鼠咬死；(2) 经过科学实验的验证，狂暴的老鼠对人体具有攻击性，且人体散发的气味会吸引狂暴的老鼠进行攻击；(3) 本案中没有其他介入因素，森下释放狂暴的老鼠，该老鼠对被害人进行攻击，这一流程属于事情正常的发生流程。

综上分析，本案中森下的行为具有致人死亡的危险，属于故意杀人罪的实行行为。由于本案中已出现多名被害人死亡的结果，且多名被害人的死亡结果与森下的行为之间具有相关因果关系，因此应认定森下构成故意杀人罪既遂。

2. 中国法视角下的分析

A. 关联法条

《中华人民共和国刑法》

第232条：故意杀人的，处死刑、无期徒刑或者十年以上有期徒刑；情节较轻的，处三年以上十年以下有期徒刑。

B. 具体分析

如前所述，其实中国刑法规定的故意杀人罪和日本刑法规定的故意杀人罪在构成要件上具有统一性，即均要求存在杀人行为、死亡结果、死亡结果与杀人行为之间具有因果关系以及杀人的故意等。我国对实行行为所采取的判断标准是指具有侵害法益的紧迫危险的行为，因果关系的判断是继受日本的相当因果关系说，故意的判断是从认识因素和意志因素两个方面进行判断。在本案中，森下将咬人的狂暴老鼠放在被害人的活动区域，该行为对被害人的生命造成了巨大威胁，属于具有侵害法益的紧迫危险的行为。

同时,如上所述,本案中存在被害人死亡的结果并且该结果与森下的行为之间具有刑法上的因果关系。本案中森下认识到自己的行为会使老鼠狂暴,认识到狂暴的老鼠会对人体进行攻击,认识到将狂暴的老鼠放在被害人活动的区域会对被害人的生命造成威胁,满足了故意所要求的认识意志,且森下积极希望被害人被老鼠咬死,说明其对死亡结果的发生持希望的态度,满足了直接故意所要求的意志因素,因此森下主观上具有杀人的故意,且为直接故意。

综上所述,无论是在日本法视角下还是在中国法视角下,森下的行为均构成故意杀人罪,其在本案中就是借助狂暴的老鼠作为自己的工具,对被害人进行杀害,应对其追究刑事责任。

4 "盛夏的方程式"

4.1 剧情简介

故事发生在盛夏的一个海滨城镇玻璃浦,一位名叫恭平的小男孩独自一人乘坐火车到海边姑姑家的小旅馆过暑假,在车上他与汤川学相遇。汤川学作为物理学教授,被一家海底开发公司邀请到玻璃浦来做海底探测评估。列车上,汤川学用专业知识帮恭平解围,给对方留下了一个难得的好印象,也因此开始了一段二人之间短暂的师生缘分。本案中,我们看到了汤川学温情的一面,对待孩子,他不再那么冷酷。恭平不喜欢理科,汤川学却依旧充满耐心地给这位讨厌理科的小孩做了一个能让他明白什么是科学的装置:带恭平去海边发射水火箭,将手机绑在火箭上,让他看到了玻璃浦的海底景色。

盛夏的时光就这样缓慢而温柔地流淌着,但一位客人的死亡打破了这片宁静。警视厅的冢原正次警官的尸体被发现于岸边的碎石场上,他生前亦是绿岩庄的客人。当地警方初步判定死者是醉酒后不慎从堤坝上跌落,因脑挫伤致死,但冢原的好友多多良警官却认为事情没那么简单,经过司法解剖发现,冢原真正的死因其实是一氧化碳中毒。冢原的死充满疑点,但警方依旧坚持这只是一起意外坠落事件。为了调查事件的真相,岸谷美砂随同僚们赶到了玻璃浦,让她感到奇怪的是,一向对案件避之而不及的汤川学竟然主动请缨要求协助调查此事。在两人调查的过程中,发现死者冢原是为了寻找一名叫仙波英俊的杀人犯才来到玻璃浦的。

在那起杀人案中,仙波英俊杀死了一名叫伸子的女子,后被冢原警官逮捕,服刑了十年才被释放。仙波被刑满释放之后,冢原警官一直在找他,并表示过自己对这起案件悔恨不已。汤川学认为这起案子的疑点很多:在与恭平的交流中了解到,那晚恭平放烟花时,恭平的姑父重治让他将所有可能被烟花溅到的地方都用湿纸壳堵上。同时,警方发现,重治一家原本稳定地生活在东京,但在十六年前仙波杀人案发生后的两周,全家一起搬到了玻璃浦。随着调查的展开,汤川学越来越觉得这之间有着层层的联系。

在这时,重治却向警方自首了,他承认那晚他发现冢原先生因为一氧化碳中毒死在旅馆的房间后,为了不影响旅馆的名声,便与妻子节子一起将冢原的尸体抛到了海边,但汤川学显然不相信他说的话。汤川学认为重治一家每个人都充满了秘密,而冢原的死极有可能就是因为撞破了这一家人的秘密。

后来岸谷调查到了节子之前在东京工作的餐馆,据餐馆老板所说,节子一家都认识仙波,而且当时节子爱上了仙波,但碍于彼此都有家室,没能进一步发展。听完这则线索,汤川学便推测,仙波当时入狱应该是被冤枉的:他在替一个人顶罪。而究竟是谁可以让仙波抛弃自己的前途去守护,汤川学猜测他想要保护的是他和节子的孩子——成实。随后,汤川学在救济院见到了仙波,并给他看了成实的照片,仙波的反应让他更加肯定了之前的推测。

真相终于浮出水面:十六年前,伸子发现节子的孩子是仙波的,就想用这个秘密来敲诈节子。在她去找节子时碰到了节子的女儿成实,并被成实杀死,而仙波知道这一切后决定替女儿成实顶罪。十六年后,曾经逮捕仙波的警官冢原来到了成实家的旅馆希望查清当年事实的真相,当他重提旧事时,重治觉得冢原会破坏他们一家现在安宁的生活。为了不让成实再受到伤害,他决定杀了冢治。他借放烟花的由头,让侄子恭平帮他把湿纸壳堵住烟囱,通过锅炉不完全燃烧产生的一氧化碳杀死了冢原,并将他的尸体抛到了海边。

这次案件中,汤川学没有像以往一样劝成实去自首,而是选择将真相隐瞒,这不仅是对成实过去的守护,也是对恭平未来的守护,他知道好奇心一定会驱使恭平去了解一切,恭平迟早会意识到他当初的行为,然后开始自责,开始追寻答案。汤川学希望日后如果恭平问起了这件事时,成实可以毫无保留地告知他真相,让恭平自己选择未来该走的路:是隐瞒还是继续追查?汤川学不希望这件事成为恭平一辈子的阴影。本案最后,汤川学坐在候车室里,用温柔的语气对恭平说:"这个暑假,你学会了很多东西。每个问题都必定会有答案,不过未必能够马上找到。此后你会再遇到这种情况,不过不用焦虑,只要我们一路成长总会找到答案。"或许恭平的人生轨迹会因为这件事情有所改变,但他一定会记住在这个盛夏,他和一位叔叔在海边放的水火箭、看到的海底风光以及那位叔叔对他说的语重心长的话。

4.2 技术分析

本案中涉及的技术点比较多,下面逐一进行分析。

- 电磁屏蔽的原理

本案一开始汤川学在火车上初遇小男孩恭平时,为了解决其儿童手机不停地接到电话而又无法关机的问题,用一张包裹饭团的铝箔纸将手机包裹起来,实现了屏蔽电磁信号的效果。

电磁屏蔽的原理在于阻挡和削弱电磁波通过材料的能力。当电磁波抵达屏蔽材料表面时,由于空气与金属之间的界面存在阻抗的不连续性,部分电磁波会被反射回去。这个反射过程并不依赖于屏蔽材料的厚度,而是与界面特性的差异直接相关。这种界面反射相当于给电磁波设置了一道"反弹墙"。

而未被反射出去的电磁波会进入屏蔽材料内部,在传播过程中被材料吸收并逐渐减弱。这是由于材料本身对电磁能量的吸收能力,通过耗散电磁波的能量来削弱其强度,也可以理解为屏蔽体像一块"能量吸收海绵"。对于那些未完全衰减的电磁波,当它们到达屏蔽材料另一侧时,又会再次遇到类似的阻抗不连续界面,这使得它们再次被反射,返回到屏蔽材料内部。这种反射可能在两个界面之间反复发生,就像在一条封闭跑道上来回穿梭一样。

总体来说,电磁屏蔽的作用主要来源于两个关键过程:电磁波在界面上的反射以及屏蔽材料对电磁波的吸收。这种双重机制共同确保了屏蔽材料能够有效减少电磁波的传播和泄漏。

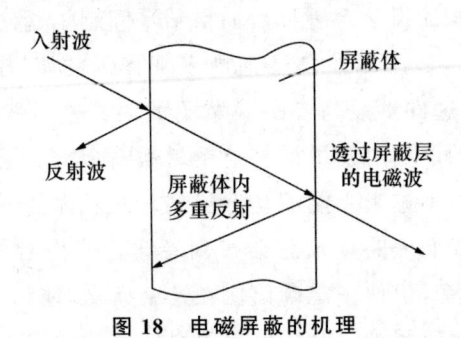

图 18 电磁屏蔽的机理

根据屏蔽目的的不同,屏蔽体可分为静电屏蔽体、磁屏蔽体和电磁屏蔽体三种。铝箔就属于由逆磁材料制成的静电屏蔽体,其作用是使电场终止在屏蔽体的金属表面上,并把电荷传送入地。具体而言,铝箔之所以可以起到电磁信号屏蔽的作用,是因为它们和周围的金属构成了封闭的屏蔽室。在通信方面,电磁屏蔽就是对两个空间区域之间进行金属的隔离,以控制电场、磁场和电磁波由一个区域对另一个区域的感应及辐射。[①] 铝箔包裹手机就是用屏蔽体将接收电路、设备或系统包围起来,防止它们受到外界电磁场的影响。

- 水体反射光谱特征的原理

本案中,恭平解释了玻璃浦名字的来源:玻璃指的是水晶,每到夏天,太阳升到正上方照到海面,看起来就像海底有许多闪耀的水晶。这也是成实和玻璃浦民众拒绝在此进行海洋资源开发、守护这片清澈海洋的原因所在,其原理正是水体反射光谱的特征。

任何物体都具有发射、吸收和反射电磁波的能力,这是物理学中的一个基本特性,水体也不例外。太阳辐射到达水体时,与水体发生的光学作用主要包括反射和透射,这些过程背后蕴含着丰富的物理机制。

---

① 参见《铜箔、铝箔为什么可以屏蔽电磁信号呢?》,https://zhidao.baidu.com/question/506369356.html,2024年10月30日访问。

当太阳光到达水面时,部分光会直接被水面反射回空中,形成水面反射光。这种反射的强度取决于水面的平滑程度、波动状态以及光线的入射角。通常情况下,水面反射的光只占入射光的3.5%左右。这是因为水的表面相对较为平滑,对入射光的反射较弱。而绝大部分的入射光则透过水面进入水体,这些透射光在水体中经历了复杂的相互作用:一部分被水分子吸收,转化为热能;另一部分则与水中的悬浮颗粒、有机物等发生散射,散射光向各个方向传播,其中返回水面的部分被称为后向散射光。还有一些透射光穿透水层到达水底,被水底反射形成水体反射光。这些水体内的散射光与反射光共同组成了水中光,最终穿过水面,进入大气,再被传感器接收。

值得注意的是,水体的透射特性受反射率的影响。反射率是指物体反射的辐射能量与总入射能量的比值。水的反射率通常较低(约5%),这意味着大约95%的入射太阳能被吸收入水体。这种高吸收率使太阳光能够深入水中,这也是"水晶"效应形成的原因之一。在这个过程中,透明介质的反射率也与光的入射角密切相关。当光垂直入射时(入射角接近0度),反射率最低;当入射角增大时,反射率逐渐升高。极端情况下,当光从光密介质进入光疏介质且入射角达到或超过临界角时,会发生全反射,光无法透射进入另一介质。

在夏至日,正午时分太阳高度角达到一年中的最大值,阳光几乎垂直入射海面。此时,水体作为透明介质的反射率最低,大量光线能够透过水面进入水中。这种条件下,水体内的透射光强度达到峰值,大量光线深入水体,为形成"水晶"效应提供了理想条件。

水体的光谱特性也在这一过程中扮演了关键角色。清澈的海水对短波长光(如蓝绿光)的吸收衰减最小,这一波段的光(480±30 nm)能够在水中传播更远。蓝绿光还位于电磁波的"大气窗口",大气对这一波段光的吸收最弱,允许更多的光进入海水深处。此外,悬浮颗粒和有机物的数量和性质也决定了光的吸收与散射程度。在玻璃浦,由于水质清澈,悬浮物含量较低,对入射光的吸收和散射效应较弱,从而使更多入射光得以转化为透射光。这一特性使得海水能够展现出独特的透明感和"水晶"般的视觉效果。

因此,从物理学的角度来看,"水晶"效应是太阳光与水体复杂相互作用的结果,包括低反射率、高吸收率、蓝绿波段的高透射性以及水体内悬浮物的少量分布。这些因素共同塑造了玻璃浦海水的独特视觉景观。

- "水火箭"的原理

本案中,汤川学带小男孩恭平到海边进行塑料瓶(即"水火箭")发射实验,通过在事先做好的箭筒中注入适量的水,利用加压装置充入空气到达一定的压力后按下启动手柄发射。也就是,利用水和空气的质量之比,压缩空气使水从火箭尾部的喷嘴向下高速喷出,在反作用下,水火箭快速沿支架倾斜的方向发出,后凭借惯性在空中滑翔。同时,通过将箭筒与鱼线相连,测算其抛出的距离,将数据传输至电脑进行记录和分析。此外,汤川学还在水火箭的前端装载了一部正在视讯通话中的手机,利用水火箭发射将手机送至200米下的海面,得以通过手机视讯通话看到绮丽的海底景观。

通过推测,汤川学制作的水火箭属于三级水火箭,这种水火箭主要是根据动量守恒定理制作而成。当用打气筒给水火箭充入气压时,根据高压流往低压的原理,第一级与第二级之间的连接系统受压膨胀,使连接系统与第二级紧密连接,在达到一定压强时,向第二级充气。同理,当第二级达到一定气压时,向第三级充气,直到第三级水火箭充入足够的气压。这时松开控制器,第一级水火箭里面的水由于受高压的作用,会把活塞冲开,产生一个很大的反冲力,这个力远大于重力,此时可看作动量守恒:$Mv-mu=0$(M 为除去喷出来的水后的水火箭的总质量,m 为第一级喷出的水)[1]。

水火箭的基本原理和真正的火箭载具一样,只是推动的燃料是水和高压空气,所以还需考虑到基本的气体动力学和流体力学。

水火箭发射的原理是用打气管将空气装入密闭的塑料瓶,当压力超过瓶塞和瓶口的最大摩擦力时,被压缩的空气将水从瓶中喷出。水火箭通过水的反冲力高速飞出后凭借惯性在空中滑翔。

水火箭的射程与动力舱形状、发射气压、瓶内液体、发射角度均有关系。通过查阅论文中控制变量的实验数据,2个可乐瓶串联可以让射程达到86.7米,汤川学串联的6个大塑料瓶显然射程更远。可见,水火箭实验的剧情完全符合科学原理,发射射程为200米的水火箭完全可行。

---

[1] 参见邓亮亮、李振雄:《三级水火箭的制作》,载《物理教师(高中版)》2002年第9期。

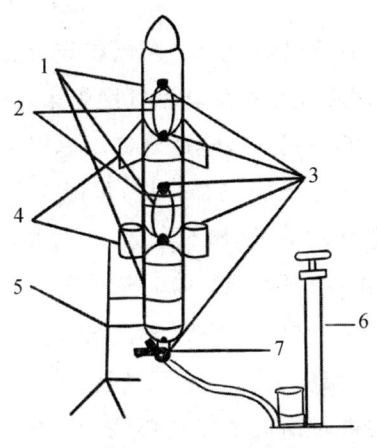

图 19　水火箭结构图

(1 饮料瓶 2 连接系统 3 气嘴 4 导航翼 5 铁架台 6 打气筒 7 控制器)

- **纸锅烧水的原理**

本案中,汤川学和恭平一起吃晚饭时,以正在煮汤的纸锅向恭平提出了问题:为什么纸可以燃烧,但纸锅可以用火加热而不被烧穿?原理如下:

水从液态变成气态叫作汽化,这个过程需要吸热。纸锅烧水,便是利用这个特点。在一个标准大气压下,水的沸点是 100 ℃,而纸的着火点是 183 ℃。烧水的时候,水不断从纸锅上吸收热量,即使烧开后,水的温度也保持沸点不变,从而使纸的温度不致达到 183 ℃。所以,水沸腾时纸锅不会烧着。[①]

更深层次的原理与纸的传热系数有关。根据传热方程 $Q = -s\lambda(T_2 - T_1)/\Delta x$,当 $T_2 = 100$ ℃时,由于纸很薄即 Δx 很小,因此纸张外表温度 T_1 可以以略微高于 T_2 的温度,使传热 Q 很大,这样火就不容易烧穿纸。但是,假如用乙炔切割器喷出的高达 3000 ℃的火焰烧纸,由于纸的传热系数其实很小,T_1 会瞬间达到很高的温度,可以立刻将纸烧穿。[②]

[①] 参见《纸盒装着水在火下为什么不会燃烧?》,https://zhidao.baidu.com/question/462307019430898085.html,2024 年 10 月 30 日访问。

[②] 参见《初中物理纸锅烧水的实验里提到水沸腾后纸张的温度不会超过水所以不会燃烧,可是为什么呢?》,https://www.zhihu.com/question/455684894/answer/1846072536,2024 年 10 月 30 日访问。

• 一氧化碳的产生

烟气中含有未完成氧化燃烧反应的未燃成分,包括一氧化碳、碳氢化合物及其燃烧中间产品,即不完全燃烧。燃气锅炉运行中产生黄色火焰、内焰模糊甚至冒黑烟是常见的不完全燃烧的现象。原因包括:空气量较大,燃烧器将鼓风机加压送入空气与燃气混合燃烧,可能会因为调风板调节不当导致燃气在炉膛内无法完全燃烧;排烟不充足,燃气锅炉的烟气因某种原因无法顺畅排出时,烟气弥漫在炉膛火焰四周,造成不完全燃烧;火焰温度下降,燃气形成完整火焰并持续燃烧,要求火焰温度保持在相当高的范围内,当火焰与低温温度接触,火焰温度下降造成不完全燃烧。[①]

本案中造成旅店的供暖锅炉不完全燃烧的主要原因就是烟囱被盖住,导致烟气倒流,排烟不充足。而重治的作案手法就是利用了这一点,使锅炉不完全燃烧产生的大量一氧化碳由龟裂的墙壁进入被害人所在房间,室内的一氧化碳在10分钟内达致死浓度。生物学上中毒的机理是,一氧化碳与血红蛋白的亲和力比氧与血红蛋白的亲和力高200~300倍,所以一氧化碳极易与血红蛋白结合,形成碳氧血红蛋白,使血红蛋白丧失携氧的能力和作用,造成组织窒息。

4.3 法律分析

【争议焦点】

本案中恭平是否构成故意杀人罪?

1. 日本法视角下的分析

A. 关联法条

《日本刑法典》

第61条:教唆他人实行犯罪的,以正犯处罚。

教唆教唆犯的,与前项同。

第62条:帮助正犯的,是从犯。

[①] 参见《锅炉不完全燃烧的原因及解决》,https://zhuanlan.zhihu.com/p/390279201,2024年10月30日访问。

教唆从犯的,判处从犯的刑罚。

第 199 条:杀人的,处死刑、无期或者五年以上有期徒刑。

B. 具体分析

本案中重治故意让恭平堵住烟囱,通过锅炉不完全燃烧产生的一氧化碳泄漏杀死冢原,其行为已构成故意杀人罪并无争议。本案值得讨论的是,重治让恭平去堵住烟囱,意味着事实上堵住通风口的行为是由恭平实施的,那么能否认定恭平亦构成故意杀人罪呢?

《日本刑法典》规定了帮助犯,帮助犯视为从犯。帮助行为的内容可大致分为两种:强化正犯的犯意这一意义上的精神性(心理性)帮助,为犯罪准备必要手段这一意义上的物理性帮助。同时,依据日本刑法理论通说,帮助犯的成立要求行为人主观上具有帮助的意思,即能够认识到他人在实施具体的犯罪行为,且自己的行为是为了帮助他人实施具体的犯罪行为。本案中,虽然恭平是受重治的意去堵住烟囱,最终导致冢原一氧化碳中毒身亡,但是其并不知道重治是在实施故意杀人行为,且其也并未认识到自己的行为对于重治的故意杀人行为起到了帮助行为,表明恭平并未帮助重治故意杀人的意思,因而不能成为重治故意杀人罪的帮助犯。

事实上,本案中重治属于故意杀人罪的间接正犯。间接正犯是指行为人利用他人作为犯罪的行为工具,来实施构成要件行为的犯罪。关于间接正犯的理论,日本主流观点是行为支配说,该说认为,通过支配他人的行为而实现构成要件的,构成间接正犯。间接正犯的类型包括以下几种:(1)强制被害人或者第三者的情形。例如,A 威胁 B,告知其如果不杀掉 C 便将其杀掉,B 迫于 A 的威胁而杀了 C,这种场合下的 A 就构成杀人罪的间接正犯。(2)利用无责任能力者的情形,如命令未满 13 周岁的少年实施盗窃。(3)利用不知情者的情形。例如,日本判例曾认为,让邮递员投递毒药的,构成杀人罪的间接正犯;对不知情者说是自己的财物而骗其代为搬运的,构成盗窃罪的间接正犯。(4)利用他人的错误的情形。例如,A 教唆 B 向他人的屏风开枪,如果 A 知道 C 在屏风后面,则 A 属于利用 B 的错误的杀人罪的间接正犯。(5)利用他人的过失行为的情形。例如,医师 A 谎称毒药是正常药品,却让护士 B 给患者 C 喂药,最终导致病人死亡。(6)利用有故意的工具的情形。A 明明具有使用的目的,却让 B 误信其并无使用的目的,而让 B 制作伪钞,由于 B 误信该行为是合法行为,因此当然可以说 B 的行为被 A 所支配,A 构成伪造货币罪的间接正犯。(7) 利用他人的合法行为的情形。例如,A 欺骗警官 B,让 B 误信 C 是现行盗窃犯而将其当场逮捕,如果 B 的误信是出于不得不相信的理由,则 A 属于利用他人的正当行为的逮捕罪的间接正犯。[①] 本案中,重治就属于利用不知情的恭平实施故意杀人行为,其应属于故意杀人罪的间接正犯。由于重治在此种情形下对恭平行为产生了支配作用,因此死亡结果应归责于重治而非恭平。

2. 中国法视角下的分析

A. 关联法条

《中华人民共和国刑法》

第 25 条:共同犯罪是指二人以上共同故意犯罪。

二人以上共同过失犯罪,不以共同犯罪论处;应当负刑事责任的,按照他们所犯的罪分别处罚。

第 27 条:在共同犯罪中起次要或者辅助作用的,是从犯。

对于从犯,应当从轻、减轻处罚或者免除处罚。

B. 具体分析

我国刑法明文规定共同犯罪仅限于共同故意犯罪,而共同故意的成立要求行为人之间具有意思联络,或者通谋。本案中,重治和恭平之间显然并未进行过意思联络,事实上恭平对于重治想要杀死冢原的意思并不知情。因此,在中国法视角下,恭平和重治无法构成共同犯罪。

同时,虽然我国刑法典未明文规定间接正犯,但我国刑法理论上也承认间接正犯的概念,即通过利用他人实现犯罪的情况。关于间接正犯的正犯性,以前是用"工具理论"来说明的,即被利用者(直接实施者)如同刀枪棍棒一样,只不过是利用者(幕后者)的工具。既然利用刀枪棍棒的行为符合构成要件,那么也应肯定利用他人的行为符合构成要件。但是,被利用者是有意识的人,毕竟与工具不同。所以,现在占通说地位的是犯罪事实支配说,即对犯罪实施过程具有决定性影响的关键人物或核心角色,具有犯罪事实

---

① 参见〔日〕西田典之:《日本刑法总论(第 2 版)》,王昭武、刘明祥译,法律出版社 2013 年版,第 293—298 页。

支配性,是正犯。行为人不必出现在犯罪现场,也不必参与共同实施,而是通过对直接实施者(被利用者)的强制或者欺骗,从而支配、操纵(控制)构成要件实现,这就是间接正犯。① 我国刑法理论列出的间接正犯的类型包括如下:(1)被利用者欠缺构成要件要素的情形;(2)被利用者具有违法阻却事由的情形,如利用他人的合法行为、利用被害人的自我侵害行为等;(3)被利用者欠缺责任的情形,如利用欠缺故意的行为(即所谓的利用不知情者)、利用欠缺目的的行为、利用无责任能力者的行为、利用他人缺乏违法性认识可能性的行为、利用他人缺乏期待可能性的行为。② 可见,虽然我国刑法理论上所划定的间接正犯的类型与日本在表述上有所差异,但是二者在实质上具有统一性,如我国也承认利用不知情者实施犯罪的行为人属于间接正犯。因此,在中国法视角下,本案中重治属于故意杀人罪的间接正犯,恭平由于没有帮助犯罪的故意而不成立犯罪,即便其行为事实上帮助了重治的杀人行为。

综上所述,无论是在日本法视角下还是在中国法视角下,本案中恭平均不构成故意杀人罪的共犯。

5 "内海薰的最后案件"

5.1 剧情简介

本案有别于其他案子,主角是内海薰而并非汤川学,在此剧中查明案件真相的关键不再是汤川学的渊博学识,而是内海薰的机智与执着。所以,本案的技术并不是破案的关键,逻辑分析才是精彩部分。

九个月前,正值而立之年的女警官内海薰突然接到远赴美国俄克拉何马州研修的通知,自知自己在男尊女卑的警界中已无法立足,内海薰在焦虑烦恼的同时也暗下决心要干出一番业绩。就在此时,机会从天而降,在街上执行任务时她偶然发现一名护工用轮椅推着一名浓妆艳抹的老人,但老人身体栽在一边,手也顺势垂在了地上。内海薰大惊失色,瞬间明白了轮椅上

---

① 参见张明楷:《刑法学(第六版)》(上),法律出版社 2021 年版,第 524 页。
② 同上书,第 527—532 页。

的老人是个死人。内海薰叫住了护工,和同事一并将他逮捕,进一步调查发现,该护工上念研一竟是长野县通缉的在逃犯。在内海薰的面前,上念研一如实供述了杀害主家芙实太太女儿岩见千加子的全部经过。因为岩见千加子对他的看护不满,便冲他大吼大叫,还把他的看护日志撕掉,上念研一就怒上心头,拿起手边的金属球棒杀死了她。但他不忍心将生活不能自理的芙实太太单独留下,所以将她带来了东京。案件事实清楚,风光得意的内海薰在公众的注视下担当押送嫌犯的重任,可在遣返途中,上念研一突然调转口风,对着便利店的众人大喊冤枉,不明真相的围观群众被这一声声的冤枉搞得晕头转向,开始对警察的行动指指点点。抵达长野后,上念研一推翻了之前的所有供词,这突如其来的变故,让原来就难以立足警界的内海薰雪上加霜。而一贯执着的内海薰并没有放弃,她顶着巨大压力,与新人当摩健斗联手调查,却意外探知到九年前的一起冤案。

虽然上念研一抵达长野后推翻了之前的供词,但长野县警官凭借目前的证据认为上念研一杀死千加子就是这起案件的真相。上念研一要求见内海薰,并对内海薰说自己是被诬陷的。根据上念研一所述,真实情况是:上念研一在休息日仍不放心芙实太太,于是前往千加子家,但进屋后他发现千加子倒在血泊中,他正要报警的时候被人砸晕,醒来后有轻微失忆,发现自己的帽衫沾上了血迹,且手里拿着沾满血迹的搅拌机,他以为是自己杀害了千加子,于是匆忙逃逸。带上芙实太太是因为他与老人有约定,要带她去探望故乡东京。一贯执着的内海薰无法接受这个案件审判结果,坚持对这起案件继续进行调查。

有一位记者告诉内海薰,近一个月很多记者和报社收到了同样内容的匿名信:"YT误判杀人"。这里的YT指的是署长高崎依子,高崎依子在回应上念研一的案件质疑时,将责任推诿到内海薰身上,令内海薰对这位署长产生了极大的怀疑。九年前,猿渡被作为一桩杀人案的嫌疑人被逮捕,虽然没有决定性的证据,但由于在审讯中被逼供,因此她一度认罪,之后她再怎么主张无罪,都不能推翻之前的供词,负责这个案件的正是当时还在警视厅的高崎署长。在狱中,猿渡所患的慢性支气管炎病情恶化,就这样惨死狱中。猿渡的家属公开了她的遗书,遗书中写道她是被逼供误判的,该事件引起了不小的轰动。当年是周刊记者的千加子的父亲也对猿渡误判一案展开调查，当时案件相关的采访笔记还一直放在橱柜顶上，但后来他因婚外情离奇自杀而亡。上念研一说，这几年，芙实太太经常念叨自己的丈夫没有出轨，他是被诬陷的。

当摩健斗查出匿名信的所有发送者IP，发现最后一封匿名信来自死者千加子。内海薰开始大胆推断，当年高崎署长涉嫌刑讯逼供，导致嫌疑人冤死狱中，千加子的父亲作为记者暗地调查这件事情，但高崎署长怕丑闻泄露，于是设计杀死了他。之后，千加子无意间看到了父亲的采访笔记，觉得父亲死因蹊跷，所以写了匿名信想要查清父亲死因，不料最终为她招来杀身之祸。正当此时，内海薰得知给他们提供线索的那位记者自杀身亡后情绪失控，认为刚刚还与自己通话的记者是由于卷入案件调查才被人杀害，这也更加证实了整个案件背后所藏的疑点重重。但此时，内海薰被上司召回东京，案件的黑暗以及话语权的丧失让内海薰感到了窒息的无力，产生了自我怀疑与否定。

内海薰找到汤川学，向他发出了自己是否适合做警察的问题，汤川学并未直接回答，而是用实验原理启发内海薰：只看到一时的不良状态或是缺陷就全盘否定的思想并不可取。短暂的隐忍并不是躲避，而是蓄势待发。内海薰满血归来，说服警务厅的厅长，让自己重新回到长野县调查。随后，她找到健斗帮忙，故意发出一封同样的匿名信，想要引蛇出洞。匿名信的再次出现，又让高崎署长如坐针毡。这时，内海薰和健斗浏览了上念研一制作的网站，发现除了护工的工作之外，他还帮人修理电脑，并且他维修电脑的客户全部都是那些发过匿名信的人。就此可以合理怀疑，所有的匿名信其实都是上念研一发出的，千加子的被害也和他脱不了关系。

内海薰找到长野县的刑警队长，告诉他自己推断的真相，现在需要他配合自己监视高崎署长的一举一动。刑警队长一直都是高崎署长的心腹手下，并且整个事件他都参与其中，内海薰主动找他帮忙，就是为了逼他露出马脚。到了晚上，刑警队长先直接用电棒击晕了健斗，等内海薰赶到时，他正准备故技重施，但被内海薰用手枪抵住了胸口。这时警笛长鸣，内海薰告诉他，这次来的不是长野的警察，而是警务厅的警察。刑警队长知道自己回天乏术，主动交代了案件的真相。

九年前，就是刑警队长协助高崎署长制造了冤假错案，后来也是他找人杀死了千加子的父亲。千加子也是他杀的,目的就是掩盖九年前的真相。当时,他通过那封来自千加子的匿名信找到了千加子的住址,想趁着周日护工和千加子都不在家的机会,偷偷拿走那些采访笔记。可是出门时,偏偏碰到了刚刚回家的千加子。于是他痛下杀手,用搅拌机锤杀了千加子。之后,他匆忙逃走,却把车钥匙留在了犯罪现场。当他回到现场想拿回车钥匙时,却又碰到了护工上念研一。所以,他干脆将计就计,电晕上念研一后伪造了其杀人的现场。至此,整个案件真相大白。高崎署长和刑警队长双双入狱,上念研一被无罪释放。

上念研一被无罪释放之后,还借此机会洗白了自己五年前游戏制作抄袭的污点,并且高调复出,编写新书讲述自己被冤枉的故事,摇身一变成为流量网红。上念研一的新书发布会结束后,内海薰找到他,拿出了上念研一留在未来快递店的一张录像光盘。未来快递店是一家帮助人把今天的东西,寄给未来的自己或者他人的快递公司。这份留在未来快递店里的光盘记录的正是刑警队长杀害千加子的监控录像,而上念研一设定的寄送时间是三年后——说明这一切都是他的设计布局。在他的计划中,如果自己被判入狱,三年之后可以凭借这个直接证据让真相大白,引起民众舆论的哗然,同时让自己成为警署预判案件的受害者和最受关注者。内海薰的出现让他的计划提前实现,省去了这道程序。

内海薰揭开了真相:五年前上念研一因制作的游戏被认为是抄袭而身败名裂,五年来一直忍辱负重,决心拿回属于自己的一切,但一直都找不到合适机会。有一天,他无意间发现了千加子父亲的采访笔记,当下决定用这些证据来报复长野警方。于是他用修电脑的机会发出了许多匿名信件,却最终招来了千加子的杀身之祸。当时他在千加子家里安装了遥控摄像头,正巧拍到了刑警队长行凶的全过程。他急忙赶过去搜集证据,却没想到刑警队长杀了一个回马枪,让他直接变成了杀人凶手。醒来后的上念研一并没有急于脱身,而是抓住这次机会,酝酿了一个巨大的阴谋。上念研一听完内海薰的讲述后却不以为然,正准备离开,内海薰怒骂他害死两条人命,做的游戏也又烂又差。上念研一被尖锐刺耳的语言彻底激怒,毫不留情地殴打内海薰。这里发生的一切都被警察在监控器里看得真真切切,上念研一的行为也会受到应有的处罚。

故事的最后，满脸伤痕的内海薰在洗手间里失声痛哭。她并不是委屈，因为这是她为伸张正义所做的牺牲。真相的水落石出让她终于战胜了内心的自我否定和质疑，如愿与自己和解。

5.2 技术分析

- 电棍

电棍主要由一体化高质量集成块及可充镍氢电池组成；外部主要结构主要由 ABS 硬胶压铸成型和金属材料组成，一般产品的前端有一圈电磁阀，一对或数对金属电击头，后端有电击保险开关，按电击开关，即能产生强烈电击。电棍可通过瞬时电压转变成高压脉冲，瞬间释放出高压，从而释放出电击，特别适用自卫、防暴、安保等任务。

电棍的功能有老式电棍、强光与报警。老式电棍可利用高压发生器及可充电池供电产生 4 万伏以上的强电击，使侵犯者产生一种强烈的触电感觉，全身麻木、浑身无力，瞬间丧失作恶能力。一体化高压发生器分两大类：直流型和脉冲型。直流型的电击强度大，属于高压高流型，直流的产品不怕潮湿且质量好，在雨天或受潮后同样可电击，下雨时防水电击筒拿起来擦掉水迹照样可电击。直流型相比脉冲型而言，电击强、威慑性大，能瞬间制止犯罪，人们更容易接受。脉冲型的电击强度相对小一些，产品属于高压低流型，产品怕潮湿，特别是黄梅季节及雨雾天，宜放干燥处。电击时遇哒哒响声，放不出电击火花，用干布擦净电击部位或用吹风机稍吹即可正常电击，切不可暴晒。强光是一种非常简单、方便、实用的自卫武器，它可以射出很强的光束（照射程 200 米以上），使侵犯者丧失视觉，而这种致盲是暂时的，不会造成视力的任何伤害，使用时对准歹徒眼睛即可。另外，强光也可以作远距离照明用，照明距离 100 米左右。防水电击电筒下水前，必须检查有关部件防水性能是否良好。报警分电机和电子报警两种，它可发出 120 分贝以上强烈报警声，足以招来邻居、行人或警察，使侵犯者产生强烈的恐惧心理，且报警声最远距离可达 500 米。

本案中，刑警队长两次都利用了电棍击倒当事人，使其短暂眩晕，失去意识，从而方便行事。第一次在杀害千加子却将钥匙遗忘，返回千加子家中却发现护工出现时，刑警队长便从背后用电棒袭击护工，并制造了嫁祸之灾，将凶器搅拌机放置于护工手中。刑警队长第二次运用电棍是在内海薫与健斗几乎知道了全部真相后，为了引出内海薫，他先用电棒砸晕健斗，并想用同样的方式对内海薫动手。

- 光的反射原理

非偏振光在金属表面或绝缘体表面（即"一般平面"）反射的过程，都可以通过光的反射原理来描述。对于这种情况，反射率 RRR 表示光在表面上的反射程度，而入射角 TTT 则表示光线入射表面的角度。光的偏振状态可以分为两种：ppp 光，即平行于反射面的偏振光，以及 sss 光，即垂直于反射面的偏振光。根据菲涅耳方程（Fresnel equations），金属对 sss 和 ppp 偏振分量的反射率较高，因此无论如何旋转偏振镜，金属表面的反射光难以被完全滤除，这也是金属反光强烈的原因。

德鲁德模型（Drude model）进一步解释了金属内部的电子行为不同于绝缘体中的电子。金属中的电子并不被紧密束缚在原子周围，而是自由移动。当金属中的电子受到电磁波（如光）的照射时，电子会随着电磁场发生规律的振荡。若是独立电子受到电磁波的作用，电子振动时不会改变能量；但在金属中，振荡中的电子会与周围的原子或离子发生碰撞，每次碰撞都会使电子从外部电磁场中获取额外的能量，运动方向也会因此发生改变。

金属的高反射率源于其特殊的光谱吸收特性，与金属原子或离子的固有振荡频率有关。通常情况下，金属对特定波段的光（尤其是可见光）具有较强的吸收，同时由于其高介电常数，在可见光波段呈现极高的反射率。根据德鲁德模型，我们可以推断，在可见光波段，大多数金属的折射率实部小于1，而虚部较大。将这些参数代入菲涅耳方程，可以计算得出金属在此波段具有极高的反射率。

从微观的角度来看，当电磁波照射到物体上时，物体中的原子被电磁波极化，其极化程度随电磁波的频率变化而变化。极化的原子会辐射出新的电磁波，这些波与入射电磁场叠加形成反射光和折射光，这一过程正是光在金属和绝缘体上反射和折射的根本机制。

本案中，基于金属的强反射率，当刑警队长试图用电棍袭击内海薫时，内海薫通过包上的金属扣，运用金属反光原理窥见了他的行为，成功自卫。

综上分析，本案技术上的逻辑基本成立，没有明显不符合物理原理的情况。

5.3 法律分析

【争议焦点】

上念研一明知案件真相却再三戏弄警方的行为是否构成犯罪？

1. 日本法视角下的分析

A. 关联法条

《日本刑法典》

第104条：就他人的刑事案件，隐灭、伪造或者变造证据，或者使用伪造或者变造的证据的，处三年以下有期徒刑或者三十万日元以下罚金。

第105条之二：对于被认为具有调查或审判自己或他人刑事案件所需知识的人或其亲属，在没有正当理由的情况下，强行要求见面或进行强谈威迫行为的人，处以二年以下有期徒刑或三十万日元以下的罚款。

第169条：依照法律宣誓的证人，作虚伪供述的，处三个月以上十年以下有期徒刑。

第195条：从事裁判、检察或警察职务或是辅助前述职务的人在执行职务期间，对被告人、犯罪嫌疑人或其他人施加暴行或进行凌辱、虐待行为的，处七年以下的惩役或禁锢。

根据法令看守或是护送被拘禁者的人对该被拘禁者施加暴行或进行凌辱、虐待行为的，同前项规定。

第196条：犯前二条之罪，因而造成人员死伤的，与伤害罪进行比较，按刑罚较重的进行处断。

B. 具体分析

在内海薰警官的调查下，本案的真相水落石出。其中高崎署长和长野县的刑警队长共同对犯罪嫌疑人进行刑讯逼供最终导致犯罪嫌疑人冤死狱中，依据《日本刑法典》第195条之规定，其行为已构成特别公务员暴行凌虐罪和故意伤害罪，从一重进行处罚。同时，高崎署长和长野县的刑警队长后为了掩饰自己之前刑讯逼供的行为，又不惜杀害知情人，其后续行为又构成了故意杀人罪。综合看来，高崎署长和长野县的刑警队长存在多个犯罪行为,触犯了数罪,应进行数罪并罚。本案中对高崎署长和长野县刑警队长刑事责任的确定并无争议,笔者认为本案值得讨论的是另一重要人物(上念研一),其明知案件真相却三番两次戏弄警方的行为是否构成犯罪?

在本案中,上念研一最初向警方供述其杀害了主家女儿,但抵达长野县后就翻供说自己并未杀害千加子。最后在内海薰的侦查下,发现上念研一其实从一开始就知道杀死千加子的真正凶手,其再而三地欺骗内海薰只不过是想借此报复长野警方。那么,针对上念研一的这一系列行为,是否能将其评价为犯罪,以及应评价为何种犯罪呢?

笔者认为,依据日本刑法典,上念研一多次翻供的行为虽然事实上妨碍了内海薰查找案件事实真相,但其仍不构成犯罪,因为该行为不符合日本刑法典某一具体罪名的犯罪构成。但笔者同时认为,上念研一明知案件真相,而故意隐藏相关证据的行为有可能构成隐灭证据罪。

首先,上念研一的多次翻供的行为并不构成妨碍公务罪。因为依据日本刑法典的规定,妨碍公务罪要求行为人对公务员执行职务时要施以暴行或者胁迫行为,而本案中上念研一已被警方逮捕,其只不过是一而再再而三地更改自己的供述,该行为并非对公务员的暴行或者胁迫行为。其次,上念研一多次翻供的行为不构成隐匿犯人罪。因为虽然上念研一知道本案杀死千加子的真正凶手是谁,但其只是未将该案件真相告知警方而已,其客观上并未对真正凶手实施藏匿或者提供资金帮助其藏匿的行为。最后,上念研一多次翻供的行为不构成伪证罪。因为伪证罪的主体是证人,而上念研一在本案中的身份为犯罪嫌疑人而非证人。

笔者认为,上念研一明知录像光盘里记载了千加子被杀害的事实,而故意将录像光盘放在未来快递店里,计划三年后再寄出的行为可能构成隐灭证据罪,因为:(1)依据日本刑法学界通说和相关判例,隐灭证据罪所指的证据限于有关刑事案件的证据,不仅包括被告事件、嫌疑事件,也包括开始搜查之前的案件,且该证据仅限于他人的刑事案件的证据。[①] 而本案出现的录像光盘记载了杀害千加子的真凶,该真凶并不是上念研一,且警方已经

---

① 参见〔日〕西田典之:《日本刑法各论(第三版)》,刘明祥、王昭武译,中国人民大学出版社2007年版,第358—360页。

开始调查千加子被杀案的真相,因此该录像光盘属于他人刑事案件的证据。(2)隐灭证据罪的行为包括隐灭证据,隐灭证据是指妨害证据的显现,以及其他一切使得证据效力丧失或减少的行为。本案中上念研一将录像光盘送往未来快递店,而依据未来快递店的运营规则,该录像光盘只有在三年后才会寄到警局。这意味着在之前的三年内警方无法发现该录像光盘,因此上念研一将录像光盘放在未来快递店实质上等同于将此光盘封锁三年,这应被视为隐藏行为。

综上分析,笔者认为,在日本法视角下,虽然不能惩处上念研一多次翻供戏谑警方的行为,但其隐藏记录千加子死亡真相的录像光盘构成隐灭证据罪。

2. 中国法视角下的分析

A. 关联法条

《中华人民共和国刑法》

第247条:司法工作人员对犯罪嫌疑人、被告人实行刑讯逼供或者使用暴力逼取证人证言的,处三年以下有期徒刑或者拘役。致人伤残、死亡的,依照本法第二百三十四条、第二百三十二条的规定定罪从重处罚。

第277条:以暴力、威胁方法阻碍国家机关工作人员依法执行职务的,处三年以下有期徒刑、拘役、管制或者罚金。

以暴力、威胁方法阻碍全国人民代表大会和地方各级人民代表大会代表依法执行代表职务的,依照前款的规定处罚。

在自然灾害和突发事件中,以暴力、威胁方法阻碍红十字会工作人员依法履行职责的,依照第一款的规定处罚。

故意阻碍国家安全机关、公安机关依法执行国家安全工作任务,未使用暴力、威胁方法,造成严重后果的,依照第一款的规定处罚。

暴力袭击正在依法执行职务的人民警察的,处三年以下有期徒刑、拘役或者管制;使用枪支、管制刀具,或者以驾驶机动车撞击等手段,严重危及其人身安全的,处三年以上七年以下有期徒刑。

第305条:在刑事诉讼中,证人、鉴定人、记录人、翻译人对与案件有重要关系的情节,故意作虚假证明、鉴定、记录、翻译,意图陷害他人或者隐匿罪证的,处三年以下有期徒刑或者拘役;情节严重的,处三年以上七年以下有期徒刑。

第307条：以暴力、威胁、贿买等方法阻止证人作证或者指使他人作伪证的，处三年以下有期徒刑或者拘役；情节严重的，处三年以上七年以下有期徒刑。

帮助当事人毁灭、伪造证据，情节严重的，处三年以下有期徒刑或者拘役。

司法工作人员犯前两款罪的，从重处罚。

第310条：明知是犯罪的人而为其提供隐藏处所、财物，帮助其逃匿或者作假证明包庇的，处三年以下有期徒刑、拘役或者管制；情节严重的，处三年以上十年以下有期徒刑。

犯前款罪，事前通谋的，以共同犯罪论处。

B. 具体分析

不同于日本刑法，我国刑法直接规定了一个具体的罪名来规制司法工作人员的刑讯逼供行为，即刑讯逼供罪。依据我国刑法对刑讯逼供罪的相关规定，本案中高崎署长和长野县刑警队长的行为既构成了刑讯逼供罪，又构成了故意伤害罪，应从一重处罚。

针对上念研一多次翻供的行为，《中华人民共和国刑法》第277条规定了妨碍公务罪，妨碍公务罪的成立亦要求使用暴力和胁迫方法，因此本案中上念研一多次翻供的行为不成立妨碍公务罪。我国刑法同样规定了伪证罪和窝藏罪，这两个罪名的犯罪构成与日本法相似，即伪证罪的主体要求是证人，窝藏罪成立要求存在窝藏行为，而本案中上念研一多次翻供的行为并不符合上述条件，故无法构成两罪。《中华人民共和国刑法》第307条规定了帮助隐灭、伪造证据罪，该罪所要求的构成要件与日本隐灭证据罪的构成要件类似，即对象是他人的刑事案件证据，存在隐灭、伪造行为（实质上使警方难以发现相关证据即可），因此在中国法视角下，上念研一将录音录像藏在未来快递店的行为可被视为帮助隐灭、伪造证据罪。

综上所述，本案中对上念研一的行为应分开进行评价，其多次翻供的行为并不构成犯罪，但其将记录杀害千加子死亡真相的录像光盘放在未来快递店的行为，无论是在中国法视角下还是日本法视角下，均构成（帮助）隐灭证据罪。

6 "禁忌的魔术"

6.1 剧情简介

帝都大学医学系的新生古芝伸吾,在进入帝都大学后,拜访了中学时期给予自己帮助的汤川学教授。见面后,二人对"科技能否为人们带来更好的生活"展开了讨论,汤川学认为,"要是受到邪恶之人利用,科学就会变成禁忌的魔法",他强调研究科学的初心。但古芝伸吾无声的沉默,暗示着他对汤川学回答的质疑,而这份质疑背后又有着怎样的故事呢?汤川学邀请古芝伸吾有时间来参观自己的实验,受到汤川学邀请的古芝伸吾还没来得及高兴就收到了自己姐姐古芝秋穗"因病去世"的噩耗。

5个月后,长冈修记者在家中遇害,被害者长冈修生前反对"超级科技都市计划",且在调查该计划的发起者大贺仁策议员。同时,警方发现被害现场留下一段离奇的视频:某仓库墙壁突然爆破,但现场并没有任何可燃物品。令人奇怪的是,1个月前,某河岸边的一辆摩托车突然起火,摩托车油箱发生与仓库墙壁类似的破洞情况。

面对这样难以解释的现象,草薙警官按老规矩带着视频找汤川学寻求帮助。观看视频后,一向不喜掺和案件的汤川学却异常主动地要求参与本次案件调查,并在办案过程中对警察有所隐瞒,这让熟知汤川学的草薙警官对汤川学自身是否与案件有所牵连产生怀疑。原来,长冈修记者在生前拜访过汤川学,并给汤川学看了这个视频,所以汤川学早就看过视频并且已有自己的推测——奇怪的墙壁爆破现象是由古芝伸吾所为。在发现古芝伸吾的异常情况之后,汤川学经多方打听,发现古芝伸吾已经退学,在工厂待过一段时间后就下落不明。

面对长冈修被杀案的一众疑团,汤川学和警察成功找到了关键性证据录音笔,并以此揭露了长冈修被杀案的真凶,即反对"超级科技都市计划"运动中长冈记者的搭档——菌菇拉面店的老板。他因背负债务而被大贺议员的秘书鹈饲收买,意图把长冈修手中不利于大贺的信息卖出去以牟取利益,便临时起意用烟灰缸击杀了长冈修。同时,警方从他口中得知,古芝秋穗"因病去世"背后真正的原因是:她的恋人——议员大贺仁策,在面对她输卵管破裂引起的大出血时,因顾及个人利益没有拨打急救电话进行救助,才最终导致了她的死亡。

汤川学和草薙警官也意识到,古芝伸吾的真实目的是制作磁轨炮狙击大贺仁策为姐姐复仇。汤川学便去寻找仓坂由里奈,她与古芝伸吾在工厂工作时结识,在汤川学寻找古芝伸吾的过程中,因询问汤川学是否是警察而引起汤川学怀疑。汤川学从仓坂由里奈口中得知了古芝伸吾将在动土典礼击杀大贺仁策的计划,以及古芝伸吾对科学态度发生转变的原因——古芝伸吾的父亲古芝惠介作为他的榜样,却利用科学制作地雷这一毁灭性武器。

但实际上,古芝伸吾利用仓坂由里奈向警方传达了错误的诱导信息,动土典礼并非他的动手时机,他真实的计划是在光原市民球场的少年棒球大赛开球仪式上对大贺仁策进行狙击。发现这个事实后,汤川学及时赶到磁轨炮真正所在地,在最后时刻修改了电磁轨道炮的程序,成功地停止了古芝伸吾的发射行为,并化解了古芝伸吾对父亲的误解。

但其后,汤川学提出,只要古芝伸吾发出信号,他就会发射抛射体,帮助古芝伸吾完成报仇。面对草薙警官的以枪相对和"用科学杀人"这样与个人初心相悖的行为,汤川学仍坚持给予古芝伸吾是否选择"一偿夙愿"的机会,最终比赛结束,古芝伸吾还是没有选择发出信号。汤川学这一次赌对了,科学可以救人也可以杀人,但汤川学坚信科学家的良知会让扭曲的心重回正轨。

最终,大贺仁策自动投案。古芝伸吾也因毁损器物罪遭到起诉,但被判处缓刑,不会受到实际刑罚,他也将重新考读帝都大学理工学系,重新开始自己的学习生涯。

6.2 技术分析

本案主要涉及的高科技犯罪技术是古芝伸吾制作的一种新概念武器——电磁炮。电磁炮也称脉冲能量电磁炮,它是利用电磁发射技术,以电磁力发射超高速炮弹并以其动能毁伤目标的动能武器系统。电磁炮与传统火炮的区别在于,电磁炮的发射方式是利用电磁系统中电磁场产生的安培力来对金属炮弹进行加速,传统火炮是靠火药燃烧产生的助推力推动弹丸运动;电磁炮靠动能打击目标,而传统火炮靠热能打击目标。

按照电磁炮的不同结构,可将其分为轨道炮和线圈炮。

• 电磁轨道炮

轨道炮是一种电磁炮的形式,它通过两条平行的导轨和强电流生成的磁场来加速弹丸。轨道炮的核心原理是利用导轨之间产生的强大"洛伦兹力",推动弹丸以极高的速度沿导轨运动,最终将其抛射出去。它的工作机制是:轨道炮由两条平行的导轨、电源、一个可移动的导电弹丸这几个关键组成部分构成。当电源接通后,电流从电源的正极流入第一根导轨,穿过弹丸后进入第二根导轨,再返回电源的负极,从而形成一个闭合回路。具体工作过程如下:

(1) 电流生成磁场:当电流通过导轨并经过弹丸形成回路时,根据安培定律,导轨周围会产生磁场。由于导轨间的电流方向相反,这种电流在导轨间形成了一个强烈的磁场。

(2) 洛伦兹力的作用:当电流通过弹丸时,它在导轨间的磁场中受到"洛伦兹力"的作用。这个力作用在弹丸上,将其沿着导轨加速。

(3) 弹丸的加速:随着电源不断提供电流,弹丸在导轨上受到的洛伦兹力会持续将其向前加速。在导轨末端,弹丸以极高的速度被抛射出去。这种加速能力取决于电流的大小、磁场强度、导轨长度,以及电源的功率。

轨道炮的主要优点是可以在短时间内将弹丸加速到极高速度,无须传统火药,因而在军事上具有极高的潜力。由于电磁加速可以达到比化学爆炸更高的速度,使得轨道炮的射程和穿透力可以显著提升。然而,轨道炮的工作需要极高的电流和强度极大的电磁场,这对设备的材料、电源和导轨耐热性能提出了巨大挑战。此外,随着弹丸沿导轨高速运动,导轨表面也会承受强大的磨损和电弧烧伤,导致导轨的使用寿命成为一个问题。

• 电磁线圈炮

电磁线圈炮(也称"电磁线圈加速器"或"线圈炮")通过一系列环形电磁线圈来加速和发射金属弹丸,其核心原理是利用电磁感应和磁场变化来推

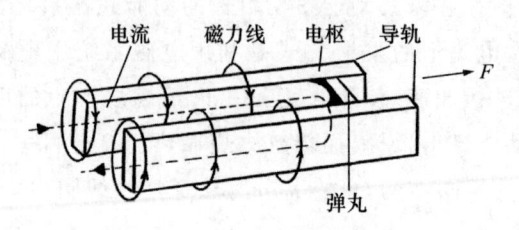

图 20　轨道电磁炮示意图

动弹丸逐步加速。这种装置与轨道炮不同，不依赖平行导轨，而是依靠连续激活的电磁线圈产生的磁场来驱动弹丸。它的工作原理是：

电磁线圈炮的工作过程始于一系列环形线圈的排列，这些线圈沿着发射轨道从前到后依次排列。电源通电后，电流通过第一个线圈，产生一个强大的磁场。当金属弹丸（通常是铁或其他磁性材料）置于线圈中时，这个磁场会将弹丸向线圈中心吸引，从而推动它向前加速。

当弹丸到达第一个线圈中心时，电路迅速关闭该线圈的电流，并立即开启下一个线圈，使第二个线圈产生磁场，从而继续推动弹丸向前。通过精确控制每个线圈的通电顺序，使磁场始终在弹丸的前方不断产生，以推动弹丸前进。这种逐段加速的方式类似于不断推动弹丸的"电磁脉冲"，使其在沿着一系列线圈逐步加速的过程中，最终达到极高的速度。其中关键在于精确控制每个线圈的开关时间，这种控制必须与弹丸的运动速度相匹配，以确保每个磁场产生的吸引力始终能最大程度地推动弹丸。控制器通过计算弹丸的位置和速度来精准地切换线圈，这种同步是线圈炮的核心技术难点。

电磁线圈炮的优点在于它没有轨道接触，因此没有摩擦磨损问题，理论上可以实现较长时间的重复发射。然而，线圈炮需要非常强的电源支持和复杂的控制系统，同时需要有效的冷却系统，以处理线圈在高电流下产生的大量热量。

因此，电磁线圈炮的工作原理在于通过逐步激活的一系列电磁线圈，利用电磁感应原理产生磁场来推动弹丸前进。这种技术有可能应用于军事和航天领域，为高速度发射和非火药加速提供了一种新方式。

• 电源技术

由于电磁炮发射时需要非常大的脉冲电功率（要求电源功率在吉瓦数

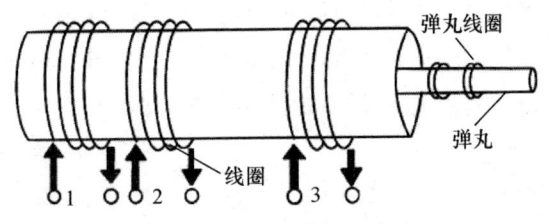

图 21　电磁线圈炮的结构

量级,脉冲持续时间在毫秒数量级),普通电源满足不了这一要求,因此通常的做法是先将初级电源的功率传递给储能系统,将能量储存起来,后者在适当的时机以适当的方式将能量转换到脉冲形成网络中,以适应负载的要求。目前,电磁炮原理试验样机使用的电源主要有电容器组、电感储能系统、磁通压缩发生器、蓄电池组、脉冲磁流体发电装置、单极脉冲发电机和补偿型脉冲交流发电机七种形式,每种电源都有其自身的特点和使用价值。从目前研究和试验情况来看,研究的重点是高能量高储能密度的电容器组、单极发电机、补偿型交流发电机。这几种电源发展比较迅速,应用也日趋成熟,难点在于缩小其体积。

- 材料技术

由于电磁炮发射时是在强脉冲电流的条件下加速弹丸的,其工作条件极为恶劣,因此对其所用材料的要求就很高。目前对材料的研究主要是对轨道材料、绝缘材料、弹丸材料等的研究。

轨道炮的导轨是在兆安级的电流下工作的,材料要经受瞬时极大的热流冲击,容易造成导轨的严重烧蚀,特别是弹丸底部的初始位置,烧蚀更为严重。因此,导轨材料首先要有好的抗烧蚀性能,同时还应具有良好的导电性能和高的屈服强度,滑动摩擦系数要小,并且在高温下能保持较强的硬度。目前多使用性能良好的无氧铜,或钢与钨、锆、钍、镍、铬等的合金。

与导轨、电枢接触的绝缘材料应具有较强的抗电弧烧蚀性能。用于线圈炮的绝缘材料必须耐高温和高压,而且要有较高的机械强度。试验已经发现一些性能比较好的材料,如二氧化硅、三氧化二铝等。

目前电磁炮的弹丸材料多为塑料或轻金属,其外弹道特性还未及考虑。弹丸材料必须能够承受膛内加速时所产生的比传统火炮高得多的加速度

(约为重力加速度的几十万倍)。再加上与装甲目标的高速碰撞,其硬度是至关重要的。一旦弹丸速度达到3千米/秒以上,它在空气中高速飞行时产生的摩擦热,也足以将普通材料的弹丸熔化掉。所以,弹丸材料不仅硬度要高,还要耐烧蚀。

- 实际应用①

作为一种新型概念武器,电磁炮目前虽然面临一些技术挑战,但随着科技不断进步、制造工艺的提升以及新材料的应用,电磁炮研发过程中的各种难题预计都将逐步得到解决。它相比传统火炮的独特优势将逐渐显现,尤其在军事应用方面具有广阔前景。

首先,电磁炮可以用于打击地面和海上目标。电磁炮发射时具有极高的动能和强大的破坏力,射程从几千米到几十甚至上百千米不等,能够替代传统火炮,为地面和海上作战提供远程火力支持。出色的穿透能力使它能够有效摧毁坦克等装甲目标,并且对坚固的水泥掩体或地下深层目标造成毁灭性破坏。试验表明,电磁轨道炮只需将一枚质量50克的弹丸加速至3千米/秒,就能轻易穿透25.4毫米厚的坦克装甲,足以对付现代的T-72、T-80等坦克类型。

其次,电磁炮还具备卓越的防空反导能力。电磁炮的响应速度快、射速高、抗干扰能力强,能够替代传统的高射武器和防空导弹等装备,并与地面或舰载的防空探测系统协同工作,不仅可以打击临空的各类飞机,还能够远距离拦截空对地和空对舰导弹。特别是在应对弹道导弹时,电磁炮凭借其高初速和快速反应,可以提前扩大杀伤范围,增强防御半径,实现多重拦截,大幅提高反导作战的拦截成功率。

最后,电磁炮还可以应用于导弹和卫星的发射。凭借出色的加速性能和适应多种发射质量的能力,电磁炮可作为运载火箭的第一级,用于发射洲际导弹或卫星。这种方式不仅可以减轻运载火箭的整体质量、降低发射成本,还能减少环境污染,大幅提升发射的成功率并缩短发射时间。

---

① 资料来源:王群、耿云玲:《电磁炮及其特点和军事应用前景》,载《国防科技》2011年第2期。

6.3 法律分析

【争议焦点】

本案中古芝伸吾是否仅构成毁损器物罪？

1. 日本法视角下的分析

A. 关联法条

《日本刑法典》

第43条：已经着手实行犯罪而未遂的，可以减轻其刑罚。但是，根据自己的意思中止犯罪的，减轻或者免除其刑罚。

第199条：杀人的，处死刑、无期或者五年以上有期徒刑。

第261条：除前三条规定外，损坏或伤害他人物品的，处三年以下有期徒刑或三十万日元以下罚款。

B. 具体分析

在本案中，古芝伸吾以毁损器物罪遭到起诉，最终被判处缓刑。但能否仅仅认定古芝伸吾构成毁损器物罪，笔者认为是值得讨论的。笔者认为，基于本案事实，古芝伸吾在构成毁损器物罪之外，还构成故意杀人罪，只不过其属于故意杀人罪的中止，具体理由如下：

首先，如前案所述，故意杀人罪的实行行为要求行为具有致人死亡的危险。其次，依据日本刑法学界通说，当行为人出于反省、悔悟、怜悯，或者是同情这种动机而实施中止犯罪的行为，且最终有效地防止了犯罪结果的发生时，构成中止犯。本案中，古芝伸吾设计磁轨炮企图杀死大贺仁策，该行为对大贺仁策的生命产生了极大的威胁，属于故意杀人罪的实行行为。只不过在汤川学的引导下，古芝伸吾消除了对其父亲的误解，且在汤川学提出只要其发出信号，就会发射抛射体，帮助其完成报仇的情形下，古芝伸吾也未选择发出信号。可以推定，古芝伸吾是基于反省或者悔悟等因素而放弃犯罪。因为古芝伸吾未坚持射杀大贺仁策，最终大贺仁策也得以存活，所以本案中古芝伸吾后续构成了犯罪中止。虽然古芝伸吾属于中止犯，但依据《日本刑法典》第43条，古芝伸吾仍构成故意杀人罪，只不过应当对其减轻或者免除处罚。因此，笔者认为，本案最后剧情中仅对古芝伸吾以毁坏器物罪进行起诉,并不符合法律规定。

2. 中国法视角下的分析

A. 关联法条

《中华人民共和国刑法》

第 24 条:在犯罪过程中,自动放弃犯罪或者自动有效地防止犯罪结果发生的,是犯罪中止。

对于中止犯,没有造成损害的,应当免除处罚;造成损害的,应当减轻处罚。

第 232 条:故意杀人的,处死刑、无期徒刑或者十年以上有期徒刑;情节较轻的,处三年以上十年以下有期徒刑。

B. 具体分析

如前案所述,我国刑法学界主流学说认为,故意杀人罪的实行行为是指对生命法益产生具体危险的行为。依据《中华人民共和国刑法》第 24 条,犯罪中止成立的条件包括:(1)中止必须发生"在犯罪过程中",即在开始实施犯罪行为之后、犯罪呈现结局之前均可中止。(2)中止具有自动性,对于中止的自动性应理解为,行为人认识到客观上可能继续实施犯罪或者可能既遂,但自愿放弃原来的犯罪意图。(3)中止的客观性,即存在中止行为,具体包括两种:一是自动放弃犯罪行为,二是自动有效防止犯罪结果的发生。(4)中止的有效性,即不管是哪一种中止,都必须没有发生行为人原本所希望或者放任的、构成要件行为性质所决定的犯罪结果(侵害结果)。

具体至本案,笔者认为,古芝伸吾的行为还构成故意杀人罪的中止,因为:(1)故意杀人罪的保护法益是人的生命权,古芝伸吾设计磁轨炮企图狙杀大贺仁策的行为对大贺仁策的生命权具有极大的威胁,并且该种威胁具有极大的紧迫性(因为在没有外力阻挠的情况下,古芝伸吾只需发送出信号就可以杀死大贺仁策),因而可以认定古芝伸吾的行为对大贺仁策的生命产生了紧迫的危险。(2)如上所述,古芝伸吾在汤川学的指引下逐渐消除了对父亲的误解,并且也逐渐悔悟,最终未选择发出信号杀死大贺仁策,该行为符合犯罪中止的成立条件。因为该行为发生在犯罪过程中,且古芝伸吾客观上具有杀死大贺仁策的可能,但其选择不杀,说明古芝伸吾是自愿放弃杀死大贺仁策,大贺仁策才得以存活。虽然本案中古芝伸吾构成故意杀人罪的犯罪中止，且其行为未造成实质损害，但依据我国刑法的相关规定，该行为仍属于犯罪，只不过应当免除处罚。因此，笔者认为，即使在中国法视角下，也不应仅仅以毁坏财物罪对古芝伸吾进行起诉。

综上所述，无论是在日本法视角下还是在中国法视角下，古芝伸吾的行为还构成故意杀人罪，且属于犯罪中止，故也应对其所犯的故意杀人罪（犯罪中止）进行起诉。

后记·思考

经过三年的酝酿与撰写,《神探伽利略》系列作品的技术分析和法律剖析基本完成,终于能够松一口气了。然而,作为一名司法研究学者,在分析、欣赏并赞扬这部改编自东野圭吾小说的影视作品时,笔者也从刑事侦查和法律人文角度,思考其瑕疵与对现实社会的启示。

- 第一季第一集:"自燃"

根据我国刑事案件侦查程序,刑侦人员接到报案后,首先应当搜查电线杆上的反射激光镜面,这一线索应当能帮助他们沿着光反射路径追溯到石田金属加工厂。随后,通过对受害男孩的尸检,结合伤口形状和程度,应能很快判断出受害者是被高温光线照射致死。

一般来说,10 kW 的激光照射 5 秒钟足以将骨头烤焦。因此,影视作品中的一个情节——受害者在遭遇二氧化碳激光照射后站立片刻——显得不太符合常理。在我看来,如果激光强度不够,未能击穿头骨,受害者应该会因剧烈疼痛而本能地逃跑或用手拍打头部以扑灭明火;而如果激光足够强烈,受害者应该瞬间倒地,而不可能保持"僵持"状态。导演或许是为了艺术效果才设计了这一情节;但这显然不符合实际情况。

- 第一季第二集:"出窍"

根据我国刑事案件的侦查程序,排查嫌疑人不仅仅是查看事发前后几天出现在受害人家中的名片。栗田信彦的名片确实将他列为嫌疑人,但排除他的证据应通过更为有力的方式来确认。例如,调查死者身上是否存在栗田信彦的毛发、血液、指纹等证据,通过 DNA 鉴定来排除嫌疑。死者是柔道冠军,被活活压死,过程中肯定发生了身体接触和打斗,很容易留下 DNA 痕迹。

- 第一季第三集:"灵动"

本案的一个情节值得商榷:故事最后,弥生在太平间看到的丈夫毫发无损,除了没有呼吸外,其他一切看似完好。这与现实逻辑极为不符。水泥的完全溶解是非常困难的,尤其是水泥将尸体裹住的情况下,要在不损害肉体的前提下溶解水泥几乎是不可能的。没有加水的水泥用强酸可以快速溶解,但加水硬化后的水泥即使用强酸也无法溶解,更不要说这会伤害到皮肤。如果使用机械工具凿开水泥,肉体接触到水泥也会受到损伤,尸体不可能像本案中那样保持完好。

借此机会谈一下水泥。水泥是建筑工程中常用的材料,遇水硬化后很难溶解,因此它常被犯罪分子用来隐藏尸体。通常情况下,目击者无法察觉埋藏其中的尸体,但借助专业工具,如雷达探测器,能够轻易发现。随着时间推移,尸体开始腐烂,散发出的气体,如氧气、氮气、二氧化碳、甲烷和氨气等,其密度都比水泥要大。例如,氨气的密度为 0.771 克/升,甲烷为 0.71 克/升,水泥无法阻止这些气体的渗透,尸臭自然会逸散出去。所以,水泥藏尸从某种程度上来说无异于自爆。

- 第一季第四集:"坏死"

犯罪嫌疑人田上的一句话值得我们深思:"杀死一个人是犯罪,但如果能创造出足以杀死十万人的强大兵器,那可就是英雄了。"从国家或族群的角度来看,为了维护稳定秩序,单纯杀死一个人无论如何都属于犯罪。然而,为了国家或族群的强大,尤其是为了更好地生存,那些在法律框架内发明防护武器的人,理应被视为英雄。但如果这些武器被政客用来侵略,便会触犯战争罪。因此,是否为英雄或罪犯,取决于所做的行为是否在法律允许的框架内,而非取决于所使用的武器或其杀伤力。

- 第一季第五集:"绞杀"

本案中,受害者使用了飞速弦,其蜡含量较高,因此加热时会融化并滴落蜡液,而这些蜡滴很难完全清除。在案件初期的侦查过程中,应该能够发现这一点。

故事发生在 21 世纪的日本,按理说,旅馆应当安装摄像头。通过走廊摄像头,应该能够看到妻子进入受害人房间,以及她离开时背着一袋东西。因此,剧情需要补充一段情节,解释丈夫如何破坏或巧妙绕过了摄像头,或者他发现当天摄像头坏了,这样才会显得更加合乎逻辑。

有句话说得好:"往往是那些善良的愿望,才将人们推向人间的地狱。"受害人或许自以为家人希望看到这样的结局,但其实,女儿和妻子可能更希望他继续活下去,即便生活贫困,也希望一起渡过难关。或许他们能用更合适的方式来改善生活,然而他选择了极端的方式,最终不仅失去了生命,也未能获得保险金。很多时候,结果未必是最重要的,真正重要的是全家人一起努力的过程。依赖非法捷径,往往是最不可取的选择。

- **第一季第九、十集:"爆炸"**①

"爆炸"作为《神探伽利略》第一季的最后一案,不仅是整季的高潮,也具有深远的思想意义。这两集通过精心设计的案件,深入探讨了科学家的社会责任,以及科学与人文的关系。本案中,汤川学在追查案件线索时,通过一位老大爷的口中点明了本案的核心主题:科学家不仅要追求科学的进步,更要具备对人类、对地球的深切人文关怀。否则,科学发展最终只会成为不断堆积的"垃圾",而无法带来理想中的美好世界。正如该老大爷所言:"如果只有科学进步,而人的意识没有同步进步,那么这种事永远不会有尽头。"

这一主题在案件结尾得到了升华。汤川学不仅仅通过言辞,更通过实际行动向木岛展示了科学与人文的交汇点,指出科学的进步不应脱离社会责任。汤川学告诫木岛:"不担责任的人,不配当科学家。"这句话不仅揭示了科学家的责任,更是在对整个社会发出警示:科学的力量应服务于人类的福祉,而非只为个人利益或纯粹的技术进步。而这也正是科学家作为社会公民的责任所在。

此外,汤川学的言论与斯宾塞的名句"科学本身就有诗意"形成了呼应。科学不应仅是冷冰冰的公式和实验,它也应当富有灵性和温度。科学与人文的结合,不仅能推动科技的发展,也能让科技成果更好地服务于人类的共同未来。本案最后,汤川学的坚持和行动向观众传达了一个深刻的道理:科学家在追求知识和技术进步的同时,不能忘记肩负起对人类、对社会的责任。这不仅是科学的本质,更是每一个身处科学领域的人必须承担的道德义务。

站在人类社会与科技发展的十字路口,科学家们需要明白,责任和担当是他们真正的使命。缺乏担当的人,不论其科学能力多么出色,都无法成为一个完整的科学家,因为其背离了科学的本质——为人类创造更美好的未来。因此,科学的发展不应只是技术上的突破,还应包括社会责任感的提升

---

① "爆炸"案分为第九集和第十集两个部分。

和人文关怀的体现。只有这样,科学才能真正实现其理想的价值,才能在改变世界的同时保护人类的未来。

- **第二季第三集:"听心"**

在尸检的情节中,岸谷发现社长每周都会去游泳,且非常熟悉水性。然而,社长最终选择了投海自杀,溺水而亡。法医的解释是:社长因被逼到绝境,才做出此类反常举动。这里似乎在强调,小中对社长施加的精神控制确实对他的心理状态造成了极大影响,从而使社长产生了绝望感。在法律分析中,这种情况可以被视为精神暗示与死亡结果之间联系的加强。然而,随着剧情发展到汤川的最终揭秘,我们发现社长听到的诅咒内容其实仅仅是简单的一句话——这种轻描淡写的结局不免让人感到有些"高高举起却轻轻落下"。

笔者设想了另一种可能性:如果社长是一个意志坚强的人,根本不把所谓"诅咒"当回事,并不因此产生心理恐慌,那么剧情会如何发展呢?此时,所谓的"诅咒"所带来的心理压力会大幅降低,社长也许根本不会在意小中的操控与暗示。随之而来的变化是,加山的慌乱程度也会下降,进一步影响到小中的刑事责任判定。

基于上述分析,小中的行为更可能构成的是故意杀人未遂,毕竟他的目的在于利用"诅咒"逼迫社长自杀。如果仅认定他怀有伤害意图,甚至可以不将其行为视作犯罪。这种情况下,如果社长没有选择自杀,或没有被发现实施"诅咒"的行为,那么小中的行为极有可能不会受到法律追责。

本案的结果中,社长的心理状态实际上在很大程度上左右了定罪与量刑的可能性,让人不禁感慨这似乎是一种命运般的安排。从另一个角度来看,假设没有任何人察觉小中对社长的精神控制,那么这种行为的社会危害性便极为有限,缺乏刑法中所要求的"严重社会危害性",不具备犯罪构成的基本特征。因此,从严格的法律意义上讲,小中的行为若未被发现,确实可以认为不满足刑罚适用的条件。

本案不仅提出了心理控制可能产生的严重后果,也引发了关于刑法适用的思考:究竟在多大程度上,意图通过精神暗示对他人造成伤害的行为可以被视为犯罪?而受害者的心理承受能力与精神状态如何在司法判定中被考量?这正是本案带来的令人深思的法律与伦理交汇之处。

- **第二季第六集:"密室"**

本案的情节紧凑且设计非常精彩,但从逻辑上来看,仍有一些细节值得探讨和反思。特别是野木祐子在认罪过程中的态度转变过快,给人一种略显仓促的感觉。她在得知岸谷的职业是刑警之后,依旧能够冷静地控制住情绪,精确且一丝不苟地完成密室的布置,这一方面展现了她强大的心理承受能力,另一方面也突出了她在高压环境下的冷静与理智。

在面对岸谷的怀疑和逼问时,野木祐子能够迅速且毫不含糊地给出滴水不漏的回答,这使得汤川学几乎相信她的说辞,从而增添了案情的悬疑感。她的表现无疑展现了非凡的随机应变能力,特别是在应对警方的高压侦查时,依旧能够保持冷静。这使得她在犯罪计划的制订与实施上,显得与普通罪犯有所不同。她的智慧、冷静和应变能力都使她看起来像是一个精心策划、深思熟虑的高智商犯罪者,而非一个匆忙犯案、随意操作的罪犯。

然而,正是由于她展示出来的高智商和冷静理性,我们对她认罪的行为感到有些不合逻辑。在警方并没有掌握实质性证据的情况下,她为何会如此迅速地认罪?如果她真是一个高智商的犯罪者,那么她应该意识到,认罪意味着她将面临严重的法律后果。更何况,野木祐子在犯罪过程中所表现出的得意与自信,使得她的认罪行为显得有些牵强。通常,高智商犯罪者往往对自己的犯罪行为有高度的掌控力,并且极少在没有充分证据的情况下自愿认罪。

从犯罪心理学的角度来看,一个精心策划的罪犯通常会在没有足够证据的情况下坚持沉默,甚至试图将罪名推卸给他人。除非她在某种情境下,深知自己即便不认罪,也无法逃脱惩罚,或者她有足够的心理承受力面对即将到来的法律后果。但本案中,野木祐子在认罪时的情绪反应过于轻松,甚至有些过于迅速,这与她之前所展现出的高智商犯罪者形象产生了某种程度的冲突。

或许,剧作方为了加快剧情节奏而作出了这个选择,但从逻辑的严谨性角度来看,这一情节的设计似乎有些草率。我们可以推测,若要更好地符合野木祐子这一角色的心理状态,她的认罪过程应当经历更多的心理斗争或更加深思熟虑的决策过程,而不是在警方未掌握足够证据的情况下匆忙作出认罪决定。

通过这一情节,本案探讨了犯罪者在面对压力时的心理状态,但同时也暴露了部分逻辑上的漏洞,使得这一高潮部分的合理性受到了一定的挑战。希望能够通过进一步的细节描写,让野木祐子这一角色的转变过程更加自然和符合其高智商犯罪者的身份。

- 第二季第七集:"伪装"

本案整体上逻辑严谨,从物理原理上来看,没有明显的错误,情节的设定和推进基本合乎科学道理。然而,笔者仍然想对其中两处细节进行讨论,以便进一步剖析其在技术和犯罪侦查上的可行性。

第一个讨论点是关于小岛结衣所书写的"乌天狗"三个字。这一细节非常引人注意,因为它直接成了揭示案件真相的关键线索。案子本身主要以物理为切入点,而突破口则集中在小岛太一的死亡情况上。为了进一步明确文件中"乌天狗"字样的来源,实际上可以通过笔迹鉴定来确定文件中的笔迹是否由小岛结衣所书。笔迹鉴定技术可以根据每个人独特的书写习惯,如字形、笔画、笔势等,来确认书写者的身份。通过这一手段,刑侦人员可以识别出这些字是否为小岛结衣亲手书写,或者是否由其他人所伪造。虽然剧集在情节上没有明确展开这一过程,但从法律和侦查技术的角度来看,这无疑是一个可以进一步加深案件线索的有效手段,值得更多的展现。

第二个讨论点涉及"脖子上的鲜血"问题。汤川学提到,死者脖部的鲜血实际上是后来被涂抹上的,而这点应该是刑事侦查人员在尸检时能够轻易察觉的。血液的状态和位置在尸体死亡后的变化是有规律可循的,特别是在死者死亡后,血液会因为重力作用流动或凝固,涂抹上的血迹通常不会呈现自然的流动痕迹,也无法与尸体本身的死因完全匹配。刑侦人员会通过细致的尸检和血迹分析,检查伤口周围的血迹和尸体表面的血液分布,以判断血液是否为死后涂抹的。如果真的是人为涂抹,血迹的形态、分布方式与自然流动的血迹会有显著差异。尽管汤川学对此有所陈述,但这种细节的呈现应该可以进一步通过刑侦专业人员的分析来强化案件的科学性,尤其是在揭示死因的过程中,能提供更为清晰的线索。

- 第二季第八集:"演技"

在我国京剧界有一句行话:"不疯魔,不成活。"这句话指的是,只有达到痴迷的境界,才能将某事做到极致,它体现了一种极度敬业的职业精神。例如,张国荣在《霸王别姬》中饰演的程蝶衣,就是一个不折不扣的"戏痴",他将"不疯魔,不成活"贯彻到了极致,并由此达到了艺术上的巅峰。笔者不禁感慨,本案中神原敦子这一角色正是日本版的"不疯魔,不成活"的最佳诠释。

在神原敦子的形象塑造上,苍井优的表演可以说是精湛入骨。剧中,她饰演的是一位演技出色但尚未登顶的女演员,为了提升自己的演技并从现实生活中汲取更多的经验,她随身携带录音笔,只要遇到有价值的人物角色,就会把他们的发言录下来,并在之后不断地回听、揣摩与感受。尽管这样的行为没有得到导演驹田以及剧团其他成员的理解,甚至遭到他们的厌恶与鄙夷,但神原敦子依然坚持自己的做法,继续走自己的路。最终,出于对驹田的憎恨以及对"杀人真实体验"的渴望,她做出了杀死驹田的举动。

然而,令人震惊的是,当汤川学揭穿她所有的伪装后,她的第一反应不是崩溃或绝望,而是认为这段经历会让她成为更好的演员。她甚至开始期待,自己在10年后出狱后能为观众奉献更加"真实"的表演。这种心态在常人看来显得难以理解,但正因为她已经陷入"疯魔"的状态,也就是追求演技的过程中"走火入魔",她的思维方式超越了常规的道德和理智框架,进入了极端的艺术追求状态。

本案中有两场汤川学与神原敦子之间的精彩对手戏。第一场是汤川学在前往剧团现场前,与敦子进行的一番交流;第二场是两人在最终对话中,关于人性与演技的深刻探讨。第一场对话中,敦子充满自信,面对汤川学的试探,她毫不掩饰自己的意图,显然对自己的伪装充满信心。然而,在谈话结束后,她凭直觉感到汤川学似乎已经洞察一切,内心不禁产生了隐隐的不安。到了最后一幕,当她的精心设计被彻底揭穿后,如前所述,敦子却开始期待她在监狱中的"演技提升",并设想自己十年后能够呈现更"真实"的表演。然而,汤川学直接指出:"十年后不会有人来看一个杀人犯的演出。"这一句话揭示了神原敦子内心深处的迷茫与扭曲。她以为通过杀人,就能够更加"真实"地体验表演,但她忽视了一个基本的事实——无论她的演技如何精湛,犯罪的阴影永远都无法抹去,且她所追求的"真实"其实已经远离真正的艺术追求,而成了扭曲的自我毁灭。

通过这两场对话,本案不仅深刻探讨了演技与人性的关系,也反映了艺术追求可能带来的心理扭曲。神原敦子的"疯魔"追求不仅让她偏离了常规的道德轨道,也让她彻底迷失在了对演技的极端热爱之中。她所追求的艺术升华,最终变成了她自我毁灭的过程。

- **第二季第九集:"扰乱"**

　　高藤多年来的失败经历和挫折,使他逐渐产生了反社会人格,并对十年前曾质疑他研究成果、具有成就的汤川学怀恨在心,最终沦为被杀人快感支配的恶魔。面对挫折时,他从未反思过自己的原因,而是将所有错误归咎于他人,结果失去了工作,甚至将自己的爱人杀害。直到最后,高藤依然没有丝毫悔意。尽管他拥有比普通人更为丰富的科学知识,并且具备灵活变通的能力,本可以在正当的领域中获得成功,却偏偏将这些才智用于犯罪,结束无辜的生命,并从中获得快感。

　　法律是人类最低的道德底线,高藤在外人面前伪装成和蔼可亲的样子,但实际上他的内心已经变得极其扭曲,完全脱离了道德约束,亟须用法律的武器来制裁他,给予他应有的惩罚,并迫使他正视自己的错误。高藤的行为实际上是典型的心理防御机制——"投射"。投射作用指的是将自己无法接受的欲望、情感或行为归咎于他人,这是人们为避免直面自己内心不愿承认的部分,而采取的一种心理防御方式。高藤便是这种机制的典型表现者。

　　事实上,他的杀人动机源自对关注和认可的渴望。通过制造恐惧和混乱,他想实现自我价值的肯定。他所称之为"恶魔之手"的杀人手段,实际上是在他心中为自己建立的一种代表权威的象征,而汤川学恰是他心中罪恶的起源和导火索。十年前,当高藤在演讲中展示他自以为骄傲的研究成果时,汤川学提出了质疑。从那一刻起,他的光辉形象开始崩塌,跌下神坛。尽管高藤的发明和研究根本未能脱离传统科学的框架,甚至可以说只是纸上谈兵,根本无法在实际生活中得以应用,但他没有反思过自己的研究缺乏实际可操作性,反而将焦点转向了当时提出质疑的汤川学。

　　高藤的仇恨和不满逐渐侵蚀了他的理智,激发了他强烈的报复心理。在他心中,自己的一切失败——无论是学术上的落败,还是后来的生活困境——都应该归咎于汤川学。这种心理防御机制的外射作用,让他将自己无法接受的学术失败和生活挫折转嫁给他人,尽管这一切都是他自身的问题。高藤的行为,实在是自欺欺人的荒谬表现。他的实力并不足以支撑他的雄心,同时他也缺乏足够的耐心与谦逊来弥补自身的不足,更没有意识到自己内心深处的病态心理,最终导致了这场"恶魔之手"落网的悲剧。

- 第二季第十集:"圣女的救赎"

绫音的"世纪毒杀"昭示着无数像她一样的日本女性在家庭和社会中的卑微地位。日本是一个发达的资本主义国家,同时也是一个传统文化惯性非常强的国家。尽管现代女性逐渐变得坚强,渴望获得平等的地位,但要真正摆脱这种偏见,依然任重道远,且需要付出巨大的代价。东野圭吾敏锐地察觉到了这一社会背景对女性所带来的伤害,这不仅影响了社会的安宁和家庭的幸福,也对女性的心灵造成了无法弥补的创伤。女性命运的最大阻碍,正是来源于她们不公的社会地位,来自那种无谓的歧视。因此,东野圭吾通过他的作品来控诉这种思想和陋习,试图用真实的"疼痛"来唤醒女性。

东野圭吾笔下的女性往往是社会问题的牺牲品和替罪羊,是自我人性变异的可悲产物。然而,他揭示这些疼痛的背后,更多是为了唤醒女性的自我反思,呼唤社会去避免问题的产生与悲剧的发生。东野圭吾希望女性能意识到这些问题,从而避免类似悲剧的重演。他所塑造的女性形象是精神"疼痛"的象征,但同时也具备着强大的指引力量。我们应该更多地关怀女性,去扭转社会中存在的种种不公正思想与行为。

案件背后,隐藏着一段偏执的爱恨纠葛。一位美丽的女子,连铁面无情的警察都为她动心。然而,她却走上了一条偏执的道路。真柴义孝本就不是良人,婚前他就表明了自己的立场,绫音却依然不死心。即便知道好友润子的死因,知道自己无法生育,她依旧飞蛾扑火,抱有一丝侥幸,期望自己能有不同的结局。她宁愿玉碎,也不愿瓦全,这大概就是绫音最初的心思。爱情有时让人盲目,真柴义孝应该确实是魅力非凡,可再华丽的外表,也掩盖不了他邪恶的本质。

他值得痛恨,因为每次他都选择伤害女友或妻子身边的人。他最可恶的地方在于,每次交往初期从不表明自己的婚姻观,非要等到用尽手段追求到目标后,才揭示自己的真实意图。像绫音这样的女人,早已知道自己无法生育。如果义孝一开始就表明自己要孩子的观念,或许结果会不一样。但也未必……

此外,在情节方面笔者也有点思考:

（1）情节一：砒霜中毒后

按照常理，中毒者通常不会立即死亡。砒霜中毒往往需要十分钟至数个小时才能显现症状，且多表现为食物中毒的形式，因此容易被误诊为急性肠胃炎。在电影中，真柴义孝的死亡过程过于迅速，且没有显示抢救过程，这与实际情况存在出入。从剧中的画面来看，更像是服用了氰化物，这与砒霜中毒的常见症状不符，显得有些突兀。

（2）情节二：犯罪嫌疑人进入现场销毁证据

作为刑事案件的相关人员，且极有可能是犯罪嫌疑人，为什么绫音还能毫无顾忌地进入犯罪现场销毁证据？此外，草薙作为侦查人员的反映是否过于迟钝，居然允许一个有作案嫌疑的人进入厨房打水和浇花？这一点明显与实际刑事案件侦查程序相违背，显得不合逻辑。正常情况下，侦查人员应该会更加警觉和谨慎，不会允许犯罪嫌疑人如此轻易接触到可能的证据。

- 特别版："操纵"

本案中，有一些情节笔者进行了粗浅的思考，尤其是在玻璃破裂这一情节上。

（1）玻璃的破裂

本案中是女学生盐野谷发现了玻璃碎片，汤川学得知后很受启发，去案发现场周围寻找。在案发时，受害人所站的窗口和金属射出的方向沿途都找到了玻璃碎片，且这些碎片呈线状分布。汤川学通过碎片的散落，推断出了金属片的飞行路径，成功找到了凶器，这为破案提供了关键线索。但笔者认为，这一情节存在不合理之处。

金属片被装置射出后，其飞行速度极快，动能巨大。而金属片的尖头与玻璃的接触面积非常小，造成的压强非常大。因此，金属片应该是将玻璃穿孔，而不是沿途撒下玻璃碎片。因为冲击波的传播，玻璃前面只会形成一个小孔，玻璃背面则会爆裂形成裂纹。具体来说，当金属头接触玻璃时，冲击波会在接触点位置向玻璃内扩散成圆锥状，沿玻璃表面传播的横波能量较小，传播损耗大，很快散失；而在玻璃内部传播的纵波能量巨大，损失极小，因此破坏性更强，穿透玻璃的另一面时，裂纹的直径会比撞击点大得多，形成放射状的裂纹。这与子弹打穿玻璃的原理类似。由于玻璃的材质不同，有些玻璃仅仅会穿孔，而有些则会穿孔后出现裂纹，甚至有些会在穿孔和裂纹形成后爆碎,玻璃碎片四散。然而,无论哪种情况,玻璃碎片都不可能沿着金属片飞出的方向,一路上呈线状散落,给侦查人员指明射出的方向和飞行路径。

实际上,通过对受力点、玻璃受损程度和具体致损形状的分析,才有可能推断出射击的方向和距离等信息。因此,本案中展现的玻璃碎片呈线状分布,显得不太符合物理现实。在汤川学后续的实验和对案发过程的还原中,才展示了真实的玻璃受损情况,这种受损情况更符合常理。

(2)"刻舟求剑"

本案中,汤川学根据玻璃碎片推算出金属片的飞行方向和路径后,纵身一跃跳入海中去找回金属片。笔者认为,这一情节存在不合理之处。金属片掉入海中后,无论是海水的潮汐作用,还是洋流的影响,水都是具有流动性的。由于金属片相对较轻,它不可能停留在掉入水中的原地,因此汤川学在没有任何设备的情况下,潜入海底并成功取回金属片,显得过于牵强。

更重要的是,汤川学沿着玻璃碎片散落的方向以及鱼线断掉的地方去找金属片,这种行为无疑是"刻舟求剑"。在现实中,水流的作用意味着物体掉入海中后,位置会不断变化,这种推断方法显然是不可行的。虽然剧方可能出于艺术表现的需要设计了这一段剧情,但从科学和逻辑角度来看,其合理性值得商榷。

- **剧场版:"嫌疑人X的献身"**

本案的科技成分较少,但在东野圭吾的笔下,数学的严密性和物理的精确性展现得淋漓尽致。笔者常常想,如果石神不是一名数学教师,而是一位法律从业者,或者是了解法律常识的其他专业人士,或许类似的悲剧就不会发生。

对于花冈靖子来说,其在法律意义上到底是属于过失杀人,还是属于正当防卫,存在较大的争议。如果石神了解这一法律常识,他应该做的是尽力保护现场中对花冈靖子有利的证据,而不是通过"偷梁换柱"的手段去制造另一个无辜者的死亡。根据我国最新刑法规定,笔者认为花冈靖子的行为属于正当防卫。在女儿面临人身威胁的情况下,她有权利保护女儿,而在当时的条件下,不能苛求她完全控制自卫的程度。

石神可以采取的做法是,保留花冈靖子和女儿遭受身体攻击的证据,证明这种攻击可能造成严重伤害,例如富坚慎二持续打击女儿里美的头部;还可以收集一些富坚慎二之前有家暴记录或进行钱财勒索的证据等。同时,他应该建议花冈靖子主动报警,并如实陈述事发经过。通过这一系列合法的手段,石神或许能够为花冈靖子争取到有利的法律判决,而非变成如此深重的悲剧。

- **特别版:"食人鼠事件"**

本案某些情节的有些设置值得思考,尤其是其中一些明显不符合实际刑事案件处理流程的地方。

(1) 情节一:三年前的鼠男案件

在鼠男案件中,警察明明知道森下剽窃了坂卷的研究成果,却并未追究他的责任。更为荒唐的是,警方轻信了森下的一面之词,错误地将被盗窃研究成果并对三人怀有仇恨的坂卷认定为凶手。在坂卷被森下杀害后,警方发现遗书将罪名嫁祸给坂卷,但并未对遗书的字迹进行任何分析,而是草草结案。笔者认为,这种做法与通常的案件处理逻辑不符。为了凸显森下的狡猾,案件办理的过程显得过于草率,忽略了应有的细致调查。

(2) 情节二:食人鼠案件

一般情况下,小白鼠不会无缘无故地杀人。在发生了两起食人鼠事件之后,警方对案件一筹莫展,但他们竟然没有对老鼠进行药物检验,这一做法既不够严谨,也不符合正常的办案逻辑。警方没有考虑到,老鼠的攻击行为可能是由于某种外部因素引发的,这是一种明显的调查失误。

(3) 情节三:柳泽的异常反应

当老鼠杀人事件曝光时,所有人都会感到震惊,但在审问因非法入室被逮捕的柳泽(即森下)时,他虽然嘴上说着"可怕",但神情和动作显得异常平静,没有表现出应有的惊恐。之后,他还非常淡定地将嫌疑转嫁到森下身上,这本身就不太正常。然而,令人惊讶的是,整个过程没有人对他的异常行为产生怀疑,最终上级人员竟然决定将其无罪释放,这在现实中难以成立,显得不合逻辑。

(4) 情节四:弓削的非法查找行为

弓削作为警察,明明可以通过正式的渠道调取城市监控数据,却偏偏选择通过私人关系来寻找犯罪嫌疑人的踪迹。这种行为虽然是为了办案,但作为执法人员,弓削的做法显然违反了职业操守,不符合警察应遵循的法律程序。

(5) 情节五:森下的整容手术

在真由美事件发生前,森下凭空消失,并进行了整容手术,变成了另一个人(即柳泽)的样貌,并在此之后对真由美实施犯罪。然而,这在科学上存在严重问题。根据相关资料,所谓的"换脸"手术,正式名称为"颜面部复合组织异体移植术",通常用于修复面部严重损伤,并且技术极其复杂,成功率较低。全球首例脸部移植手术是2005年在法国完成,而影片中的事件发生在2007年,这时面部移植技术仍处于初步阶段,尚未成熟,失败的风险非常高。此外,即使完成了面部移植,换脸后的容貌也不可能完全变成供体的样子,60%仍会保留患者原本的面容。此外,面部移植后的神经修复需要至少六个月的时间,六个月内患者几乎不能做出任何面部表情。然而,森下在三个月内就完成了整容手术,并迅速投入案件中,这显然不符合科学常理。

- 剧场版:"内海薰的最后案件"

本案情节波澜起伏、扣人心弦,看完后,笔者不禁感慨上念研一的计谋、目的以及手段都十分巧妙。然而,案中有几处设计值得商榷,特别是在刑事侦查方面,存在一些不符合现实操作的情节。

(1) 面审程序的纰漏

内海薰在第一次面审上念研一时,缺乏录音录像等必要的记录工具,且没有第三方在场,使得内海薰的审讯过程备受质疑。虽然可以理解这是为接下来上念研一翻供的情节做铺垫,但从专业角度来看,这是警察工作中的失误,面审程序明显存在纰漏,现实中是无法允许这样的情况发生的。

(2) 上念研一供词的不合理性

在对内海薰的第二次供词中,上念研一称自己在第一次供词中承认杀害千加子是因为失忆,且认为失忆前的自己是凶手。失忆这种桥段显得过于狗血,现代医学手段完全可以查明上念研一是否真有失忆的情况,但内海薰对这一点依旧半信半疑,这种处理显得不够严谨,缺乏合理性。失忆作为一种辩解方式,显然过于牵强。

(3) 刑警偷取采访笔记的不合理性

上念研一在供词中说,上岩隆治的采访笔记放在家中的壁橱,但并未交代署长和刑警队长是如何得知此事的。千加子的匿名信中只提到署长误判杀人,但并未透露采访笔记的存在。因此,刑警前往千加子家中偷取采访笔记的前因并不明确,显得合理性不足。这一情节的缺失使得整个过程显得有些突兀,不符合真实案件中严谨的侦查流程。

- **写在最后:影视作品的人文关怀**

推理小说,尤其是古典侦探小说和本格推理,自诞生之初便带有脱离现实、构建虚幻华丽谜题的基因。直到今天,仍有许多人认为,在一部本格推理作品中,如果出现任何科技手段,即便只是现代刑侦中常见的指纹采集与识别,也是一种对单纯解谜本格推理的亵渎。然而,随着科技的进步,现代社会的刑侦手段已普遍运用许多高科技工具,强行剥离这些科技手段,会让推理小说变得越来越脱离现实,甚至会逐渐显得"落伍"。无论是什么种类的小说,最终还是要与社会现实接轨,才能更好地为大众所接受。

东野圭吾大胆地将现代科技作为《神探伽利略》系列小说的核心,在更为熟悉的现代社会背景下展开故事,并且不吝惜使用各种已有的乃至未来科技手段来构建推理情节。不得不说,东野圭吾能在商业世界里成为推理小说的最大赢家之一,其作品中的现代化与科技化内核正是重要因素之一。这样,不仅让推理故事更具时代感,也让读者在享受推理解谜的同时,能够感受到科技进步与社会变迁带来的变化。

对于影视改编来说,东野圭吾这样的设置同样具有很大的优势。将单纯的本格推理或是仅仅坐在摇椅上靠头脑破案的侦探故事拍成影视剧,往往显得有些乏味。在如今碎片化时间的速食文化下,谁还愿意观看一个只用嘴巴推理的电视剧呢?而现代化的背景设定能够迅速拉近观众与影视作品之间的距离,尤其是对那些没有接触过传统推理小说的观众,可以让他们迅速理解并进入到剧情之中。与此同时,科技化元素的加入又会让影视剧更加具有视觉冲击力,科技手段往往伴随着各种声光电效果,这些炫酷的呈现方式让推理故事变得更加生动和吸引人。像《神探伽利略》系列影视剧,每一集的高潮部分都离不开汤川学通过高科技实验来还原作案手法,干净利落、神奇十足的实验不仅令观众目不暇接,也带来强烈的新鲜感和刺激。

现代刑侦中的科技手段加入推理故事的设定,也避免了推理作品过多地纠缠在简单的刑侦过程上,让故事更具张力和深度。这种设定不仅提升了故事的科技感,也让整个情节更加紧凑且富有趣味性。

总之,如何让推理小说能够紧跟当今时代并被更多人所接受,如何融入现代化的元素,始终是一个值得思考的问题。

图书即将出版,非常感谢爱人朱女士和儿子天天小朋友在我写书期间提供的理解和支持;非常感谢王永全教授、李卫华教授以及董旭硕士、诸珺文博士、施啸波博士在成稿方面提供的帮助。